经济管理类创新融合精品教材
“互联网+”教育改革新理念教材

U0838602

会计制度设计

秦　岚　院　捷　孙晓宇　主　编
栾　波　马婧宜　王佩铭　副主编

中国商业出版社

图书在版编目（CIP）数据

会计制度设计 / 秦岚，院捷，孙晓宇主编. -- 北京 ：
中国商业出版社，2024. 8. -- ISBN 978-7-5208-3128-4

Ⅰ. F233

中国国家版本馆 CIP 数据核字第 2024LJ4741 号

责任编辑：滕　耘

中国商业出版社出版发行

（www.zgsycb.com　100053　北京广安门内报国寺1号）

总编室：010-63180647　编辑室：010-83118925

发行部：010-83120835/8286

新华书店经销

唐山唐文印刷有限公司印刷

*

880毫米×1230毫米　16开　15印张　396千字

2024年8月第1版　2024年8月第1次印刷

定价：49.80元

* * * *

前　言

随着世界经济的高速发展，企业之间的竞争日益激烈。在这瞬息万变的21世纪，企业若想在国内外市场中占有一席之地，实现自己长远的发展战略，就必须建立和完善与各个阶段相适应的企业内部管理制度，而会计制度是企业内部管理制度的重中之重，是建立和完善企业内部管理制度的重要渠道。

会计制度设计作为一门实践性非常强的学科，既能够考核学生的理论知识和实践操作能力，又能够培养其职业道德素质，提高其专业水平。对于财会专业的学生而言，它涵盖了诸多财会知识，是对此前所学的会计、审计等基础内容的归纳与提升。会计制度设计课程旨在培养应用型中高级会计专业人才，使学生能够运用相关方法与技能，遵循国家相关法律与法规，结合单位的实际情况，规范设计本单位的会计制度。学生通过本课程的学习，可以培养思维能力与实践能力。

党的二十大对民营经济、中小微企业给予了高度关注。会计行业作为服务社会经济的重要专业力量，既面临着新的挑战，又迎来新的发展机遇。会计行业只有普遍提高专业水准、强化诚信意识、加大人才供给，才能在国家建设中发挥应有的作用。企业会计制度是会计管理工作的一个基础性环节，科学制定企业会计制度是会计人员应当着重研究的问题，这对于加强企业管理具有重要的现实意义。

本教材既可以作为高等院校会计专业及财务管理专业的教学用书，也可以作为企业会计工作者和会计师事务所进行会计制度设计的参考用书。

在编写过程中，我们参考和借鉴了一些最新的科研成果与相关教材，借此也向相关专家和学者表示诚挚的感谢。由于编者水平有限，书中难免有不足之处，恳请读者批评指正。

编　者

2024年5月

目　录

第一章

会计制度设计概论

学习目标

1. 了解会计制度和会计制度设计的概况。
2. 明确会计制度设计的任务和原则。
3. 熟悉会计制度设计的基本程序和方法体系。

开篇案例

基层工会财务会计制度

为加强全市基层工会财务会计管理，规范财务会计行为，防范资金风险，根据《中华人民共和国工会法》《中华人民共和国会计法》《会计基础工作规范》以及全国总工会、省总工会有关财务会计规章制度，结合实际现制定本制度。

一、经费收支预算、决算制度

1. 预算编制的原则：统筹兼顾，保证重点；量入为出，收支平衡；真实合法，精细高效。

2. 预算的编制要坚持勤俭节约，体现工会工作特点和经费支出结构，把经费使用的重点安排在维护职工权益、为职工服务和工会活动方面。

3. 本年无重大支出项目，不得编制赤字预算。期末滚存结余不得出现赤字。

4. 预算在规定时间内报上级工会审批或备案，在执行中，如遇特殊情况需要增减变动的，应当编制预算调整方案（每年以一次为限）并报上级工会审批。

5. 决算的编制必须做到收支准确、内容完整、报送及时。

6. 工会经费收支预算、决算要经过本级工会经费审查委员会审查，工会主席审阅签章后方可上报。

7. 工会经费收支账目每年至少一次向职工、会员公布，接受群众的监督。

二、货币资金管理制度

1. 基层工会应当依法在当地金融机构开设独立的银行结算账户，实行工会经费独立核算。

2. 银行结算账户只能用于本工会业务范围内的资金收付，与本工会无关的资金不得进入工会账户结算。严禁公款私存。账户不得出租、出借或转让给其他单位及个人使用。

3. 不得由一人办理货币资金业务的全过程，不得由一人保管支付款项所需的全部印鉴。

4. 月末，银行存款账户余额必须与银行对账单相符或调节相符。

5. 严格执行《现金管理暂行条例》，库存现金不得超出限额，现金结算不得超过起点。库存现金日清月结，不得“白条抵现”。

三、财务收支管理制度

1. 基层工会应按规定收缴会员会费。

2. 基层工会应督促行政方按规定拨付本级工会经费。

3. 严格执行全国总工会《关于加强基层工会经费收支管理的通知》及省总工会补充通知，不得擅自扩大经费支出范围。

4. 工会经费的开支，应由主席“一支笔”审批，重大事项须经工会委员会集体讨论决定。

5. 工会支出费用的报销，必须严格审核、审批手续，应有经办人、证明人、审批人签字。原始凭证须符合规定。购买多项物品的，须附明细清单；对开展活动发放的奖品、纪念品等，须附购物明细及发放清单。一切开支应在批准的预算内执行。

6. 送温暖、困难补助的凭证须由救助对象本人签字领款；他人代领的，应留身份证号码及电话号码。

7. 不得账外设账，不得设立“小金库”。

四、债权债务管理制度

1. 基层工会会计核算以“收付实现制为基础，权责发生制为补充”为原则。

2. 基层工会应对其他应收及暂付款项严格控制。“其他应收款”用于核算除应收上下级经费以外的其他应收及暂付款项，并按照其他应收款的类别以及债务单位（或个人）设置明细账，进行明细核算。

3. 对逾期三年以上、出于债务人原因尚未收回的“其他应收款”，报经批准认定确实无法收回的应予以核销。核销的呆账，应在备查簿中保留登记。

4. 对三年以上确认无法付出的“其他应付款”，经主席同意，列作收入。

5. 因公出差借款应于出差归来后三日内结清。

6. “应付上级经费”贷方余额应及时解缴市总工会，不得长期挂账。

五、账务处理程序制度

1. 基层工会应按以下常规程序进行账务处理。

（1）审核原始凭证。

（2）编制记账凭证。

（3）复核记账凭证。

（4）登记账簿。

（5）试算平衡。

（6）资产盘点。

（7）编制会计报表。

（8）经费审查委员会审查预算、决算。

（9）上报预算、决算。

2. 年终，应将会计凭证及银行对账单，预算、决算报表一并装订作为会计档案保存。

六、内部会计控制制度

1. 有条件的基层工会，会计、出纳要分设，财、物要分管。

2. 办理银行结算的印鉴及财务专用章应分开保管，不得由一人办理提取现金、转账结算等业务的全过程。

3. 工会负责人与会计应执行亲属回避制度。

七、财产清查制度

1. 具有物质形态的财产（如固定资产、库存物品、低值易耗品等）均属于财产清查范围。

2. 固定资产、库存物品每年至少盘点一次，对盘盈、盘亏或报废毁损的，经批准后进行账务处理。

3. 固定资产、库存物品和低值易耗品应明确存放地点及责任人，以确保工会财产的安全完整。

4. 工作人员调动工作或退休之前，应预先办理领用财物的清退手续。

八、财务会计分析制度

1. 会计人员应对年度经费收支决算进行分析说明，如经费的筹集、使用、管理过程中的成绩和问题，影响预算执行的原因，以及资金状态、资产情况等，提出改进措施和建议。

2. 对财产的盘点结果、呆账的核销以及财政、税务代收经费等重要会计事项应作书面说明，并在决算表说明栏内披露。

九、岗位责任制度

1. 会计人员应持证上岗，并定期参加财政部门组织的会计继续教育培训，积极参加上级工会的业务培训。

2. 不相容职务应相互分离，主席、副主席、经费审查委员会主任、委员不得兼任会计工作。

3. 记账凭证的复核可由经费审查委员会负责。

十、会计档案管理制度

1. 工会会计应妥善保管好会计凭证、账簿、报表、资料等会计档案。

2. 会计移交应履行书面交接手续，将会计档案、办公用品交代清楚后，方可离职。

3. 会计档案保管期限及销毁按《会计档案管理办法》执行。

问题：

（1）本案例的会计制度设计是什么层面的？

（2）本案例的设计原则有哪些？

（3）你从案例中体会到什么？对你有何启发？

第一节 会计制度与会计制度设计概述

企业会计准则体系的颁布实施，体现了我国从计划导向会计模式向市场导向会计模式的转变。在市场导向会计模式中，各单位必须根据市场经济体制下企业行为自主化和管理科学化、制度化的要求，自行设计或委托社会会计服务机构设计符合会计准则和规范要求、能满足宏观调控需要、适应本单位特点、能指导具体操作的有约束力的会计制度。因此，企业应认真研究会计制度及其设计的理论和方法，以便做好会计制度设计工作。

一、会计制度与会计制度设计

会计制度是指进行会计工作、处理会计业务应遵循的准则和规范。其中，准则和规范的一般含义均指人们进行某项活动应遵循的行为标准，两者的区别主要在于准则具有较大的强制性。除此之外，会计人员还应遵循其他一些准则和规范，如国家颁布的各项法律，但这些法律并不是会计制度。

会计制度设计是指依据会计学的基本理论、原则和科学的程序，结合实际情况，对各项会计制度进行的具体规划。

（一）会计制度设计的对象

作为一种实践活动，会计制度设计的具体对象是会计工作过程。会计工作过程指运用会计的方法反映和控制经济活动，并提供会计信息的过程。因此，会计制度设计也可以理解为特定会计主体依照国家统一的会计规范，对会计事务的处理办法、会计核算体系以及会计监督工作程序进行研究的一项行为设计活动。

（二）会计制度设计的依据

会计制度设计的依据有政府法规、内部控制要求、经济发展状况、企业政策与管理需要、会计特征和会计技术水平。

1. 政府法规

在我国，影响会计制度设计的政府法规主要有三类。

（1）对会计制度有直接影响的法规。如《中华人民共和国会计法》、《中华人民共和国注册会计师法》和企业会计准则体系等。

（2）对企业会计记录、计量、确认、报告有重大影响的法规。如《中华人民共和国计量法》《中华人民共和国统计法》以及各项税收法律制度和金融法律制度等。

（3）关于会计制度设计的其他法规。如企业法律制度、经济合同法律制度等。

企业在对会计制度进行设计时，必须通晓上述政府法规，使其设计的会计制度符合政府相关法规的要求。

2. 内部控制要求

企业在设计会计事务处理流程时，必须采用内部控制的方法，并在会计制度中作适当的规定，以便达到管理的目的。有关内部控制的内容将在本书后面有关章节加以详细介绍。

3. 经济发展状况

经济发展状况在会计制度设计的产生与发展中发挥着举足轻重的作用。经济发展状况包括国家的经济活动与发展水平、国家的经济体制、企业的组织结构和经济活动、币值稳定情况等。

4. 企业政策与管理需要

通常情况下，企业的会计制度规定了企业处理各项经济业务的办法，使各项作业有适当的程序和规则。其目的在于精简工作、提高效率、防止弊端，并随时提供资料、协助管理、加强控制。因此，会计制度设计要以企业政策与管理需要为依据。

5. 会计特征和会计技术水平

除上述四个因素外，会计制度设计还受到会计特征和会计技术水平的限制。

（1）会计特征。随着客观环境的变化，会计理论和实践也相应地发生着不同程度的、局部的变化。但与此同时，会计在某些方面又表现出稳定性，这就使得会计在一定时间、空间范围内具有一些基本特征。例如，在现代，会计输出信息时以货币为计量单位，会计的空间范围通常仅局限于特定主体，会计计量的前提是持续经营，会计报告定期，等等。以上均无须证明即为人们所接受，这是设计会计制度的前提条件之一。

（2）会计技术水平。会计在一定时期所达到的技术水平会影响会计制度设计。一般而言，会计技术水平高，人们期望设计的会计制度就能提供更多的信息，以满足管理决策与控制的要求；相反，会计技术水平低，会计信息使用者的部分信息需求可能一时难以得到满足。会计技术水平取决于会计研究水平、会计人员掌握的技能和会计技术手段。

此外，会计制度设计还应考虑社会主义市场经济对会计制度的基本要求，具体包括能满足国家宏观调控的需要，能满足有关各方了解企业财务状况和经营成果的需要，能满足企业内部经营管理的需要。

（三）会计制度设计人员应具备的素质

会计制度设计是一项政策性和技术性较强的工作。为了做好设计工作，设计人员应具备以下素质。

（1）深刻领会马克思主义政治经济学、哲学的基本原理，并能够在实践中加以运用。

（2）全面了解、领会国家有关财经方针、政策、法令和制度的精神实质。

（3）通晓会计原理和各门专业会计知识。

（4）懂得企业管理方面的知识，有关部门、单位经济活动的特点，以及生产技术、工艺流程方面的知识。

（5）具备一定的语文素养和对事物的观察分析能力。

（6）精通会计制度设计的理论和方法。

（7）善于听取各方面的意见，对新鲜事物具有探索精神。

（8）掌握审计工作知识。

二、会计制度设计的模式

根据我国市场经济体制的特点，会计规范体系可以划分为三个层次：

第一层次是《中华人民共和国会计法》，由全国人民代表大会常务委员会制定，以国家主席令的形式颁布实施。

第二层次是企业会计准则体系，由财政部制定，以财政部令的形式颁布实施。

第三层次是企业会计制度，由企业自行制定或委托社会会计服务机构制定，以企业管理当局命令的形式颁布实施。

其中，第一、第二层次为会计制度的宏观管理，对全国的会计制度有约束力；第三层次为会计制度的微观管理，仅对具体使用单位有约束力。应注意的是，目前财政部会同其他主管部门以企业会计准则体系为基础，分行业不分所有制形式制定的行业会计制度，只是规范各行各业会计工作的过渡措施，仅具有示范性和引导性的作用。

根据会计制度管理体制和未来发展趋势，会计制度设计的模式有以下三种。

（1）会计制度完全设计，即为新建单位设计一套完整的会计制度。

（2）会计制度重新设计，即在原有会计制度的基础上为单位重新设计一套会计制度。

（3）会计制度修改设计，即对单位原有会计制度做适当的修改和补充后所设计的会计制度。

企业应根据实际情况和管理要求决定采用哪一种模式。

第二节 会计制度设计的任务和原则

一、会计制度设计的任务

会计制度设计包括以下四项任务。

（1）设置会计机构，明确会计人员的职责。

（2）设计一套科学的会计核算制度。

（3）设计一套科学的会计指标体系。

（4）建立严密的会计监督制度，为加强会计管理制定规则。

综上，设置会计机构，明确会计人员的职责，并在此基础上设计一套科学的会计指标体系，建立科学的会计核算制度和严密的会计监督制度，作为日常进行会计工作的依据，不仅是会计工作的任务，更是会计制度设计的任务。

二、会计制度设计的原则

会计制度设计工作既要有正确的指导思想，又要遵循一定的原则。我国会计制度设计的指导思想是：在不断总结我国会计实践的基础上，充分研究和借鉴国际会计惯例，按照符合我国社会主义市场经济体制的要求、有助于增强企业核心竞争力、加快市场体系培育的思路，设计出有利于深化分配制度改革并与企业管理相匹配的会计制度。

我国会计制度设计应遵循以下原则。

（一）符合《中华人民共和国会计法》、企业会计准则体系等国家相关法律法规的要求

《中华人民共和国会计法》是我国处理会计事务所依据的基本法。企业会计准则体系是企业进行会计核算工作的规范，会计制度设计必须符合基本准则中一般原则的规定，符合会计要素确认、计量的规定，并与具体的会计准则相协调。

（二）充分借鉴国际会计惯例

尽管我国的会计准则已与国际趋同，但从实际应用和对企业的作用效果等角度来看，与国际相比仍有较大的差距。因此，企业在进行会计制度设计时，针对如何规定会计政策、如何选择会计方法以及如何设计会计报告体系的问题，既要总结我国会计实践基本经验，又要充分借鉴国际会计惯例，同时更要注重与国际会计准则相协调，以适应改革开放和满足企业参与国际市场竞争的需要。

（三）保证会计信息的一致性和可比性

一致性、可比性均属于会计信息的质量特征。其中，一致性是指会计制度设计所涉及的会计政策、程序及方法在不同时期应当一致，不得随意变更。可比性是指会计制度设计应当按规定的会计处理方法进行，会计指标应当口径一致、相互可比，以使企业所提供的会计信息能够更好地进行比较、分析和汇总，也便于企业利害关系人进行企业间的横向比较，作出有效的决策。因此，会计制度设计应当在可比性的前提下，根据企业的实际情况和经营活动的特征，灵活运用会计程序和会计方法。

（四）有利于加强管理，提高经济效益

会计制度是企业进行会计管理的章程，这就决定了会计制度设计一定要从企业的生产实际出发，根据企业的实际情况进行。例如，成本管理制度必须根据企业所生产产品的工艺流程和生产组织方式等特点来设计，以便及时、正确地反映资金使用情况和材料消耗情况，并及时地揭示实际与计划的偏差，促使企业改善生产经营管理，提高经济效益；内部控制制度是企业为加强岗位责任、保障资金安全、确保会计记录的准确性和可靠性，针对企业内部组织分工、业务处理、凭证手续和程序等方面所规定的既相互联系又相互制衡的一系列管理制度，会计制度设计必须与企业的内部控制相适应。

（五）既要简便易行，又要提供充分且准确的会计信息

简便易行即企业设计的会计制度手续简化便于执行，以提高工作效率。但手续并非越简越好，

而应在提供充分且准确会计信息的前提下进行简化。为了提供充分且准确的会计信息，发挥会计工作的管理作用，企业在设计会计制度时，还要体现管理的会计要求，采用适合本企业特点的灵活多样的方式方法，侧重于为企业内部的经营管理服务。

（六）管理权限相对集中，保持制度的相对稳定性

会计制度不是一成不变的，应随着市场经济客观形势的发展变化不断改进。但因为与会计制度密切相关的财务管理具有综合性的特征，如果变更过于频繁、管理权限过于分散，就会对会计工作产生不利影响，甚至造成企业财务混乱。所以，企业在设计会计制度时，应把管理权限集中于管理决策的高层级，不能分散；同时，应注意保持会计制度的相对稳定，除非特殊情况，一般不宜在一个会计年度内作较大的变动。

（七）与使用的核算工具相适应，与其他经济核算口径相一致

虽然从手工记账到会计电算化，会计核算所使用的工具不同，但一般不会因此而改变会计核算的基本方法。然而，不同核算工具的入账方法不尽相同。例如，通用财务软件和自行开发的软件针对入账的具体设计会有所差异。因此，会计制度设计应与使用的核算工具相适应，与其他经济核算口径相一致。

第三节 会计制度设计的基本程序和方法体系

一、会计制度设计的基本程序

根据历史经验，会计制度的设计工作一般分为准备、设计、试行和修正四个阶段。

（一）准备阶段

准备阶段的主要任务是选用严谨的会计人员，聘用注册会计师或相关科研院所的会计专家为顾问，归集有关资料。这一阶段包括实地调查、分析研究、提出设计思路及建议三个步骤。

（二）设计阶段

设计阶段的工作一般分为总体设计和具体设计两个步骤。

在这一阶段，设计者一般会提出会计制度设计报告。会计制度设计报告应至少包括设计说明和会计制度两部分，其内容应简洁明了，尽量符合管理层的期望。

（三）试行阶段

会计制度草案设计就绪后，企业应当组织相关人员进行讨论，征求各方意见，利用历史资料反复测算以检验制度的可行性，随后付诸试行。

（四）修正阶段

对于新制度在实施过程中出现的问题，企业应当随时注意并详细记录，特别应注意实施效果是

否达到原定目标，并根据实施过程中发现的问题提出有针对性的解决办法。

二、会计制度设计的方法体系

（一）设计调查

设计调查是会计制度设计的基础。在进行设计调查时，设计者应充分认识企业或某项经济业务的历史与现状，并根据设计的目的、要求，有针对性地提出解决办法。

（二）由总体设计到具体设计

总体设计即对所要设计的会计制度内容和会计制度设计工作作出全面的规划；具体设计是在总体设计的基础上，采取具体的办法、程序来完成总体设计的要求，并以文字或表格等形式作出具体的规定。

（三）总结经验，不断创新并加以完善

无论是会计制度完全设计，还是会计制度重新、修改设计，均应根据企业生产经营的特点和管理要求，认真进行研究，采用先进的方法改进会计制度，从而有助于完成会计任务。

（四）按照单元进行制度设计，并使之同步协调

会计制度的内容较多，可以划分为若干相对独立的部分。设计者应按构成会计制度的每一单元（或每一部分）分别进行设计，并使之同步协调。这一部分工作的技术含量较高，也是最重要的。

（五）重点问题作详细说明，一般问题作原则规定

这就是通常采用的“突出重点，照顾一般”的工作方法。例如，对于一些比较复杂又不为人们所熟悉的核算方法，就需要作详细说明，便于执行者理解和实施；反之，对于一些常用的核算方法，可以作原则规定，或者只提出要求，明确所采用的方法即可。

会计制度设计是从感性认识到理性认识的过程，它是否正确地反映了客观事物的规律还必须通过实践的检验。对于那些在实践中证实尚不完善或无法实施的会计制度，企业应加以修改、补充，然后再作为正式制度颁布实施；或者先作为“草案”公布试行，在日后的实践中不断地进行修改、补充，使之更加完善。

上述各种方法共同构成一个完整的方法体系。这一方法体系既符合人们的认知规律，又符合一般的工作程序。在实际工作中，设计者还可能采取其他具体的方法，但上述方法是主要的、基本的，也是必须采用的。

思考题

1. 什么是会计制度？其有何特点？
2. 简述会计规范体系的层次。
3. 简述会计制度设计的内容。
4. 简述会计制度设计的任务。
5. 简述会计制度设计的原则。

案例分析

1. 试论会计制度设计、财务制度设计与财务会计制度设计的异同点。

2. 某企业是一家有实力的大型公司，近几年随着生产规模的扩大，以兼并、收购或投资控股的方式形成了一个企业集团，原有会计制度已经不适应集团现状，公司董事会决定聘请东方会计师事务所与公司相关管理人员组成临时设计小组，设计新的会计制度系统。

根据以上资料，请回答：

（1）该企业会计制度设计的类型是什么？

（2）根据该企业的情况，会计制度设计的方案属于哪一种？

（3）会计制度设计的程序包括哪些阶段？在整个设计程序中，工作的主体是哪一步？

（4）会计制度的试行和修正阶段的工作内容主要是什么？

第二章

会计组织制度设计

学习目标

1. 了解会计组织机构的设计原则。
2. 掌握会计组织机构的设置形式和组织机构岗位的设置形式。
3. 了解会计交接制度的设计。

开篇案例

2017 年 6 月，某市进行了一次有关各方参加的听证会，具体情况如下。

ABC 公司是一家国有控股企业。2016 年 12 月，公司总经理针对公司效益下降、面临亏损的情况，电话请示正在外地出差的董事长。董事长批示“把会计报告做得漂亮一些”，总经理将这项工作交给公司总会计师，要求按董事长的意见办，总会计师按公司领导意图对当年度的会计报告进行了技术处理，虚拟了若干笔无交易的销售收入，从而使公司报表由亏变盈。经诚信会计师事务所审计后，公司会计报告对外报出。

2017 年 4 月，在会计法执行情况检查中，当地财政部门发现该公司存在重大会计造假行为，依据会计法及相关法律法规的规定，拟对该公司董事长、总经理、总会计师等相关人员进行行政处罚，并分别下达了行政处罚告知书。ABC 公司相关人员接到行政处罚通知书后均要求举行听证会。

在听证会上，有关当事人作了如下陈述。

公司董事长称：“我前一段时间出差在外，对公司情况不太了解，虽然在会计报告上签字并盖章，但只是履行会计手续，我不能负任何责任，具体情况可由公司总经理予以说明。”

公司总经理称：“我是搞技术出身的，主要抓公司的生产经营，对会计我是个门外汉，我虽然在会计报告上签名并盖章，那也只是履行程序而已，以前也是这样做的，我不应该承担责任，有关会计报告的情况应由公司总会计师解释。”

公司总会计师称：“公司对外报出的会计报告是经过诚信会计师事务所审计的，他们出具了无保留意见的审计报告。诚信会计师事务所应对本公司会计报告的真实性、完整性负责，承担由此带来的一切责任。”

问题：

你认为这起财务舞弊案的责任应该由谁承担？请说明理由。

第一节 会计组织机构的设计原则和形式

会计机构是制定和执行会计制度、组织和处理会计工作的职能部门。建立健全会计机构，有效协调各职能岗位之间的运作，是保证会计工作正常进行、充分发挥会计管理作用的一个重要条件。

一、企业会计组织机构的设置原则

会计机构的设置是会计制度在组织上的落实，涉及会计部门和会计人员的内部分工。各企业的经营规模和业务类型不相同，其会计机构设置就有所不同。在一个企业中，会计机构是否健全、各职能岗位之间的运行是否协调，将对会计工作质量产生直接的影响。因此，建立适合本企业情况的会计机构是改进会计工作、提高会计信息质量的首要环节。会计机构的具体设置要根据各企业的规模大小、经营特征及管理组织形式等情况来决定。一个科学、有效、高质量的会计机构的设置，通常应该遵循下列基本原则。

（一）效益性原则

实现经济效益最大化是企业管理的最终目的。因此，在设计会计组织机构时，首先要遵循效益性原则。将会计组织机构的运行成本与其创造的价值相比较，确定会计组织机构的效益，即会计组织机构提供会计信息、进行内部控制、开展各项管理工作所产生的效益应该大于其管理成本。因此，会计组织机构的设置并不是越复杂越好，复杂的会计组织机构运行成本高，要遵循效益性原则设计会计组织机构，控制内部管理费用和运行成本。

（二）系统性原则

会计作为企业经济管理活动的重要组成部分，其组织机构是企业经营管理组织系统下的一个子系统，该系统要与采购、生产、营销等子系统协调一致，以保证企业成为一个有机的、完整的组织体系。因此，会计组织机构的设计要与企业其他组织密切衔接配合。会计工作的组织环节和机构设置范围的确定，取决于企业经营管理组织系统的规模、管理方针及战略规划。

小型企业规模小、业务量少、生产组织不复杂，通常按生产运作的程序来设置管理组织机构，对整个经营活动实行集中管理。在这一条件下，会计发挥单一的核算作用，其组织机构规模较小。

大中型企业由于经营规模的扩大，需要会计组织渗透到企业的整个经营过程和各个管理领域，便于及时、全面地反映企业经营成果，并对企业经营发展前景作出经济上的判断。所以，大中型企业或财务收支数额较大、会计业务较多的企业，应单独设置会计机构，如在企业内部单独设置财务处、部、科、股及组等职能部门，以便及时组织本企业各项经济活动和财务收支的核算，实行有效的会计监督。除了日常核算外，还要根据管理上的要求，设立企业内部岗位责任制，考核各责任中心的业绩。会计作为一个企业管理系统中的子系统，具有自身的一套管理组织机构，它的作用影响企业经营决策的结果。

集团性企业的规模大、业务量大、涉及的地区和行业多，它的管理系统不只是控制总公司，而且控制子公司，并相应调整经营方针和发展战略。会计在其中的作用相应增大，负责集团的资本运营、财务管理和内外经济事项协调，因此，会计组织机构通常是一个独立于其他管理部门的单位——财务公司。

行政事业单位设置会计机构也应与本单位的事业规模、人员编制以及担负的预算会计工作相适应。事业规模大、会计业务多的主管会计单位和二级会计单位应当单独建立会计机构。事业规模不大、会计业务不多的二级会计单位和基层会计单位可不单独建立会计机构，但应配备专职或兼职会计人员和出纳人员负责会计工作。人员和经费都很少的县级直属机构，可以按隶属关系或者性质归口成立联合会计单位，单独设立联合会计机构或者配备专职会计员、出纳员负责联合会计工作。

（三）控制性原则

实行会计控制（监督）是会计的基本职能之一，是企业内部管理的一种需要，也是一种自我约束的机制。通过会计控制，可以更好地贯彻企业的经营方针，实现经营目标。为了充分发挥会计的控制职能，必须使会计控制具有组织上的保证，即合理设置会计机构。因此，会计机构的设置应满足企业管理的要求，并控制企业的整体经济活动。从资金筹集、资金周转、资金退出到各业务流程，都需要通过会计的专门方法来反映和监督，依据防护性监控原理，建立会计工作运行过程中的关键点，控制运作流程。因此，会计机构内部工作人员要有明确的职责和工作分工，要贯彻内部控制制度，做到部门之间、人员之间职责清晰、任务明确，建立岗位责任制和内部牵制制度，执行岗位轮换制度和回避制度，做到工作既相互联系又相互制约，形成一套控制体系。

（四）效率性原则

会计机构的设置应有利于提高会计工作的效率。会计机构的设置应贯彻精简和提高效率的原则，按照统一的目标或任务设置各层次机构和各岗位，实现最优组合；按照专业化的特点和提高效率的要求确定各机构、各岗位和人员的具体目标与任务；财会人员合理分工协作以利于内部协调，并明确各级各岗位的职责范围，建立岗位责任制；实行集权与分权相结合，调动各层次、各职能部门和员工的主动性和积极性，更好地完成任务；促使会计信息的传递及时、畅达，会计组织与其他组织配合良好，提高工作效率，避免人力、物力的浪费，改善工作环境，以保证整个企业高效率运行。

（五）以人为本原则

财务人员是会计组织中最活跃的因素，会计组织机构的设计要有利于发挥人的主动性、积极性和创造性，要与人员的专业、特长、志趣相结合，要为每个人履行职责和行使权利创造良好的条件，为提高员工的素质而进行培训，并制定人员绩效评价制度。

二、企业会计组织机构的设置形式

企业应该按照规模大小设置与之相适应的会计机构，并在岗位分工方面形成一定的内部牵制机制。企业会计机构的设置在考虑是否单独设置和人员配备上有以下三种形式。

一是单独设置会计机构。一个企业是否单独设置会计机构，往往取决于以下两个因素。

(1) 一个企业的规模往往决定了这个企业内部职能部门的设置，也决定了会计机构的设置与否。

(2) 经济业务多、财务收支量大的企业有必要单独设置会计机构以保证会计工作的效率和会计信息的质量，满足经营管理的要求。

二是设置专职会计人员。对于财务收支数额不大、会计业务较简单的企业，根据我国会计法的规定，可以不单独设置会计机构。但应在有关机构，如经营管理、计划、统计、综合性机构或者办公室配备专职会计人员，并指定会计主管人员。

三是代理记账。不配备专职会计人员的企业，应根据我国会计法及有关规定委托代理记账。代理记账是指社会中介机构、服务机构或具备一定条件的单位代替独立核算的企业办理记账、算账及报账业务。

在单独设置会计机构的企业中，企业内部会计机构的设计模式可以从会计、财务两个职能是否分设和会计机构在企业组织系统中所处的位置两个角度分析，设计适应自身特点的会计机构模式。

（一）会计与财务的分立与合并

1. 会计与财务分别设置

按照效率性原则，企业的会计组织可以分别设置会计机构与财务机构。这种形式是会计对资金运动的反映、监督职能与财务管理对资金的筹集、使用及分配职能分别由会计部门和财务部门来履行的一种机构设置形式。采取分设形式有利于实现会计与财务管理两种不同职责的分工，更有效地实行岗位责任制和取得工作专门化的比较效率；有利于提高会计工作的效率；有利于加强会计内部控制，建立相互监督、相互牵制的内部控制机制，从而减少错弊出现的可能性。由于大型企业的经营范围广泛、业务繁多，适宜采用会计机构与财务机构分设的形式。这样既有利于提供详细和公允的会计信息，又有利于经营决策活动的顺利进行。企业会计与财务分立的会计组织结构模式如图 2-1 所示。

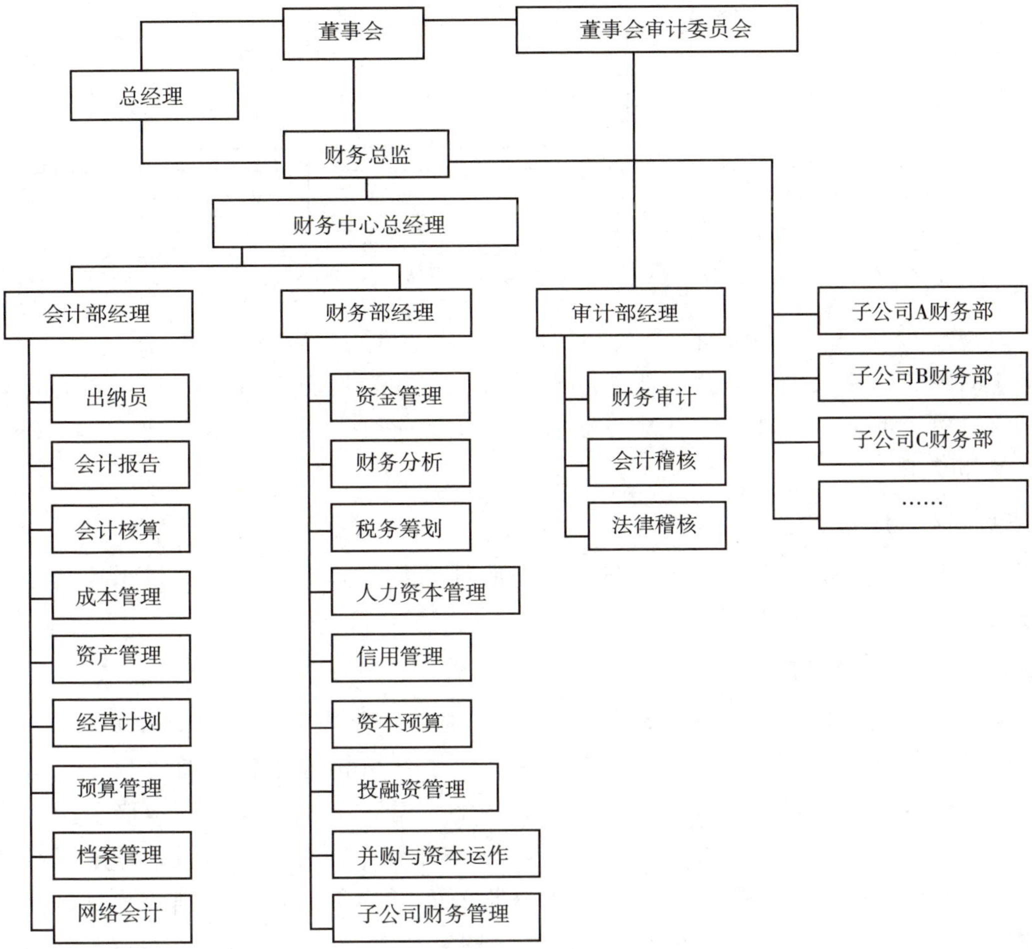

图 2-1　企业会计与财务分立的会计组织结构模式

国外很多大型企业采用董事会下的财务总监负责制。该组织形式下又分为财务部和会计部。财务部设有财务经理，内设资金管理、信用管理、税收筹划、投融资管理、资本预算、并购与资本运作和子公司财务管理等；会计部设有会计经理，负责会计核算、会计报告、成本管理、资产管理、经营计划、预算管理、档案管理以及网络会计等。会计组织内部设立信用管理机构或岗位，对顾客信用进行调查，有利于提高应收账款的质量，值得我国企业借鉴。我国很多企业由营销部门评价顾客信用，内部控制存在一定的缺陷，容易造成呆账、坏账，信用风险较大。

2. 会计与财务合并设置

按照效益原则，企业可以将会计与财务合并设置。这种形式将会计对资金运动的反映和监督职能与财务管理对资金的筹集、使用和分配职能统一由一个部门来履行。由于会计职能与财务管理职能的关系十分密切，采取合并设置形式不仅有利于减少财务会计人员，而且有利于减少会计凭证的传递环节、加快会计凭证的传递速度，从而提高会计工作效率；同时，可以减少会计信息的传递时间和失真的可能性，从而提高财务管理的及时性、针对性和有效性。

在我国，由于会计工作和财务工作都是综合性经济管理工作，它们之间的关系非常密切，因此，通常把两者合并在一起设置一个财务会计机构，如企业财务科等。所以，会计机构通常是指财务会计部门。如图 2-2 所示是我国部分商业零售企业会计与财务合一的组织结构模式。

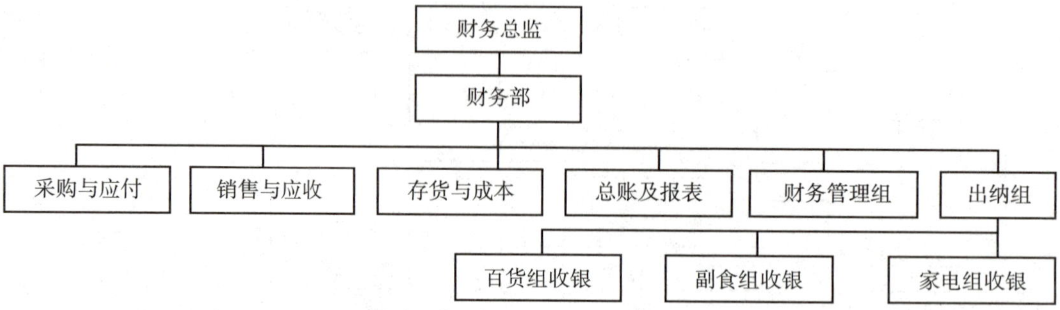

图 2-2　我国部分商业零售企业会计与财务合一的组织结构模式

如果企业的经营业务较简单，会计业务和会计人员较少，财务会计机构还可以与计划等职能部门合并为一个科室。但是，不管合并设置的形式如何，都应设置专人从事会计工作，并明确会计人员的职责范围和要求。

（二）会计机构的集中与分级设置

从企业会计工作组织系统来看，依据在企业中所处的位置，会计机构可以采取集中设置和分级设置两种形式。

1. 会计机构集中设置（集中核算）

会计机构集中设置是指仅在企业一级设置会计机构，企业内部的部门、单位则不设会计机构，不办理会计业务。由于在这种情况下，会计业务由企业会计机构办理，故通称集中核算，也被称为集权式管理。这种方式设置的会计组织代表了所有者的利益，会计组织以所有者利益为导向。财务总监直接参与财务活动和信息处理过程等。其优点是有利于维护所有者利益；缺点是容易导致所有者与经营者权责不清，而且权力高度集中于财务总监可能影响下属财务经理的积极性和主动性。同时，在这种形式下，企业总部与各分支机构之间实行的集权管理是由总部会计组织掌握财务决策权、资金调度权和成本考核权等。因此，集权式管理的财务决策自上而下，有利于严密控制，但易于导致决策高风险。

通常，大中型企业的经营管理组织系统较为复杂、生产经营规模较大、业务量较多，与此相适应，会计核算组织机构也较为庞大。如果此种类型企业的经营管理组织系统采用集权式，会计核算组织机构也就相应采用集权式管理。在集权式管理结构下，企业独立设置一个财会部门，直接隶属于企业最高管理部门，并在其领导下直接管理整个企业的财会工作。其组织机构的设置情况如图 2-3 所示。

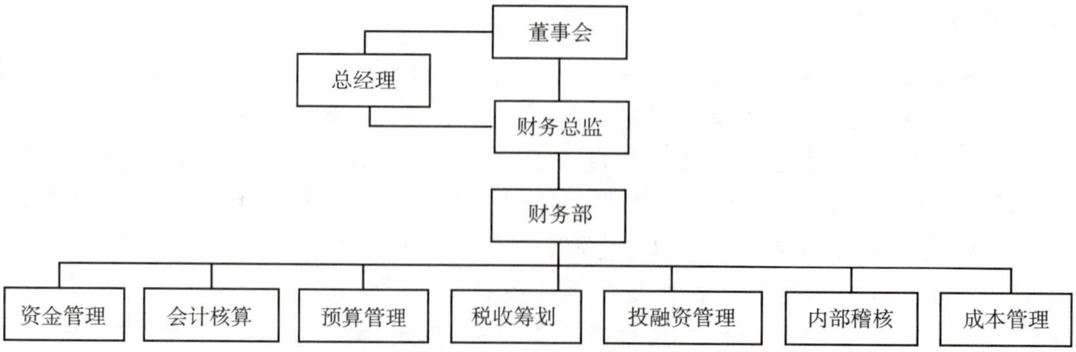

图 2-3　会计机构集中设置模式

小型企业的经营管理组织系统较为简单、生产经营规模较小、业务量较少，与此相适应，会计核算组织机构也较为精简。由于小型企业的经营管理组织系统一般均为集权式，因此，会计核算组织机构也相应采取集权式管理，成为总部管理机构中的一个岗位。

2. 会计机构分级设置（分级核算）

会计机构分级设置是指除了在企业一级设置会计机构外，在企业内部各部门、单位也相应地设置会计机构，办理本级范围内相应的会计业务。由于会计业务由会计机构以及企业内部各部门、单位会计机构分级办理，故通称分级核算或分权式管理。在这种形式下，董事会将经营管理权授予总经理，总经理享有较大的经营管理权。在总经理下专设负责财会工作的财务总监。财务总监由总经理提名、董事会聘任，对总经理负责，形成经营者主导的会计组织。从总部与分支机构之间的分权管理来看，在总部与各分支机构之间进行分权，将一大部分权力分配给各分支机构。如果大中型企业的经营管理组织系统采用分权式管理方式，则其会计核算组织机构也就相应采用分级核算的会计组织形式。企业可以在企业总部设置一个财会总部，负责与总部经营管理相对应的会计管理事务，总部会计组织的主要责任是信息处理、信息反馈和绩效评价；同时，在各相对独立的单位（如事业部、子公司、分公司）设立财会部，权力下移，各分支机构会计组织享有重要权力，承担成本管理和资金管理等责任，各单位财务部门具体办理本单位的财会业务。由此可见，总部会计组织与各分支机构会计组织之间建立的是相对松散的会计管理系统，其组织机构的设置情况如图 2-4 所示。

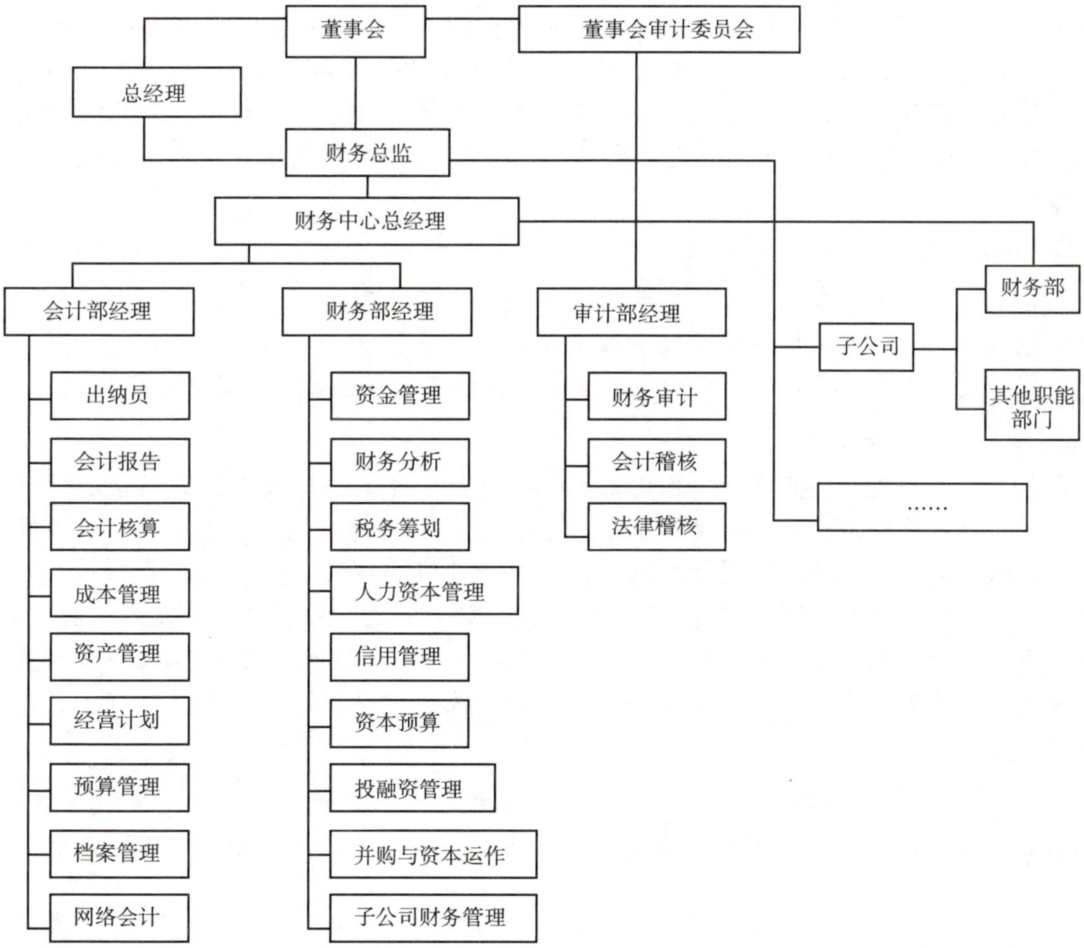

图 2-4　会计机构分级设置模式

这种分权式管理的会计核算组织机构不仅适用于特大型企业，而且适用于集团企业。

三、会计组织机构中会计岗位的设置

企业应根据会计机构的设置情况设立相应的会计岗位，并配备相应的会计人员。

（一）会计岗位的设置原则

会计岗位是指企业设置的从事会计工作、办理会计业务的职位。在会计机构内部设置会计岗位有利于明确各个岗位的职责，同时也是配备适当数量的会计人员的客观依据之一。会计岗位应根据会计工作的客观性原则进行设置，做到“因事设岗、按岗设人、人员精干、各司其职”，达到会计岗位设置合理、有效的目的。具体而言，会计岗位的设置一般应遵循以下基本原则。

1. 满足会计业务的需要

由于各企业所属行业的性质、自身的规模、业务的数量以及会计核算与管理的要求不同，会计岗位的设置条件和具体要求也不尽相同。在设置会计岗位时，要从本企业会计业务量和会计人员配备的实际情况出发，按照效益和精简的原则划分会计岗位，以满足会计业务的需要。

2. 符合内部牵制原则

会计岗位可以一人一岗、一人多岗或一岗多人。但是，为了避免发生职责不清、人浮于事和手续混乱等问题，会计岗位的设置应符合内部牵制的要求。要注意不相容职务的分离，凡涉及企业款项和财物的收付、结算及登记的任何一项工作，必须由两人或两人以上分工处理。例如，出纳人员不得兼任稽核，会计档案保管和收入、支出、费用、债权债务账目的登记工作，即遵循钱、账、物分管制度；出纳人员以外的会计人员不得经管现金、有价证券和票据；会计机构负责人（会计主管人员）不得兼任出纳和监事工作；会计人员不得兼任内部审计工作；记账人员不得兼任采购员和保管员工作；等等。

3. 有利于提高会计人员的业务素质

会计岗位的设置并不要求会计人员长期固定在某一个工作岗位上。会计人员之间的分工应当有计划地进行轮换，以便会计人员能够比较全面地了解各项会计工作，激励会计人员不断进取、提高业务素质、保证会计工作质量，同时也在一定程度上有助于防止违法乱纪现象的发生。

4. 有利于建立岗位责任制

会计岗位责任制是指在企业会计机构内部，按照会计工作的内容和会计人员情况对会计工作所做的分工，是一种明确经济责任的企业内部会计管理制度。《会计基础工作规范》中示范性地提出了会计岗位的设置方案，将会计岗位划分为总会计师、会计机构负责人或者会计主管人员、出纳、资本基金核算、收支往来核算、成本费用核算、财务成果核算、财产物资核算、工资核算、总账核算、稽核、财务会计报告编制、会计电算化、会计档案管理等14个岗位。这种岗位设置方法基本上包括了会计业务的主要内容，为建立岗位责任制奠定了较为完整的基础，是企业具体制定会计岗位比较理想的参考方案。

（二）会计岗位的基本职责

不同的企业可以根据会计业务的需要设置会计岗位，确定各岗位的相应职责。企业会计工作各岗位的主要职责如下。

1. 总会计师岗位

总会计师是指企业根据《中华人民共和国会计法》和《总会计师条例》设置的，在企业负责人领导下，主管经济核算和财务会计工作的负责人。其主要职责包括：负责提出会计机构和会计岗位设置、会计人员配备的方案；考核会计机构负责人的业绩；对会计人员的任免、晋升、调动、奖惩提出意见；负责会计人员的岗位培训，维护会计人员依法行使职权；对会计工作进行监督、检查和指导；组织编制和执行企业预算、定额；组织筹集资金，拟订资金使用方案；按授权批准制度的规定审批财务收支；负责协调会计机构与企业行政领导、各职能部门之间的关系，沟通企业与外部相关部门之间的关系，解决相关环节出现的矛盾和问题；参与金额较大或者重大经济合同的研究，会签影响企业重大利益的经济合同；制止和纠正违法违规的行为，制止无效时，提请企业负责人处理；等等。

2. 会计机构负责人或者会计主管人员岗位

会计机构负责人是指单独设置会计机构的企业所设置的会计机构的行政和业务负责人，如财务处、部、科、股长。会计主管人员是指不单独设置会计机构的企业依法设置的行使会计机构负责人职权的专职会计人员。他们的主要职责包括负责会计机构的行政管理工作，负责确定会计核算控制点，组织本企业的财务工作，负责筹资事项，组织制订本企业的财务会计制度、财务计划，定期进行财务分析，组织本企业会计人员进行理论和业务学习，对会计人员进行考核等。

3. 出纳岗位

该岗位负责现金与银行存款收付业务。其主要职责包括：办理现金收付和银行结算业务；登记现金和银行存款日记账；保管库存现金和各种有价证券，保证现金账户余额与库存现金相符；负责银行存款日记账和银行对账单的核对；保管有关印章、空白收据和空白支票；等等。

4. 工资核算岗位

该岗位负责工资核算工作。其主要职责包括：掌握员工人数及工种、工资等级、工资标准等与工资相关的情况；计算职工的各种工资和奖金，办理工资结算并进行有关明细核算；依法计提（计交）养老、失业和医疗保险金，计提（计拨）福利费、工会经费和教育经费等与工资相关的税费及基金；参与制订工资总额计划；控制工资总额支出，分析工资总额计划的执行情况；等等。

5. 收支往来核算岗位

该岗位的主要职责包括：协助会计机构负责人建立健全预算控制制度等与收支、往来有关的内部会计控制制度；正确确认、计算收入，计提与收入有关的税费；配合有关部门保证收入款项的及时回笼；复核或授权审核或编制与收支、往来结算相关的会计凭证；负责与对方债务（权）人核对往来账目，保证双方账面数额一致和无弄虚作假情况；积极掌握债务人的资信情况；计提坏账准备，对确实无法收回的应收款项和无法支付的应付款项，应查明原因，并按规定报批处理；定期为有关部门、人员和相关领导提供收支、债权、债务信息；等等。

6. 资本基金岗位

该岗位的主要职责包括：协助会计机构负责人建立健全与资本、基金相关的账务处理程序；负责实收资本（股本）、资本公积、盈余公积及基金的明细核算；审查与所有者权益相关的资料，正确确认、计算所有者权益；负责实收资本（股本）备查簿的登记；等等。

7. 成本费用核算岗位

该岗位的主要职责包括：拟定成本核算管理办法；编制成本费用计划；建立各项原始记录和定

额资料；审核各项费用开支；正确归集和分配费用，计算产品成本，登记费用成本明细账；会同有关部门制定产品标准（计划）成本，编制成本费用报表并进行成本费用的分析与考核；等等。

8. 财务成果核算岗位

该岗位的主要职责包括：负责财务成果的核算；配合有关部门制订利润计划并落实到各相关部门；正确计算本年利润；正确计算并及时解缴有关税费，按规定分配利润；复核或授权审核与财务成果有关的原始凭证，填制记账凭证，登记有关明细账；进行利润分析和考核；等等。

9. 财产物资核算岗位

该岗位的主要职责包括：会同有关部门拟定财产物资管理办法；协助会计机构负责人（会计主管）建立健全财产清查制度和计量验收制度等与财产物资有关的内部会计控制制度；编制固定资产核算依据（清册）；负责固定资产折旧和大修理费用的计提与分配；进行存货、固定资产、在建工程和无形资产等减值准备的合理计提；配合成本费用岗位合理分摊材料成本差异；复核或授权审核相关原始凭证，填制记账凭证，登记相关财产明细账及备查簿；审查、汇编采购计划，控制采购成本；分析库存商品及其他财产物资的储存情况和使用效果及在建工程的成本控制情况；定期或不定期抽查账实相符情况；按规定及时编制财产物资内部会计报表，向财产物资管理部门和相关领导提供财产物资信息；监督、指导实物负责人登记保管账（卡）并定期或不定期核对账目；等等。

10. 总账核算岗位

该岗位的主要职责包括：组织各会计岗位及时传递会计凭证；负责登记总账，编制总账科目余额试算平衡表；组织督促各会计岗位登记明细账和相关备查簿，进行结账和对账；对经营活动的未来现金流量进行预测，编制资金预算；综合分析企业财务状况和财务成果，进行财务预测，提供财务决策资料；等等。

11. 稽核岗位

该岗位的主要职责包括：负责监督和督促会计人员正确执行法律、法规及国家统一规定，履行岗位职责；核查重要会计印章的保管和使用情况；稽核原始凭证的真实性、合法性、准确性和完整性，稽核记账凭证、会计账簿、会计报表等会计资料的真实性和完整性；督促有关人员及时纠正与处理稽核中发现的问题；总结稽核中所发现问题的根源及其规律，提出进一步完善内部会计控制制度或改善会计工作的建议；等等。

12. 财务会计报告编制岗位

该岗位的主要职责包括：协助会计机构负责人（会计主管）制定内部会计报告制度；编制或组织编制会计报表、报表附注和财务情况说明书；编制或组织编制内部会计报表；按规定向财务会计报告使用人提供财务会计报告；需经注册会计师审计的，应配合注册会计师对财务会计报告的审计；等等。

13. 会计电算化岗位

会计电算化岗位是指直接从事管理、操作、维护电子计算机及其会计软件系统的工作岗位。按照《会计信息化工作规范》的要求，单位应当指定专门机构或岗位负责会计信息化工作，并依照该规范的要求开展工作。未设置会计机构和会计岗位的单位，可采取委托代理记账机构或财政部规定的其他方式组织会计工作，推进会计信息化应用。该岗位的主要职责包括：负责协调电子计算机及会计软件系统的运行；负责输入会计凭证内容等会计数据和输出会计凭证、会计账簿、会计报表等其他会计资料；负责对输入电子计算机的会计凭证及其内容进行审核，操作会计软件，登记机内会计账簿，对打印输出的会计账簿、会计报表进行确认；负责保证电子计算机硬件、软件的正常运行，管理机内会计数据；监督电子计算机及会计软件系统的运行，防止利用电子计算机进行舞弊；负责对电子计算机内的会计数据进行分析；负责对会计软件的定点开发和升级开发；等等。

14. 会计档案管理岗位

在会计机构内的会计档案管理工作属于会计岗位，负责制定会计档案立卷、归档、保管、查阅和销毁的管理制度，负责会计档案的保管工作等。

以上各岗位应体现责、权、利相结合，以责为中心的原则。由于各企业经营规模大小各异、组织和管理模式不一、业务经营特点有别、业务繁简程度不同、会计人员配备数量也不同，因此，有的企业可能无法按上述内容作出详尽的设岗及分工。各企业应根据实际情况及管理要求，按照《中华人民共和国会计法》等有关法规的规定，对会计人员进行合理分工。

第二节　内部核算下会计组织机构的设计

内部核算是指运用货币结算形式，把企业各部门、科室的经济核算统一组织起来，使企业内部各核算单位之间的经济往来形成买卖关系，按等价交换原则统一通过企业内部银行进行结算，以更好地促进经济核算制度的实行，提高下属部门工作的积极性，同时也提高企业整体的经济效益。企业内部银行是将商业银行的信贷、结算职能和方式引入企业内部来充实和完善企业内部经济核算。这种方式在运用和发展责任会计的基本功能上，将企业（基础）管理、金融信贷（银行机制）和财务管理（会计核算）三者融为一体。一般是将企业的自有资金和商业银行的信贷资金统筹运作，在内部银行统一调剂、融通运用，通过吸纳企业下属各单位的闲散资金，调剂余缺，减少资金占用，活化与加速资金的周转，提高资金的使用效率，与目标成本管理和企业内部经济责任制有机结合。一般而言，企业内部银行适用于具有较多责任中心的企事业单位，如集团企业、大中型实体性企业、控股性总公司和大型事业单位，小型企业或责任实体少的企事业单位不适用。

一、内部核算下会计组织机构的设置

企业设置内部核算的目的是加强各部门、车间和科室的业务核算，使各部门、车间和科室既能保持核算的独立性，又不破坏企业整体核算；同时，企业还可统一调配资金，加强对资金的管理。设置内部银行涉及内部银行岗位的设置、内部责任制的建立以及内部银行与财会处（或科）的业务协调问题。目前，内部核算机构有两种设计方式：一种是在企业财会部门内部附设结算中心（如图 2-5 所示），另一种是在企业内部设立内部银行（如图 2-6 所示）。其中，第一种设计方式适用于规模小、分支机构少、管理要求较低的企业；第二种设计方式适用于规模大、分支机构多、管理要求较高的大中型企业。

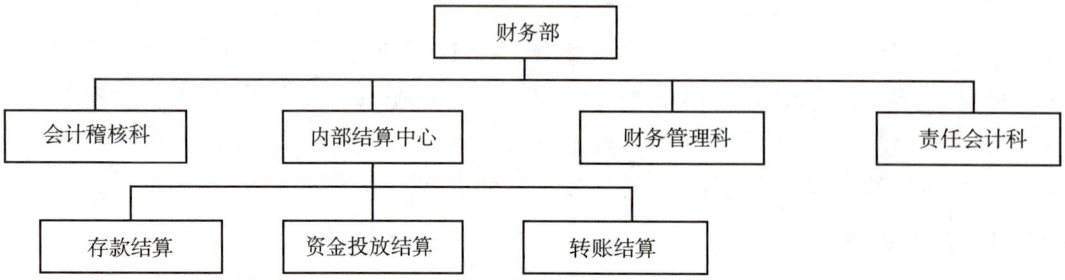

图 2-5　企业财会部门内部附设结算中心的组织机构

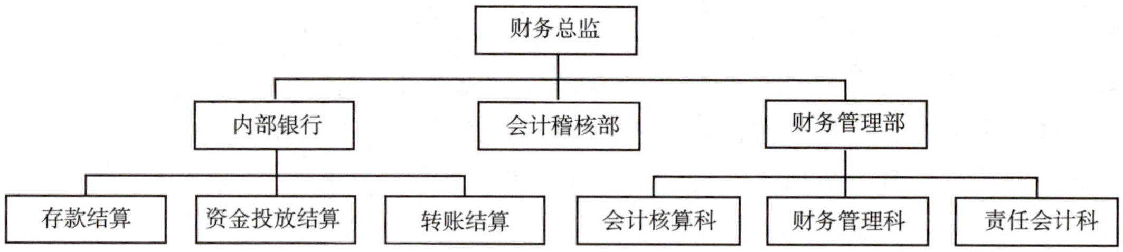

图 2-6　企业财会部门设立内部银行的组织机构

二、内部银行的会计岗位职责

内部银行模拟银行的运作机制，发行内部货币作为内部经济业务交换的媒介；通过吸收存款、发放贷款来融通资金；同时，内部集中核算可为企业考核各部门的经济责任、实行内部资金控制和进行内部管理提供条件。

（一）内部银行结算的内容

内部银行结算的内容取决于企业对各部门的财务管理方式和各部门的经营特点。对封闭性生产经营单位，应核算其资金、成本、收入和利润；对工艺性生产单位，应核算其成本、资金和内部利润。供应部门主要核算采购成本、内部利润和采购费用。生产部门主要核算生产成本和制造费用。销售部门主要核算货款结算、销售成本结转、销售费用和内部利润。职能科室主要核算经费。后勤单位主要核算营业外支出和福利费。在确定内部结算范围时，可先将车间和供应部门纳入结算范围，待结算水平提高后，再将其他单位和部门纳入结算范围。

（二）内部银行会计岗位的基本职责

1. 结算存款岗位职责

各责任中心都必须在内部银行开立账户、编制账号、办理存款、定期计算利息，同时办理印鉴登记业务，以便办理结算业务时查对。其中，印鉴包括财务专用章和负责人印章，如有遗失，应及时办理更换手续。

2. 资金投放结算岗位职责

内部银行根据核定的资金定额，将款项拨入各部门的账户，同时填制拨款通知单，分别交给各部门结算人员和财会部门。

3. 转账结算岗位职责

各部门之间相互提供物资、劳务时，应通过内部银行办理转账结算，由购入方开出内部支票或内部结算单，交内部银行转账，转账各方和内部银行分别入账。如属于上缴款项，应填制缴款单进行转账；如属于下拨款项，应由内部银行填制转账通知单；如属于收回拨款，应根据收回数额填制转账通知单直接从其账户扣款并通知各部门记账；如属于收回借款，应计算利息并办理转账手续。各部门与企业外部办理结算，应通过内部银行中转，最终由财会部门进行银行转账结算。

第三节　会计工作交接制度设计

一、会计工作交接制度设计的意义

会计工作交接是会计工作中的一项重要内容。会计人员调动工作或离职时与接管人员办清交接手续是会计人员应尽的职责，也是做好会计工作的要求。

做好会计工作交接，可以使会计工作前后衔接，保证会计工作连续进行。在持续经营的会计期间，会计工作是不间断进行的，做好会计工作交接，可以防止因会计人员的更换而出现账目不清、财务混乱的现象。做好会计工作交接也是分清移交人员和接管人员责任的有效措施。

二、需要办理会计工作交接手续的情形

需要办理会计工作交接手续的情形包括以下几种。

（1）工作调动。

（2）因病不能工作超过 3 个月。

（3）因事离职超过 3 个月。

（4）撤销会计职务。

（5）单位撤销（向上级主管部门交接）。

（6）单位合并（被合并单位向合并单位交接）。

（7）单位分立（被分立单位向分出单位交接）。

发生上述第（2）、第（3）项情况在 3 个月之内者，单位负责人必须指定专人代理，办理临时交接手续。

三、会计工作移交前准备工作的设计

会计人员因故离职时，必须向接替人员办理正式的会计移交手续，在移交手续未办妥前不得离职。移交人员因故不能承办移交手续时，经领导批准，可委托他人代办移交，但移交中的责任仍须由本人承担。

在正式办理移交手续前，移交人员必须做好以下准备工作。

（1）对已经受理但尚未填制凭证的经济业务事项，应填制相应的凭证并登记入账。

（2）对尚未登账的会计凭证，应登记完毕并在最后一笔余额后加盖经办人的印章。

（3）对移交资料进行分类整理，做到账证相符、账账相符、账实相符。

（4）对未了会计事项，应写出书面材料，说明其内容、原因、处理办法及相关责任。

（5）编制移交清册，列明应当移交的会计凭证、会计账簿、会计报表、印章、现金、有价证券、支票簿、发票、文件、其他会计资料和物品等内容。

（6）实行会计电算化的单位，从事该项工作的移交人员还应当在移交清册中列明会计软件及密码、会计软件数据磁盘（磁带等）及有关资料、实物等内容。

四、会计工作交接程序和内容的设计

会计工作的交接应按移交清册逐项进行，接替人员应对移交内容逐项核对后再予以接收。其主要包括以下内容。

（1）现金和有价证券必须根据账簿余额盘点、验收，账实不符时，移交人员应按规定的时间和要求负责查清。

（2）会计凭证、账簿、会计报告等各种会计档案必须完整无缺，发现资料短缺时应由移交人员查清原因，并在移交清册中加以说明，由移交人员负责。

（3）银行存款账户余额要与银行对账单核对相符，各种资产、债权债务的账面余额应与实物或对方账户的余额核对相符。

（4）公章、单位负责人的印鉴、科目印章、空白支票、收据和发票应交接清楚。

（5）实行会计电算化的单位，交接双方应在计算机上对有关数据确认无误后方可交接。

会计机构负责人（会计主管人员）办理移交手续时，除了移交所经管的会计事项外，还应将全部财会工作、重大财务收支、会计人员状况、下属单位的有关财会情况、与本单位财务往来密切的单位及人员情况等向接替人员作详细介绍，以便接替人员尽快熟悉情况、开展工作。

在会计交接过程中，移交人员有责任解答接替人员对有关交接事项的质疑且不得以任何理由、任何形式借故拖延不移交；同样，接替人员也不得以任何借口推诿不接替。对双方均不了解的会计事项应立据说明，并由移交人员签字负责。办理交接手续后，接替人员原则上应继续使用移交的账簿，不许自行另立新账，以保持会计记录的连续性。

如果接替人员认为前任会计的有关会计处理不符合相关会计制度的规定，在经会计机构负责人或单位负责人同意后，可另建新账并按有关规定办理更换账簿手续。

五、会计工作交接监督的设计

会计人员办理交接时必须有监督人员参加，以严格交接手续、分清是非、明确责任，保证交接工作的顺利进行。一般会计人员交接时，应由会计机构负责人（会计主管人员）监交；会计机构负责人（会计主管人员）办理交接手续时，应由单位负责人监交，必要时主管单位应派人会同监交。单位撤销，由主管部门派人接收和监交；单位合并或分立，双方会计机构负责人和有关会计人员参加，由主管部门监交，必要时由国有资产管理部门监交。

会计工作交接完毕后，移交人员、接替人员和监交人员都必须在移交清册上签章。移交清册一般一式三份，交接双方各执一份，存档一份。此外，负责监交的人员在会计工作交接完毕后，还应将交接情况向单位主管领导汇报。

思考题

1. 企业内部会计机构的设置主要有哪几种形式？请分别说明其主要适用范围。
2. 设计企业会计组织机构应遵循哪些基本原则？
3. 会计岗位的设置一般应遵循哪些基本原则？
4. 在进行会计人员配备与分工设计时，应考虑哪些因素？

案例分析

A公司是一家国有大中型企业，设置有总会计师。由于经营规模和范围扩大，经营过程、企业的组织形式和管理要求均较复杂，财务与会计业务量也较大，因此，会计与财务分设两个部门。

根据以上资料，请回答：

（1）该公司的会计组织机构内部分工的设计模式可以采用什么形式？

（2）该公司会计部门的岗位包括哪些？财务部门的岗位包括哪些？

（3）一般对总会计师、会计部经理的任职资格有哪些要求？

（4）总会计师的设置主要依据哪些法律法规？主管哪些工作？

第三章

会计科目设计

学习目标

1. 了解会计科目设计的意义、原则和内容。

2. 掌握总分类会计科目和明细分类会计科目设计的方法，使学生能结合企业的实际情况熟练、准确地运用会计科目。

3. 认识到正确设计与运用会计科目是保证会计核算质量的一个重要环节。

开篇案例

A、B、C、D四位投资人共同出资800万元设立×星有限责任公司，公司主要业务是生产、加工电动车电池。当前公司已经租赁一间厂房，占地面积为4 000平方米，设有两个生产车间，共有员工50人。

具体资料如下。

（1）公司已在中国银行开立账户。

（2）公司向银行借款300万元。

（3）公司已经购买生产所需的材料、生产设备和运输汽车以及办公所需的桌椅、电脑、打印机等设备。材料根据不同品种采用实际成本法核算。

（4）公司在购销活动中可采用赊购、赊销方式。

（5）公司按月支付员工工资，奖金视销售情况而定。

（6）公司按规定缴纳增值税、所得税（其他税种暂不考虑）。

（7）公司按税后利润提取盈余公积，并向投资人分配股利。

［提示］

对上述资料进行分析，可以得出以下内容。

（1）公司属于工业企业，应当按照企业会计准则体系的有关规定设计会计制度。

（2）公司的主营业务是销售产品。

（3）两个生产车间共同发生水电费、维修费等。行政部门发生的费用主要有办公费、员工工资、水电费、折旧费等。

（4）企业固定资产折旧方法主要有直线法和工作量法。运输汽车采用工作量法计提折旧，其余固定资产采用直线法计提折旧。

（5）桌椅等具有价值低、数量多的特点，多数是在公司开业前一次性购入，作为周转材料，采用分期摊销法核销。

问题：

请根据本章知识，帮助×星有限责任公司设计会计科目（采用4位数编号），列出会计科目表并编制使用说明。

第一节 会计科目设计概述

一、会计科目设计的意义

会计科目是按经济内容对会计要素进行分类核算的项目。它是以会计要素的具体内容为基础，按照管理和核算的要求而设计，即根据会计核算的要求，对资产、负债、所有者权益、收入、费用和利润六大会计要素的具体内容进行科学分类，给会计要素的具体内容设计合适的名称。

会计科目是会计制度的重要组成部分，会计科目设计是会计制度设计的重要环节，是确定会计对象经济内容的分类体系，为会计凭证、会计账簿、会计报表以及会计业务处理程序等的设计奠定了基础。搞好会计科目的设计对保证会计制度设计质量，完成会计制度设计任务具有重要意义。

（一）会计科目有利于提供会计信息

会计核算的系统性主要体现在对其核算内容的分类上。会计核算内容的分类是对会计对象六大要素进行进一步分类。通过设计会计科目，对会计核算的具体内容进行系统的分类并形成完整的会计科目体系，使经济业务发生后引起的各个会计要素的增减变化情况得到全面反映，便于为企业内部和外部会计信息的使用者提供预测、决策所需要的信息。

（二）会计科目是编制会计凭证的基本要素

企业经济业务发生后，首先要对取得的原始凭证按照会计科目进行分类，然后按照规定的会计科目编制记账凭证，最后按照会计科目对记账凭证进行归类整理，作为登记账簿的依据。

（三）会计科目是设计会计账簿的依据

账簿是账户的载体，会计科目是开设账户、建立总分类账和明细分类账的依据。会计账簿是由具有一定格式的账页组成的，它的核算内容是按会计科目确定的，其格式也是按照会计科目的要求设计的，账户的名称即会计科目。因此，会计科目设计是开设账户体系、建立账簿体系的基础。

（四）会计科目是编制会计报表的基础

会计报表的信息主要来自会计科目分类汇总的资料，会计科目也是会计报表上的指标项目。会计报表所反映的企业财务状况与经营成果就是根据会计科目开设的账户的余额和发生额在会计报表上的综合反映。

二、会计科目设计的原则

（一）以国家财经法律法规为依据

为了适应国家宏观管理和行业管理的需要，会计科目的设计必须符合企业会计准则体系和有关会计法律法规的要求，在此基础上设计适应企业实际情况的会计科目体系。

（二）符合规范性与通用性

目前，我国的会计核算工作正逐步与国际接轨，会计制度设计要注意国际性、通用性和规范性。因此，会计科目设计要尽可能做到在内容划分、名称规定上具有规范性和通用性，避免由于内容分类与名称使用上的差异而造成对外交往与交流中的误解。

（三）满足经济管理的需要

会计科目提供的信息既要满足国家宏观调控对会计信息的需要，又要满足企业微观经济管理的要求。因此，在设计会计科目时，企业所提供的核算指标既要满足国家宏观调控的需要，又要满足企业自身经营管理的需要，保证会计信息的有用性，做到统一性与灵活性相结合。

（四）具有周延性与互排性

所谓周延性，是指设计出的会计科目体系能包含所有会计事项，所有经济业务都由特定的会计科目反映，并且能够随着经济业务类型的增加增补新的会计科目。所谓互排性，是指每个会计科目的核算内容都有明确的范围，各个会计科目之间界限分明，发生任何一项经济业务只能有一个科目适用，不致混乱。

对于规模较大、业务量较多的企业，应多设计一些会计科目；而对于规模较小、业务量较少的企业，则可少设计一些会计科目。一套会计科目既不是越多越好，也不是越少越好。科目过多会增加会计核算的工作量，科目过少会形成糊涂账。会计科目的设计要适量，能满足经营管理的需要即可。

（五）保持相对稳定性与可比性

会计核算指标要保持相对稳定性，不能经常变动会计科目的名称、内容和数量，这样才便于比较分析不同时期的会计核算指标，使核算指标具有可比性。

（六）会计科目名称要通俗易懂、简明确切

在设计会计科目时，必须严格、明确地界定每个会计科目的特定内容，会计科目的名称应与其核算内容相一致。会计科目的名称不宜过长，应力求简明扼要、内容确定、界限清楚、通俗易懂，便于理解和记忆。

（七）符合会计电算化的需要

会计科目是会计核算的基础，也是计算机处理会计数据的主要依据。会计电算化要求会计科目的名称、编码、核算内容应统一。为了减少初始设置的工作量，会计科目的层次、内容应尽可能统一，并尽可能稳定。会计科目的编码应加以缜密的考虑，使制度规定的编码体系满足数据编码具有系统性、通用性、可扩展性和唯一性的基本要求。

第二节 会计科目设计的内容

会计科目的设计不仅仅是指拟定会计科目，而且包括对会计科目总则的设计、对经济业务进行分类、确定会计科目名称、对会计科目进行排列和编码并设计会计科目表、编写会计科目使用说明等。

一、会计科目总则的设计

会计科目总则也称会计科目总说明，是对会计科目这项局部性制度所做的总括性说明，一般包括以下内容。

（1）设计该科目体系的依据。

（2）说明该科目体系的适用范围。

（3）说明科目的编号方法和使用方法。

（4）说明何种情况下可以增减科目。

（5）明细科目的设计说明。

（6）其他说明。

下面是某企业的会计科目总则。

（1）本科目体系是受哈尔滨宇洋有限公司的委托，根据其提供的资料设计的，适用于该公司的

现有业务。

（2）本科目体系采用三位数编号，在使用时可同时填写科目编号和科目名称，或只填科目名称，但不得只填科目编号。

（3）本科目体系按借贷记账法依据权责发生制原则进行设计。

（4）有关科目列出了明细科目；未列出明细科目的，公司可根据需要自行设计。

（5）日后业务范围扩大时可加一些科目，如开展对外投资时可增加“短期投资”、“长期投资”和“投资收益”科目等；还可增设“应收票据”和“应付票据”科目，以适应票据结算的需要。若短期借款和长期借款业务较多，也可分别设置为一级科目。

二、对经济业务进行科学分类

会计科目设计之前，必须了解被设计企业经济业务的全部内容，包括经营活动特点、财产物资增减、货币资金项目收付、往来款项结算、资本金构成以及对外投资情况等基本业务，并根据经营管理与会计核算的要求进行科学分类。根据企业会计准则体系的规定，按照企业经济业务的内容，我国将总分类会计科目分为资产类、负债类、共同类、所有者权益类、成本类和损益类六大类。

三、确定会计科目名称

我国财政部制定的企业会计准则体系对企业使用的会计科目做了统一规定，企业需遵照执行。同时，企业会计准则体系也规定，企业在不违反会计准则确认、计量规定的前提下，可根据本企业的实际情况自行增设、分拆、合并会计科目。对于企业不存在的交易事项，可不设置相关会计科目。

四、对会计科目进行排列和编码，设计会计科目表

为了便于掌握和运用会计科目，使记账工作正常进行，需要对会计科目进行分类和编码。为了便于编制会计报表，会计科目一般按经济内容分类，并且每类中各个科目的顺序应依据一定的标准进行排列。例如，资产类科目可以按照流动性大小进行排列，负债类科目可以按照求偿的先后顺序进行排列，损益类科目可以按照先收入、利得，后费用、损失的顺序进行排列，等等。

在会计科目表中，为每一个会计科目编制了一个固定的号码，这些号码就被称为会计科目编码。对会计科目进行编码以后给会计科目的使用、会计数据的分类与查找带来了便利，特别是计算机会计信息系统出现以后，更加引起了人们对会计科目编码的重视与研究。

目前，会计科目编码一般采用四位数，每个编码的第一位表示该会计科目隶属的大类，第二位表示其隶属的小类，第三位和第四位表示其在相应类别中的具体位置。例如，“现金”的编码为“1001”，第一位“1”表示“现金”，隶属的大类是资产类；第二位“0”表示“现金”，隶属的小类是货币资金类；第三位和第四位“01”表示现金的具体位置。值得注意的是，要求会计科目的编码要有一定的可扩展性，即在科目编码中应预留一定的空号，目的是在出现新业务时增加新的会计科目。

《企业会计准则应用指南》中规定了企业常用的主要会计科目（见表 3-1）。其中的会计科目编号供企业填制会计凭证、登记会计账簿、查阅会计账目和采用会计软件系统时参考。企业也可以根据该规定，结合本企业的实际情况自行确定会计科目编号。

表 3-1　会计科目表

序号	编号	会计科目名称	适用范围	序号	编号	会计科目名称	适用范围
		（一）资产类		33	1407	发出商品	
1	1001	库存现金		34	1410	商品进销差价	
2	1002	银行存款		35	1411	委托加工物资	
3	1003	存放中央银行存款	银行专用	36	1412	包装物及低值易耗品	
4	1011	存放同业	银行专用	37	1421	消耗性生物资产	农业专用
5	1015	其他货币资金		38	1431	周转材料	建筑承包商专用
6	1021	结算备付金	证券专用	39	1441	贵金属	银行专用
7	1031	存出保证金	金融共用	40	1442	抵债资产	金融共用
8	1051	拆出资金	金融共用	41	1451	损余物资	保险专用
9	1101	交易性金融资产		42	1461	存货跌价准备	
10	1111	买入返售金融资产	金融共用	43	1501	待摊费用	
11	1121	应收票据		44	1511	独立账户资产	保险专用
12	1122	应收账款		45	1521	持有至到期投资	
13	1123	预付账款		46	1522	持有至到期投资减值准备	
14	1131	应收股利		47	1523	可供出售金融资产	
15	1132	应收利息		48	1524	长期股权投资	
16	1211	应收保险储金	保险专用	49	1525	长期股权投资减值准备	
17	1221	应收代位追偿款	保险专用	50	1526	投资性房地产	
18	1222	应收分保账款	保险专用	51	1531	长期应付款	
19	1223	应收分保未到期责任准备金	保险专用	52	1541	未实现融资收益	
20	1224	应收分保保险责任准备金	保险专用	53	1551	存出资本保证金	保险专用
21	1231	其他应收款		54	1601	固定资产	
22	1241	坏账准备		55	1602	累计折旧	
23	1251	贴现资产	银行专用	56	1603	固定资产减值准备	
24	1301	贷款	银行和保险共用	57	1604	在建工程	
25	1302	贷款损失准备	银行和保险共用	58	1605	工程物资	
26	1311	代理兑付证券	银行和证券共用	59	1606	固定资产清理	
27	1321	代理业务资产		60	1611	融资租赁资产	租赁专用
28	1401	材料采购		61	1612	未担保余值	租赁专用
29	1402	在途物资		62	1621	生产性生物资产	农业专用
30	1403	原材料		63	1622	生产性生物资产累计折旧	农业专用
31	1404	材料成本差异					
32	1406	库存商品		64	1623	公益性生物资产	农业专用

续表

序号	编号	会计科目名称	适用范围	序号	编号	会计科目名称	适用范围
65	1631	油气资产	石油天然气开采专用	96	2314	代理业务负债	
				97	2401	预提费用	
66	1632	累计折耗	石油天然气开采专用	98	2411	预计负债	
67	1701	无形资产		99	2501	递延收益	
68	1702	累计摊销		100	2601	长期借款	
69	1703	无形资产减值准备		101	2602	长期债券	
70	1711	商誉		102	2701	未到期责任准备金	保险专用
71	1801	长期待摊费用		103	2702	保险责任准备金	保险专用
72	1811	递延所得税资产		104	2711	保户储金	保险专用
73	1901	待处理财产损溢		105	2721	独立账户负债	保险专用
（二）负债类				106	2801	长期应付款	
74	2001	短期借款		107	2802	未确认融资费用	
75	2002	存入保证金	金融共用	108	2811	专项应付款	
76	2003	拆入资金	金融共用	109	2901	递延所得税负债	
77	2004	向中央银行借款	银行专用	（三）共同类			
78	2011	同业存放	银行专用	110	3001	清算资金往来	银行专用
79	2012	吸收存款	银行专用	111	3002	外汇买卖	金融共用
80	2021	贴现负债	银行专用	112	3101	衍生工具	
81	2101	交易性金融负债		113	3201	套期工具	
82	2111	卖出回购金融资产款	金融共用	114	3202	被套期项目	
83	2201	应付票据		（四）所有者权益类			
84	2202	应付账款		115	4001	实收资本	
85	2205	预收账款		116	4002	资本公积	
86	2211	应付职工薪酬		117	4101	盈余公积	
87	2221	应交税费		118	4102	一般风险准备	金融共用
88	2231	应付股利		119	4103	本年利润	
89	2232	应付利息		120	4104	利润分配	
90	2241	其他应付款		121	4201	库存股	
91	2251	应付保户红利	保险专用				
92	2261	应付分保账款	保险专用	（五）成本类			
93	2311	代理买卖证券款	证券专用	122	5001	生产成本	
94	2312	代理承销证券款	证券与银行共用	123	5101	制造费用	
95	2313	代理兑付证券款	证券与银行共用	124	5201	劳务成本	

续表

序号	编号	会计科目名称	适用范围	序号	编号	会计科目名称	适用范围
125	5301	研发支出		144	6402	其他业务支出	
126	5401	工程施工	建筑承包商专用	145	6405	营业税金及附加	
127	5402	工程结算	建筑承包商专用	146	6411	利息支出	金融共用
128	5403	机械作业	建筑承包商专用	147	6421	手续费支出	金融共用
		（六）损益类		148	6501	提取未到期责任准备金	保险专用
129	6001	主营业务收入		149	6502	提取保险责任准备金	保险专用
130	6011	利息收入	金融共用	150	6511	赔付支出	保险专用
131	6021	手续费收入	金融共用	151	6521	保户红利支出	保险专用
132	6031	保费收入	保险专用	152	6531	退保金	保险专用
133	6032	分保费收入	保险专用	153	6541	分出保费	保险专用
134	6041	租赁收入	租赁专用	154	6542	分保费用	保险专用
135	6051	其他业务收入		155	6601	销售费用	
136	6061	汇兑损益	金融专用	156	6602	管理费用	
137	6101	公允价值变动损益		157	6603	财务费用	
138	6111	投资收益		158	6604	勘探费用	
139	6201	摊回保险责任准备金	保险专用	159	6701	资产减值损失	
140	6202	摊回赔付支出	保险专用	160	6711	营业外支出	
141	6203	摊回分保费用	保险专用	161	6801	所得税	
142	6301	营业外收入		162	6901	以前年度损益调整	
143	6401	主营业务成本					

其他会计科目编码方法如下。

1. 数字顺序法

数字顺序法是将所有总分类科目从1号顺序编起到最后一个科目为止。有些经济业务可能有所发展，根据其变化程度，在数字系列中留出若干号数暂不填列，以备科目增加时使用。这种编码方法适用于经济业务不经常发生变化、比较单一、使用会计科目相对较少的企业。

2. 数字分组法

数字分组法是按数目分成若干组，自某数起至某数划分为一组，编为某一类科目的号码。数目的起止数要根据某类科目分组的多少确定，并要留出一定的数目以备新增科目之用。

3. 小数点式

用1～9的整数表示某一科目类别组，用小数表示该分类组中的科目。例如，“1”为流动资产，“1.1”为原材料，“1.1.1”为主要材料，“1.1.2”为辅助材料。

4. 数字横线式

这种方法与小数点式基本相同，只是用一条横线代替小数点作为科目分组、分级的标志。

例如，“1”为流动资产，“1-1”为原材料，“1-1-1”为主要材料，“1-1-2”为辅助材料。

五、编写会计科目使用说明

会计科目使用说明是对会计科目的核算内容与范围、所属明细科目的设置、账户结构的特点、会计科目的主要经济事项及账务处理等所做的说明。会计科目说明是使用者使用会计科目的标准，也是检验会计科目设计是否成功的尺度。

第三节　各类会计科目的设计方法

为了全面、系统、综合地反映经济业务，企业必须设置一套由一级科目（也称总分类会计科目）、二级科目（也称子目）和三级科目（也称细目）构成的会计科目体系，其中，二级、三级科目也被称为明细科目。会计科目分为总分类会计科目和明细分类会计科目的依据就是会计科目提供指标的详细程度。总分类会计科目是对会计要素的具体内容进行总括分类的科目。明细分类会计科目是对总分类会计科目的进一步分类，以反映这一总括分类的明细情况。

一、总分类会计科目的设计

企业总分类会计科目的设计包括确定总分类会计科目的分类标准、根据企业经济业务的需要筛选企业会计准则体系科目并设计企业所需要的总分类会计科目的名称与核算内容。其具体设计方法如下。

（一）确定总分类会计科目的分类标准

总分类会计科目既可以按照企业经济业务的内容分类，也可以按照用途和结构进行分类。

如果企业在经营管理上有对总分类会计科目按照用途和结构分类的需要，可以按此标准分类，使企业能够及时掌握盘存资产、企业间往来结算、所有者投资、成本和财务成果等状况。

一般情况下，企业总分类会计科目应该以按照企业经济业务的内容进行分类为基础，因为会计报表中各项指标的数据都来源于根据会计科目开设的账簿中账户金额的记录汇总，而资产负债表和利润表项目是按照经济业务的内容进行划分的。这样分类充分考虑了编制会计报表的要求，使整个组成体系中的会计科目与会计报表的指标口径相适应，使账簿中的账户记录能最方便地提供编制会计报表所需要的数据资料。

（二）根据企业经济业务的需要筛选设计企业会计准则体系科目

企业可根据实际需要，对企业会计准则体系中的科目进行筛选，通过增设、分拆、合并会计科目的方法，设计符合本企业的业务需要和管理需要的总分类会计科目。例如，企业内部有周转使用的备用金，应增设“备用金”科目；如果企业预付账款情况不多，可不设置“预付账款”科目，而将预付的款项直接记入“应付账款”科目；企业不存在的交易或事项，不设置相关会计科目。

企业在选择所需要的总分类会计科目名称时，应充分考虑其核算内容，使名称与其核算内容相一致，并做到含义明确、通俗易懂、繁简适当。

1. 资产类总分类会计科目的设计

（1）货币资产类会计科目的设计。货币资产是指可以立即投入使用，用以购买商品或劳务，或用以偿还债务的交换媒介物。在流动资产中，货币资产的流动性最强，并且是唯一能够直接转化为其他任何资产形态的流动资产，也是唯一能够代表企业现实购买力水平的资产。为了确保生产经营活动的正常进行，企业必须拥有一定数量的货币资产，以便购买材料、缴纳税费、发放工资、支付利息及股利和进行对外投资等。为加强对其的核算与管理，企业可按其存放地点的不同设计“库存现金”、“备用金”、“银行存款”和“其他货币资金”等科目。

（2）存货资产类会计科目的设计。存货资产是指企业在日常活动中持有以备出售的产成品或商品、处在生产过程中的在产品、在生产过程或提供劳务过程中耗用的材料和物料等。属于存货范围的内容很多，不同种类、不同内容的存货各有其不同的作用和管理要求。为了便于对不同存货的管理和核算，对于企业的存货应按企业的经营特点、不同存货的作用与特点分别设置相应的会计科目，如工业企业设置“材料采购”“在途物资”“原材料”“材料成本差异”“库存商品”“存货跌价准备”等科目。

（3）应收与预付款项类会计科目的设计。应收与预付款项是指企业在日常生产经营过程中发生的各项债权。应收与预付款项主要反映企业在生产经营过程中采用商业信用方式进行商品购销活动而形成的对其他企业的债权关系，同时它也是企业速动资产的组成部分。在市场经济条件下，商业信用活动存在一定的不稳定性，应收与预付款项往往有一部分不能收回，影响企业的资金周转和偿债能力。为此，企业需设置“应收账款”“应收票据”“应收股利”“应收利息”“预付账款”“其他应收款”等科目；为核算企业可能发生的坏账损失，还应设置“坏账准备”科目作为“应收账款”和“其他应收款”的调整科目。

（4）投资类会计科目的设计。企业的对外投资是指将企业的资产投放于其他单位，其主要目的是利用暂时闲置的资产获取较高的投资收益，或为了长远利益而控制其他在经济业务上相关联的企业，或为将来扩大经营规模而积累资金。企业应根据投资目的或类别分别设置“可供出售金融资产”、“持有至到期投资”和“长期股权投资”等科目；为核算其可能发生的减值情况，还应设置“持有至到期投资减值准备”和“长期股权投资减值准备”等科目。

（5）固定资产类会计科目的设计。固定资产是指为生产商品、提供劳务、出租或经营管理而持有的，使用寿命超过一个会计年度的有形资产。它是企业在生产经营过程中使用的主要劳动资料，其数量和质量在一定程度上反映企业生产经营规模的大小和技术装备水平的高低，对企业生产经营活动的发展具有十分重要的作用。为加强对固定资产及其建造工程的管理与核算，企业应设置“固定资产”“累计折旧”“固定资产清理”“在建工程”“工程物资”“固定资产减值准备”等科目。

（6）无形资产类会计科目的设计。无形资产是指企业拥有或者控制的没有实物形态的可辨认非货币性资产。无形资产的内容广泛，对于增强企业生产经营的获利能力具有重要的作用。为加强对无形资产的管理和核算，企业应设置“无形资产”“累计摊销”“无形资产减值准备”等科目。

此外，企业还应按照企业会计准则体系的规定和实际需要，根据核算内容设置一些必要的资产类会计科目。为加强对先支付、后摊销费用的核算与管理，企业应设置“长期待摊费用”科目；为合理反映财产清算中各种财产的溢余和短缺情况，企业应设置“待处理财产损溢”科目；等等。

2. 负债类总分类会计科目的设计

（1）借款类会计科目的设计。企业为了维持正常的生产经营活动，会经常向银行或其他金融机构借款，如为了建造或购买固定资产而借款或发行债券筹资，从而形成企业的长期、短期借款。企业为了加强对这种借款的管理和核算，应设置“短期借款”“长期借款”“应付债券”等科目。

（2）应付及预收类会计科目的设计。应付及预收款项是指企业在采购材料物资、结算职工薪酬、计算投资者利润和应当缴纳的税费等方面形成的一种债务。为加强对这部分负债的管理和核算，企业应设置“应付账款”“应付票据”“预收账款”“应付职工薪酬”“应交税费”“应付股利”“其他应付款”等科目。

（3）预计负债类会计科目的设计。预计负债是指企业对外提供担保、商业承兑汇票贴现、未决诉讼、产品质量保证等很可能产生的负债，这种负债取决于有关的未来事件是否发生。为了加强对或有负债的管理和核算，企业应设置“预计负债”科目。

此外，对于应当分期计入利息费用的未确认融资费用，企业应设置“未确认融资费用”科目；对于确认应在以后期间计入当期损益的征收补助，企业应设置“递延收益”科目；等等。

3. 所有者权益类总分类会计科目的设计

为了管理和核算企业接受投资而形成的投入资本、随着企业生产经营活动的开展投入资本的增值以及企业利润的形成和分配情况，企业应当设置“实收资本”（或“股本”）、“资本公积”、“盈余公积”、“未分配利润”和“利润分配”等科目。

4. 成本类总分类会计科目的设计

为了管理和核算企业进行工业性生产而发生的各项生产成本、生产车间为生产产品和提供劳务而发生的各项间接费用、对外提供劳务而发生的成本、研究开发无形资产过程中发生的各项支出等业务，企业应设置“生产成本”、“制造费用”、“劳务成本”和“研发支出”等科目。

5. 损益类总分类会计科目的设计

（1）反映营业收入和营业支出会计科目的设计。为了核算企业销售商品及提供劳务过程中实现的收入和应结转的成本、除主营业务活动以外进行其他经营活动实现的收入和发生的支出、营业过程中发生的税金支出及管理费用、因投资而发生的收入和损失及各项资产减值损失的情况，企业应设置“主营业务收入”“主营业务成本”“其他业务收入”“其他业务成本”“营业税金及附加”“管理费用”“财务费用”“销售费用”“投资收益”“资产减值损失”等科目。

（2）反映营业外收入和营业外支出会计科目的设计。为了核算企业发生的各项营业外收入、支出和应当从当期利润总额中扣除的所得税的情况，企业应设置“营业外收入”“营业外支出”“所得税费用”等科目。

6. 共同类会计科目的设计

金融企业在设计总分类会计科目时，必须考虑共同类会计科目，设计反映企业间业务往来款项、采用分账制核算外币交易产生的不同币种间兑换情况的“清算资金往来”“货币兑换”等科目，其他企业则不需要设置。

以上概括地介绍了企业总分类会计科目的设置方法。企业在具体设计总分类会计科目时，必须根据企业会计准则体系的规定、企业的业务特点及管理需要进行设计。

二、明细分类会计科目的设计

在会计科目体系中，各级会计科目的构成可根据总分类会计科目的性质和要求来决定，大体有以下几种情况。

（1）一级科目不设明细科目。

（2）一级科目下设二级明细科目。

（3）一级科目下设二级、三级明细科目。

（4）一级科目下设三级以上明细科目。

可见，明细分类会计科目的设置比较灵活，除企业会计准则体系的统一规定以外，各企业可根据其生产经营特点、企业管理要求和编制报表的需要进行设置。

不同企业设计明细会计科目的方法不同，常用的明细会计科目设计方法有以下几种。

（一）按总分类会计科目核算的内容类别设计

总分类会计科目核算的内容可以划分具体类别的，按总分类会计科目核算的内容类别设计明细科目。例如，“原材料”科目可以按照原材料的类别和项目设置“原料及主要材料”“辅助材料”“燃料”等二级科目，再根据具体材料的名称设置三级科目如“原材料——原料及主要材料——面粉”；“固定资产”科目可以按照固定资产的类别和项目设置“建筑物”“机器设备”和“运输工具”等二级科目，再根据具体固定资产的名称设置三级科目；“无形资产”科目可以按照无形资产的类别和项目设置“商标权”“专利权”“非专利专有技术”“著作权”“土地使用权”等二级科目，再根据具体无形资产的名称设置三级科目。“工程物资”“应交税费”“长期待摊费用”“长期应付款”“资本公积”等科目一般都按此方法设计明细科目。

（二）按总分类会计科目核算的对象设计

应收、预付、应付和预收等债权债务结算科目主要反映和监督企业与其他单位或个人之间的债权债务结算情况。其中，反映债权结算情况的科目要明确应收谁的款、向谁收的问题，即债务人是谁；反映债务结算情况的科目要明确款项应付给谁、向谁付的问题，即债权人是谁。因此，这类会计科目要按债权债务的核算对象设置明细科目。“应收账款”“应收股利”“其他应收款”“预付账款”“应付账款”“应付股利”“其他应付款”“预收账款”等科目使用该方法设计明细科目。

企业在采购材料物资时为了区别从不同单位购进的货物，所使用的“材料采购”或“在途物资”科目也可按对方单位来设计明细科目，如“材料采购——明远化工厂”等。

（三）按总分类会计科目的来源或支出的用途设计

企业取得的收入和费用支出可按其来源或用途设计明细科目。例如，“主营业务收入”科目可按照企业取得收入的产品或项目设计明细科目，如“主营业务收入——自营出口销售收入”；“营业外收入”科目可按照获得该收入的来源分类设计明细科目，如“营业外收入——捐赠利得”；“管理费用”“销售费用”“财务费用”“营业外支出”等科目可按照支出分类设计明细科目。

（四）按总分类会计科目涉及的部门设计

企业为考核各部门的业绩和明确各部门的责任，有些总分类科目可以按照部门设计明细科目。例如，“制造费用”科目核算各生产车间为生产产品所发生的间接费用；企业内部周转使用备用金的，可单独设置“备用金”科目核算各部门费用和报销备用金情况。这两个总分类会计科目都应按照涉及的部门设计明细科目。

（五）按总分类会计科目核算的种类或存放的地点设计

为了对财产物资进行有效管理，有些总分类会计科目可以按照财产物资的种类或存放地点设置明细科目，如“原材料”和“库存商品”等科目。

思考题

1. 会计科目设计的意义是什么？
2. 会计科目设计的原则是什么？
3. 会计科目设计包括哪些内容？
4. 如何设计会计科目表？
5. 举例说明总分类会计科目的设计方法。
6. 举例说明明细分类会计科目的设计方法。

案例分析

现有三家投资公司决定合股投资 4 000 万元经营一家名为华越有限责任公司的公司。该公司主要经营服装、家用电器和百货商品，并开设一家快餐店，已租入三层楼房一栋：一楼经营家用电器，二楼经营服装和百货，三楼为快餐店。该公司已在银行开立账户，营业执照等已办妥，准备开业。现委托某会计师事务所设计一套会计制度。经事前调查研究，获得以下资料。

（1）除三家合股投资人外，还准备向银行贷款和吸收他人投资，但他人投资不作为股份，只作为长期应付款，按高于同期银行存款利率的 20%付息。

（2）商场和快餐店均需要重新装修才能营业。

（3）需购入货架、柜台、音响设备、桌椅、收银机等设备，还需购入运输汽车一辆。

（4）在商场购销活动中，库存商品按售价记账，可以赊购、赊销。购进商品的包装物出售给废品公司。

（5）快餐店的收入作为副营业务处理。

（6）雇用店员若干人，每月按计时工资发报酬，奖金视营销情况而定。

（7）房屋按月交纳租金。

（8）按规定缴纳增值税和所得税，税率按国家规定执行。

（9）公司要求管理费用等共同费用应在商场和快餐店之间进行分摊。

（10）利润按商场和快餐店分别计算，税后利润按规定提取公积金。

要求：为华越有限责任公司设计会计科目，并对会计科目的使用作出说明。

第四章

会计凭证及账务处理程序设计

学习目标

1. 了解原始记录设计的概况。
2. 明确会计凭证设计的范围和要求。
3. 了解账务处理程序设计的概况。
4. 熟悉各种账务处理程序的特点。

开篇案例

百盛公司是东方集团下属的子公司，主营业务是制造、销售得利空调。集团公司对百盛公司派出了检查组进行财务检查。检查组对百盛公司商品销售业务的内部控制进行了专题调查，抽查了有关凭证、账簿等会计资料。其中，检查组对发货单进行调查的有关情况如下。

（1）检查组对仓库留存的发货单第二联“仓库发货联”进行了检查，并与仓库根据第二联登记的商品保管明细账的发货数量进行了核对，证实账单核对相符；将仓库的发货数量与销售部门统计的销售数量核对时，发现两者存在误差；会计部门根据会计核算使用的发货单第三联计算的销售数量与仓库计算的数量相同。仓库保管员声称，每笔发货均以销售部门事先开具的发货单为依据。但检查组发现有两笔业务在商品保管明细账登记的发货日期比发货单的开出日期早了两天。

（2）检查组发现只有会计部门与仓库坚持进行发货单第三联和第二联的定期核对工作。检查组将销售部门开出发货单时留存的第一联“存根”与第六联“货物放行联”进行了核对，发货单第六联是公司大门口的保安在货物放行时收到并保存的。检查发现有两张“货物放行联”没有编号且没有与之对应的“存根”，检查组认为可能存在重大问题，并将此事做了记录。有 7 张用汽车提货的“货物放行联”没有按公司的规定登记车牌号码，有一张“货物放行联”上没有加盖销售部门的印章（已与“存根”核对无误），按规定在这种情况下，保安不应放行。发货单第四、第五联分别交给运输部门和客户，检查组没有对其进行核对。

问题：

根据上述资料，说明发货单凭证流转程序、各联的用途及其相互之间的核对关系。

会计凭证是记录经济业务、明确经济责任的书面证明。以凭证为依据，既是会计工作的一大特点，又是对开展会计工作提出的基本要求。经济业务发生后，取得或填制原始凭证并据此编制记账凭证，是会计核算工作的重要内容和基础环节，也是证明经济业务发生情况的原始资料；同时，通过填制凭证，有利于加强会计监督。因此，科学地设计各种类型的原始凭证和记账凭证，建立健全会计凭证体系，并明确规定它们的作用和使用方法，是会计制度设计的重要环节。

第一节 原始凭证设计

一、原始凭证设计的原则、步骤和方法

（一）原始凭证设计的原则

原始凭证具有法律性强、种类繁多、使用范围广、经手人员多等特点，设计时应遵循以下原则。

1. 全面、详细地反映经济业务发生情况

原始凭证应能详细地反映经济业务发生的时间、地点、内容、有关人员的责任等情况，以充分发挥其作用，并加强原始凭证的管理。

2. 充分满足内部控制的要求

在设计原始凭证时，必须根据实际情况，合理确定各种凭证所需的联次数量，并明确规定各联次的用途。在落实岗位责任制的基础上，通过连续编号、复写多联等方式，促使各部门间相互制衡、相互监督，增强企业内部控制。

3. 有利于加快凭证传递，提高工作效率

在设计原始凭证时，应科学合理地确定原始凭证的传递程序，避免原始凭证在传递过程中发生重复或脱节等情况。

4. 原始凭证的种类、用途及格式力求标准化、通用化

在企事业单位内部，办理同类性质的经济业务所使用的凭证必须统一并保持稳定，不得随意变更，以方便凭证的填制和审核工作，同时节约相关设计和印刷费用。有些凭证应尽可能地在部门、系统范围内通用，有条件的还应在地区或全国范围内通用，以方便财政、税务和审计等部门的监管工作。

（二）原始凭证设计的步骤和方法

1. 根据实际确定需要设计的原始凭证种类

通常采用排除法，即首先确定本单位经济业务的种类以及各类经济业务之间的关联，然后根据各类经济业务的内容确定所需的原始凭证有哪些，最后排除其中属于外来的、由国家有关行政管理部门统一印制管理的凭证，剩下的应考虑可否在市场上购买到，再确定需要设计的原始凭证种类。

2. 明确原始凭证的基本要素和用途

虽然各种原始凭证反映的经济业务的内容不同，但它们的基本要素相同，均包括以下几项。

（1）凭证的名称。

（2）填制凭证的日期。

（3）凭证的编号。

（4）接收凭证的单位名称（俗称抬头）。

（5）经济业务的内容，包括经济业务的数量和金额。

（6）填制单位和经手人员的签章等。

为确保所设计原始凭证的格式、联次数量及流转程序的准确性，设计时还应明确各种原始凭证具体的用途，而原始凭证所反映的经济业务内容决定其用途。

3. 绘制原始凭证的格式

在拟定凭证项目时，不仅要全面体现基本要素的内容，还要兼顾凭证所反映经济业务的内容及管理方面的特殊要求，尽量做到项目数量适中、项目含义表达准确。在具体绘制原始凭证的格式时，应注意考虑如何对所有凭证项目作出科学合理的安排。

4. 规定原始凭证的流转程序

原始凭证流转程序的设计是原始凭证设计中极其重要的一环。原始凭证流转程序是指凭证从填制或取得起，经审核、办理业务手续、整理，直到会计部门记账、装订、保管等凭证处理和运行的全过程。只有设计科学合理的原始凭证流转程序，才能充分发挥其在会计核算中的作用。原始凭证流转程序的设计内容如图 4-1 所示。

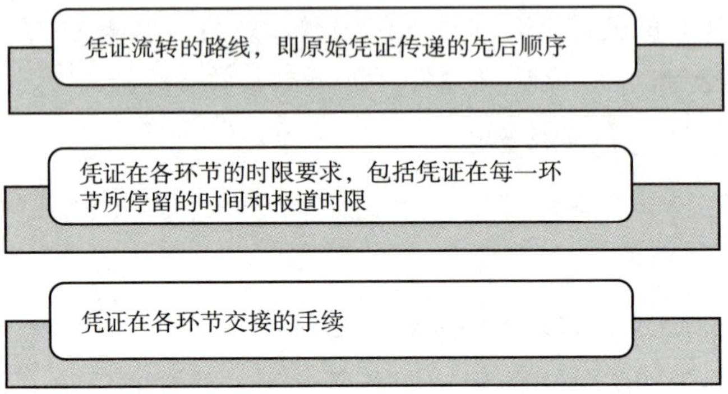

图 4-1　原始凭证流转程序的设计内容

值得注意的是，原始凭证的流转程序除结合各项经济业务的业务处理程序和会计处理程序，以文字或图式加以规定和说明外，还应在所设计的原始凭证上标明人员签章，并在复写凭证上标明各联的用途。

5. 建立原始凭证的保管制度

建立原始凭证的保管制度主要包括两方面内容。

（1）建立空白原始凭证的保管制度。对于自行印刷或外购的空白原始凭证，应指定专人负责管理。重要的空白原始凭证（如空白支票等）都应编号登记，领用和交回存根时都应履行手续，以确保其安全、完整。此外，还应抽查已交回的、使用过的原始凭证存根，核对存根中的列示数与实际收付款数是否一致。

（2）建立已入账原始凭证的保管制度。对于已入账原始凭证的归档、保管方法、保管年限、调阅及复制、销毁等方面，应作出明确规定，防止丢失。

二、主要原始凭证的设计

不同的原始凭证反映不同的经济业务，按照经济业务的种类，将各类经济业务所需的主要原始凭证分别进行如下设计。

1. 货币资金业务原始凭证的设计

反映货币资金业务的原始凭证具有下列特点：既有外来原始凭证，又有自制原始凭证；既有通用凭证，又有专用凭证；从填制手续来看都是一次凭证。

货币资金业务原始凭证包括反映银行存款业务的原始凭证和反映现金业务的原始凭证（如图 4-2 所示）。我国反映银行存款业务的原始凭证实行专用，无须自行设计，而反映现金业务的原始凭证大多需要自行设计。因此，反映现金业务的原始凭证是货币资金业务原始凭证的设计重点。

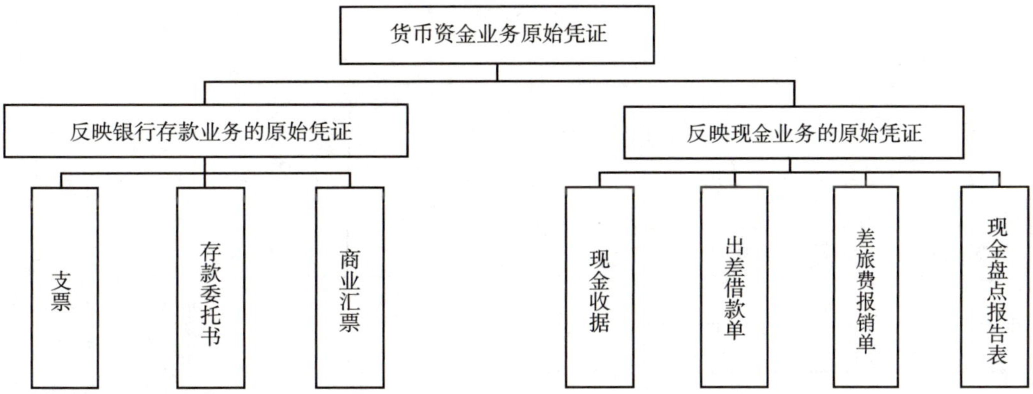

图 4-2　货币资金业务原始凭证

常用的反映现金业务的原始凭证的基本格式和内容设计如下。

（1）“现金收据”，一般设计为一式三联，一联作为存根备查，一联送交付款单位（或个人收执）作为报销凭证，一联作为会计记账的凭据。其格式见表 4-1。

表 4-1　现金收据

年　　月　　日　　　　字第　　号

交款单位或个人名称	
收款事由	
人民币（大写）	
注：本收据无单位公章无效	

收款单位：　　　　出纳：　　　　审核：　　　　交款人：

（2）“出差借款单”，一般只设计一联，由借款人填写，送交其所在单位负责人审核签字，再送交财务部门负责人审批后，由出纳予以付款并送交会计进行账务处理。其格式见表 4-2。

表 4-2　××公司出差借款单

年　　月　　日　　　　字第　　号

借款人姓名				所在单位或部门	
出差地点				出差事由	
往返时间		借款金额		预计还款日期	
人民币（大写）					

审批：　　　　出纳：　　　　借款单位负责人：　　　　借款人：

（3）“差旅费报销单”，属于汇总原始凭证，只设计一联。由出差人、会计主管人员共同填制，经有关人员签章后，会计据此及所附原始凭证进行账务处理。其格式见表 4-3。

表 4-3 差旅费报销单

附件　　张数　　　　　　　　　　　　　　　　　　　　　　　　年　　月　　日

出差人								出差地点				
出差事由												
起点			终点			天数	人数	补贴标准	补贴金额	报销单据	项目	金额
月	日	地点	月	日	地点						车船费	
											市内交通费	
											住宿费	
											会议费	
											杂费	
小计											小计	
合计金额												

领导签字：　　　　　　　　　　　　　　　　　　　　　　　　出差人签字：

（4）“现金盘点报告表”，一般设计两联，一联由出纳留存，一联送交会计审查后编制记账凭证。小型企业可以不设计该凭证。其格式见表 4-4。

表 4-4 ××公司现金盘点报告表

项目	货币资金		会计报表日：　　年　　月　　日	
货币面额（元）	张数	金额（元）	盘点日期：　　年　　月　　日	
100			项目	金额（元）
50			盘点日账面余额	
20			加：收入未入账	
10			减：付出未入账	
5			调整后现金余额	
2			实点现金	
1			长款	
0.5			短款	
0.1			加：付出未入账数	
合计			减：收入未入账数	
清点现金合计			倒扎到　　年　　月数	
调整事项处理意见及审计结论	1. 长款、短款的处理：			
	2. 倒轧推算资产负债表现金余额：			
	3. 结论：			
签字	企业负责人：　　　　日期：			
	会计主管：　　　　日期：			
	出纳：　　　　日期：			
编制人及日期			复核人及日期	

2. 工资业务原始凭证的设计

工资业务主要包括工资结算和工资分配。企业应建立健全员工出勤记录和生产记录，并设计严格的控制程序、构建完整的凭证体系，防止工资业务中造假、舞弊等行为的发生。反映工资业务的原始凭证主要有“工资单”“计件工资表”“工资分配汇总表”等。

其中，“工资单”由人力资源部门和财务部门根据不同的车间、部门、科室、工段或小组，按月进行编制。通常一式三份，一份由人力资源部门留存，一份送交财务部门进行账务处理，一份按每个职工裁成单条交由职工自己留存。其格式见表 4-5。

表 4-5　××单位工资单

车间或部门：　　　　　　　　　　　　年　　月　　日

工号	姓名	计时工资			计件工资	加班工资	奖金	津贴	应发工资	代扣款项							实发工资	领款人签章
		日工资率	出勤天数	金额						房租	水电费	工会费	借支	幼托费	其他	合计		
合计																		

车间或部门负责人：　　　工资核算员：　　　复核：　　　制单：　　　出纳：

“计件工资表”包括“个人计件工资表”和“集体计件工资表”，其中“集体计件工资表”适用于工艺过程要求集体完成，不能直接计算个人完成合格产品的数量的工种。

“工资分配汇总表”是用来记录各受益对象应负担工资费用的应计成本项目或费用项目、直接计入金额和分配计入金额的原始凭证。除包括原始凭证的一般内容外，其还包括各受益对象应负担工资费用的应计成本项目或费用项目、直接计入金额和分配计入金额。

3. 固定资产业务原始凭证的设计

固定资产业务主要包括固定资产的购入、接受捐赠、工程完工验收、折旧、报废、盘盈和盘亏等，反映固定资产业务的原始凭证有“接受捐赠固定资产情况表”“固定资产验收单”“工程验收决算报告”“固定资产折旧计算表”“固定资产报废单”“固定资产盘盈盘亏报告表”“固定资产内部转移单”等。由于固定资产业务不经常发生，该类原始凭证也不经常使用，因此一般没有固定格式，而多采用书面说明的办法或自行设计专用凭证。但由于固定资产业务复杂，需要在凭证上反映的内容较多，因此设计该类原始凭证比较麻烦，通常需要与固定资产管理部门进行协商。

其中，“固定资产报废单”一般设计一式两联，由固定资产管理部门或使用单位提出报废申请并进行填制，经相关部门审批后，一联作为固定资产清算的依据，由财务部门留存，一联由固定资产管理部门或使用单位留存备用，登记固定资产卡片。其格式见表 4-6。

表 4-6　固定资产报废单

固定资产名称：　　　　　　　　　　年　　月　　日　　　　　　　　　　字第　　号

编号	规格型号	单位	数量	预用年限	已用年限	原始价值	已提折旧	残值	附属设备	备注
固定资产状况及报废原因										
处理意见	使用部门		技术鉴定小组			设备管理部门			主管部门	

4. 采购业务原始凭证的设计

采购业务发生后，必须首先取得供货单位的“发票”、运输单位的“运单”、银行的结算凭证及其他有关凭证，在此基础上，核算材料的实际采购成本，并反映材料入库的实际情况。反映采购业务的原始凭证有“材料采购成本计算单”“材料入库单”。

其中，“材料入库单”一般设计为一式三联，一联由仓库留存，用以登记材料卡片；一联由供货单位留存；一联送交财务部门进行账务处理。其格式见表 4-7。

表 4-7　材料入库单

供货单位：　　　　　　　　　　年　　月　　日　　　　　　　　　　字第　　号

发票编号：　　　　　　　　　　　　　　　　　　　　　　　　收料仓库：

材料类别	材料名称	规格与型号	计量单位	数量		计划单价	金额	备注
				应收	实收			

仓库负责人：　　　　　　　　　　收料人：　　　　　　　　　　交料人：

应当指出，若材料按实际成本计价，则“计划单价”一栏应按“实际成本”设计。若管理需要，则“金额”栏内还应分别设计材料购买价格和采购费用项目。

5. 存货业务原始凭证的设计

存货业务主要包括存货的收发、存放和盘点等。反映存货业务的原始凭证有“限额领料单”“产品入库单”“收发料汇总表”“委托加工材料出库单”“存货盘点报告表”等。

其中，“限额领料单”属于累计领料凭证，在有效期限（最多一个月）内，只要领用不超过限额，即可连续使用。该凭证由生产计划部门或材料供应部门在每月开始前根据生产计划、材料消耗定额等有关资料，按照材料的用途填制。“限额领料单”通常设计为一式两联，一联交由仓库据以发料，一联交由领料单位据以领料。其格式见表 4-8。

表 4-8　限额领料单

领料单位：　　　　　　　　　　年　　月　　日　　　　　　　　字第　　号
材料名称：　　　　　　　　　　　　　　　　　　　　　　　　　发料仓库：
用途：　　　　　　　　　　　　　　　　限额：　　　　　　　　计量单位：

日期	本次领用数	累计领用数			超支	结余	领料人	备注
		数量	单价	金额				
合计								

领料单位负责人：　　　　　　　　　　发料人：　　　　　　　　材料供应部门负责人：

6. 成本核算业务原始凭证的设计

反映成本核算业务的原始凭证主要包括材料发出、工资费用分配、折旧计提及分配等方面的原始凭证，这些原始凭证已经在上述业务中分别作了介绍，不再赘述，此处以“产品成本计算单”为例，其格式见表 4-9。

表 4-9　产品成本计算单

年　　月　　日

产品名称：　　　　　　　　　　计量单位：　　　　　　　　字第　　号

成本项目	月初在产品成本	本月费用	生产费用合计	月末在产品成本	产成品成本			备注
					数量	总成本	单位成本	
合计								

会计主管：　　　　　　　　　　　　　　　　　　制单：

7. 销售业务原始凭证的设计

反映销售业务的原始凭证主要是“销货单”（或称“发货票”）。由于产品销售方式不同，“销货单”的内容及名称也不一致。此外，如果销货单位为购货单位代垫运费，那么还应设计“代垫运费清单”；如果存在较多的销货退回业务，那么还应设计“销货退回收货单”。

需要指出的是，销售凭证不仅是销货单位的自制原始凭证，还是购货单位的外来原始凭证，因此在满足销货单位需要的同时，还要满足购货单位的需求，保证凭证的内容齐备、形式美观大方。

“销货单”一般设计为一式五联：①存根联，交由销售部门留存；②发票联，交由购货单位报账；③收款联，交由财务部门办理收款并进行会计核算；④发货联，交由仓库凭以发货并登记仓库台账；⑤代出门证联，交由门卫存查。需要指出，“销货单”的发票联必须加盖销货单位的财务专用章，否则无效。代出门证联可以取消，另行开具。其格式见表 4-10。

表 4-10　销货单

年　月　日　　　　销字第　号

购货单位或个人：　　　　发货仓库：

货号	品名	规格与型号	计量单位	数量	单位	金额	备注
合计（金额大写）							

业务主管：　　会计：　　制单：　　保管：　　提货人：

“代垫运费清单”一般设计为一式三联，一联加盖公章后随同货物运输收费单一起送交购货单位；一联送交财务部门进行会计核算；一联交由销售部门存查。其中，交由销售部门存查的一联可以取消，设计成一式两联。

三、原始凭证设计的注意事项

原始凭证从内容设计方面大致可分为反映财产物资增减变化的原始凭证、反映货币资金收支变化的原始凭证和反映费用分配成本计算的原始凭证三类，各类原始凭证在设计时的注意事项如下。

（一）反映财产物资增减变化的原始凭证

该类原始凭证用以反映和记载各种固定资产、材料、燃料、低值易耗品、产成品等的增减变动情况，如“材料入库单”“限额领料单”“产品入库单”“存货盘点报告表”“销货单”等。对各类财产物资的核算涉及实物核算和价值核算，需要提供详细的实物数量指标和价值指标。因此，设计该类原始凭证时，除符合原始凭证设计原则外，还应注意下列问题。

（1）凭证中必须设计各种财产物资的品名、类别、规格型号、计量单位、数量、单价等内容，以便对经济业务进行检验和检查，对实物进行核算。

（2）无论设计几联，最好将各联次用不同的颜色区分，使用时采用复写的方式。

（3）当财产物资的变动牵涉外单位时，必须在有关联次里加盖公章，如“销货单”的发票联，并设计金额大写栏。

（二）反映货币资金收支变化的原始凭证

该类原始凭证用以反映和记载库存现金、银行存款的收支情况。由于银行存款结算的有关凭证实行专用，因此该类凭证的设计主要是现金有关凭证的设计，如“现金收据”“出差借款单”“差旅费报销单”“现金盘点报告表”等，设计时应注意以下问题。

（1）凭证的金额必须设置大写、小写金额栏，且大小写金额必须一致。

（2）必须设置经济业务说明栏，摘要记录经济业务的内容，表明货币资金收支的原因。

（3）相关责任人的签章必须齐全，包括业务经办人、审核人，尤其是出纳。付款原始凭证还应有相应负责人签章。

（4）付款原始凭证一般应加盖外单位公章，收款原始凭证应加盖本单位公章。

（三）反映费用分配成本计算的原始凭证

该类原始凭证用以反映和记载费用分配及成本计算情况，如“材料采购成本计算单”“产品成本计算单”“材料费用分配表”“制造费用分配表”“工资分配汇总表”等，设计时应注意以下问题。

（1）必须与本单位生产特点和管理需要紧密结合，符合本单位的实际情况，反映本单位的特殊要求。

（2）正确划分各栏目的具体内容，明确各栏目之间的勾稽关系、计算依据和相应的方法，以保障计算的准确性和及时性。

（3）费用分配表上应设计费用的分配标准及分配率，并置于醒目的位置，以便进行运算；成本计算单则应列出数量等内容，以便计算产品的单位成本。

（4）该类原始凭证仅限于内部使用，因此仅设计制证人和主管会计人员的签章，不必加盖公章。此外，金额只要求小写，不必设计大写金额栏。

第二节　记账凭证设计

记账凭证是会计人员依据准确无误的原始凭证填制，用来简要说明经济业务内容，确定会计分录的一种会计凭证。作为会计核算的一种基本方法，记账凭证在会计核算中的作用至关重要：首先，记账凭证作为连接原始凭证和账簿记录的桥梁，可以确保账簿记录的准确性；其次，填制记账凭证有助于充分发挥会计监督作用，通过记账凭证填制前的原始凭证审核工作，可以及时发现并有效处理不合理、不合法的经济业务；再次，记账凭证可以加强会计机构内部的相互制约与协作，落实岗位责任制；最后，记账凭证可以为事后查账提供极大的方便。正因为记账凭证有上述作用，所以必须科学地对其进行设计。

一、记账凭证设计的原则

记账凭证与原始凭证虽有紧密的联系，但又存在明显的区别。因此，记账凭证的设计在符合内部控制和力求标准通用化的基础上，还应遵循以下原则。

（1）具备记账凭证的基本内容。包括：①单位的名称；②记账凭证的名称，如“收款凭证”；③记账凭证的日期；④记账凭证的编号；⑤经济业务的简要说明（摘要）；⑥使用的会计科目（一级科目、明细科目）的名称及增减变动金额；⑦所附原始凭证的张数；⑧已过账符号；⑨相关人员（会计主管、填制人、审核人、记账人、出纳等）的签章。

（2）适应所使用的账务处理程序。不同的账务处理程序要求有不同种类的记账凭证。例如，在记账凭证账务处理程序下，可以设计“收款凭证”“付款凭证”“转账凭证”三种形式，也可以设计统一的“记账凭证”。但在科目汇总表账务处理程序下，最好分设“收款凭证”“付款凭证”“转账凭证”，并相应设计“汇总收款凭证”“汇总付款凭证”“汇总转账凭证”。

（3）满足账簿登记的需要。记账凭证是登记账簿的主要依据，由于账簿有总账和明细账之别，为了使总账和明细账的登记都有据可依，在设计记账凭证时，会计科目必须分清总账科目、子目和纲目，以便分别记载其增减变化。此外，为了使记账凭证与账簿之间的联系更加紧密，应在记账凭证上设计“账页”一栏，便于反映凭证中各项数字对应记入账簿的页码。

二、记账凭证设计的步骤和方法

（一）确定所使用的记账凭证种类

设计单位规模的大小、经济业务量的多少、会计机构内部分工的粗细及会计核算形式等均会对记账凭证产生影响。一般情况下，小型经济单位仅需设计单一、通用的记账凭证；大中型经济单位为了区分各项经济业务，通常应设计收款凭证、付款凭证和转账凭证，以便对记账凭证进行分类汇总，简化登记总账的工作，提高工作效率。

记账凭证分为复式记账凭证和单式记账凭证。在设计记账凭证时，应确定是采用复式记账凭证还是采用单式记账凭证，在此基础上设计凭证格式。

（二）明确记账凭证的内容

其一，应明确记账凭证的基本内容。记账凭证的基本内容是记账凭证发挥作用所必须具备的基本要素。其二，根据实际需要确定记账凭证的其他内容。例如，外币凭证中应设有外币金额、外币折算汇率等内容。

（三）设计记账凭证的格式

在确定记账凭证的种类后，即可按照记账凭证的设计原则设计记账凭证的格式。这一步是设计记账凭证的关键环节。

在设计记账凭证时，应考虑以下要求：既要保证记账凭证在记账工作中起到分录指示作用，又要考虑记账凭证的基本格式已经约定俗成；除非十分必要，企业应尽量采用国家有关部门统一印制的记账凭证以简化设计工作。

三、记账凭证设计的其他问题

（一）记账凭证设计应注意的问题

记账凭证的格式设计完毕后，应明确规定各种记账凭证的用途、使用方法及注意事项，确保各种记账凭证的合理使用，记账凭证的用途符合经济业务的内容。

由于记账凭证是对原始凭证内容的分类汇总和会计加工，反映了经济业务发生后引起的资金变动情况，因此企业必须建立健全记账凭证管理制度，与原始凭证一同保管、销毁。

（二）记账凭证传递的设计

为了保证会计工作有序进行并及时提供会计资料，防止会计凭证的失散及账户记录的遗漏，应对会计凭证的传递加以规定。

会计凭证的传递主要包括原始凭证的传递和记账凭证的传递。对于原始凭证的传递，应明确规定正确的传递路线以及各环节的停留时间，以便其及时传递到财务部门。不同原始凭证的传递路线有所不同，应定时、定点、定人传递。原始凭证到达财务部门后的传递程序如图 4-3 所示。

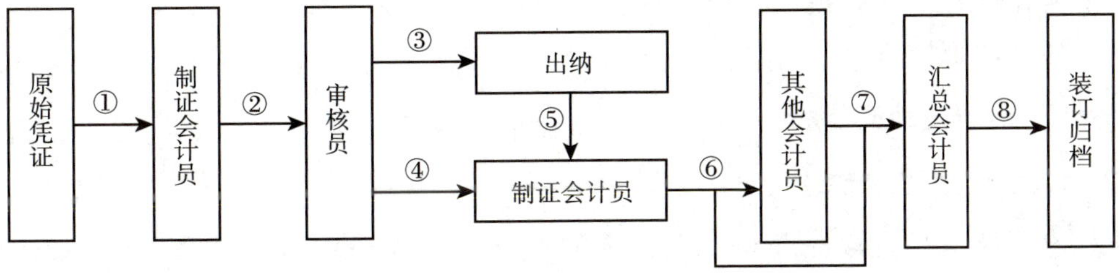

图 4-3　原始凭证到达财务部门后的传递程序

说明：

①财务部门收到原始凭证后，按凭证内容和会计人员的分工，交有关会计编制记账凭证。

②制证后立即交负责凭证审核的会计人员审核。

③审核无误的收款、付款凭证转给出纳收款、付款，并编号和登记现金、银行存款日记账。

④审核无误的转账凭证退还给原始凭证制证会计员进行编号，并登记其负责掌管的账簿。

⑤出纳过账后的收款、付款凭证转给原始凭证制证会计员登记明细账。

⑥记账凭证由制证会计员传给其他有关会计员，登记明细账。

⑦采用汇总记账凭证账务处理程序、科目汇总表账务处理程序的，月（旬）末将全部凭证集中到负责凭证汇总的会计员，以编制汇总记账凭证或科目汇总表，并据以登记总账。

⑧次月初，全部凭证交负责装订凭证的会计员装订成册，暂存财务部门的会计档案室保管。

（三）记账凭证封面的设计

每月终了，所有会计凭证应按照时间顺序、凭证类别以及编号顺序整理并装订成册。装订时应加封面，封面一般采用牛皮纸，以免撕裂。封面内容一般包括凭证名称、本册凭证的起止号码及起止日期、册数号码、装订人签章、装订日期等。

第三节　账务处理程序设计

账务处理程序又称会计核算形式或会计核算组织程序，是指从填制会计凭证、登记会计账簿到编制会计报表的整个过程。在这一过程中，由于各部分的组织和结合方式不同，产生了不同的账务处理程序。科学合理的账务处理程序对于保证会计核算质量、简化会计核算工作、提高会计工作效率等具有重要作用。

一、账务处理程序设计的原则、步骤及特点分析

（一）账务处理程序设计的原则

账务处理程序设计应遵循以下原则。

（1）符合本单位的实际情况。

（2）有助于凭证、账簿和报表之间的协调。

（3）有利于简化会计工作，提高工作效率。

（4）有利于加强内部控制。

（二）账务处理程序设计的步骤

1. 原有单位账务处理程序改进设计的步骤

（1）根据对该单位生产经营特点和管理要求的调查，大致规划出单位适用的账务处理程序的类型。必要时，可以绘制账务处理程序的草图。

（2）按照草图的要求安排账簿组织，设计各核算环节使用的会计凭证、序时账簿、分类账簿和会计报表等，并使它们各自形成独立的完整体系。

（3）在设计各个具体核算环节的内容时，如果发现事先规定的账务处理程序存在不妥之处，就应进行适当的修改，适当调整草图。

2. 新建单位账务处理程序设计的步骤

（1）根据单位生产经营特点和管理要求，分别设计所需的凭证、账簿及报表的种类和格式，并各自形成独立的完整体系。

（2）将各种凭证、账簿、报表等结合记账方法有机地组合起来，确定它们之间的联系和记账程序，构成整体账务处理程序。

（3）对不适应或不利于整体账务处理程序实施的核算环节，进行适当的修改或补充。

（三）各种账务处理程序的特点分析

1. 逐笔过账的账务处理程序

逐笔过账的账务处理程序是最基本的账务处理程序，同时也是其他账务处理程序产生的基础。它可以直接以记账凭证为依据进行总账登记，不需要汇总记账凭证。具体运用时主要有两种形式：记账凭证账务处理程序和日记总账账务处理程序。

（1）记账凭证账务处理程序。这种账务处理程序的特点是：直接根据记账凭证登记序时账和明细账；或者根据记账凭证逐笔登记总账，再根据账簿记录编制会计报表。

这种账务处理程序的优点是简便易懂，缺点是重复劳动。在这种账务处理程序下，记账凭证同时登记两次，一次记入明细账（包括序时账），一次记入总账，因此过账工作量有两倍，稍有不慎则必然导致明细账或总账出错。综上可知，记账凭证账务处理程序仅适用于规模较小、经济业务量较少的企业和单位。

（2）日记总账账务处理程序。日记总账账务处理程序是指根据记账凭证逐笔登记日记总账。由于日记总账兼具日记账和总账两种功能，因此日记总账是一种联合账簿，既序时记录又分类记录。

这种账务处理程序的优点是：克服了重复劳动这一不足，可以提高工作效率；可以看出经济业务的账户对应关系。缺点是：在经济业务量较多、会计科目复杂的情况下，其账页篇幅较大、记账容易串行，且不利于会计人员分工。因此，日记总账账务处理程序也仅适用于经济业务量较少、会计科目较少的企业和单位。

2. 凭证汇总的账务处理程序

凭证汇总的账务处理程序是指先按时间、科目对记账凭证进行汇总，得出各科目在一定时期内的发生额合计数；再将此合计数记入总账，并据以编制会计报表的账务处理程序。由于汇总的方式不同，又分为科目汇总表账务处理程序和汇总记账凭证（或记账凭证汇总表）账务处理程序。凭证汇总的账务处理程序如图 4-4 所示。

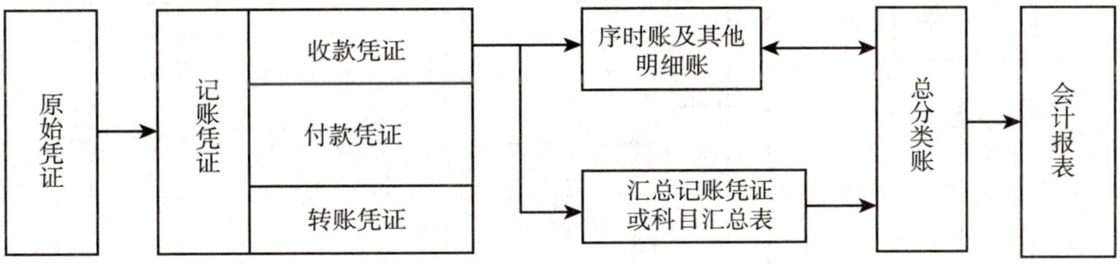

图 4-4　凭证汇总的账务处理程序

科目汇总表账务处理程序的特点是要编制科目汇总表。其优点是手续简便，具体的发生额可以在一张表中反映出来。

汇总记账凭证账务处理程序的优点是：可以明确反映各科目的对应关系，简化登记总账的工作。缺点是：对记账凭证分别汇总的过程较为烦琐，不适用于规模较小、经济业务量较少的企业和单位。

二、账务处理程序的具体设计

账簿组织是账务处理程序的中心，“原始凭证—记账凭证—账簿—会计报表”是账务处理程序的主框架。

1. 记账凭证账务处理程序的具体设计

记账凭证账务处理程序的具体设计如图 4-5 所示。

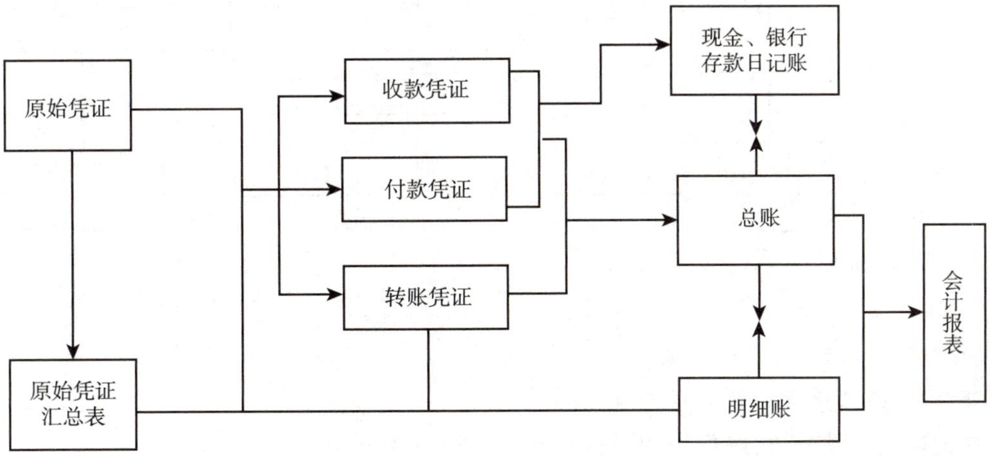

注：⟶ 表示填列、登记或编表，⟶⟵ 表示核对。

图 4-5　记账凭证账务处理程序

2. 日记总账账务处理程序的具体设计

日记总账账务处理程序的具体设计如图 4-6 所示。

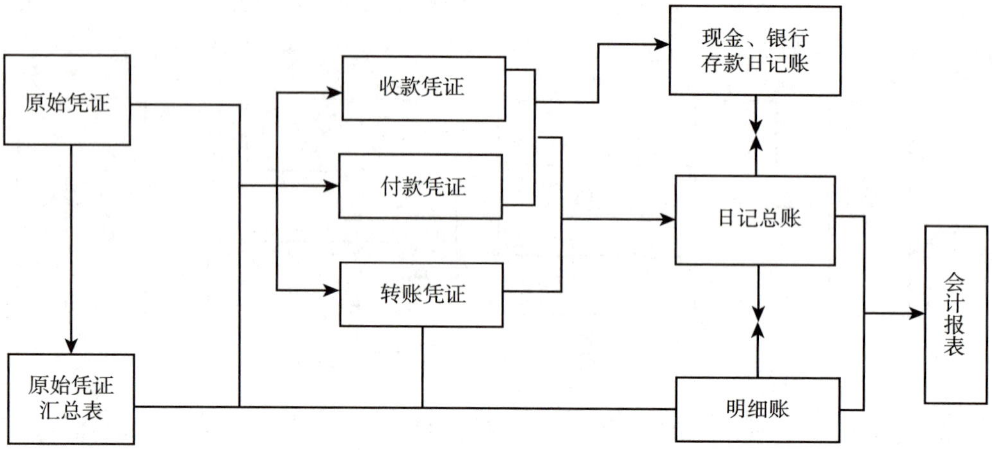

注：⟶表示填列、登记或编表，⟶⟵表示核对。

图 4-6　日记总账账务处理程序

3. 科目汇总表账务处理程序的具体设计

科目汇总表账务处理程序的具体设计如图 4-7 所示。

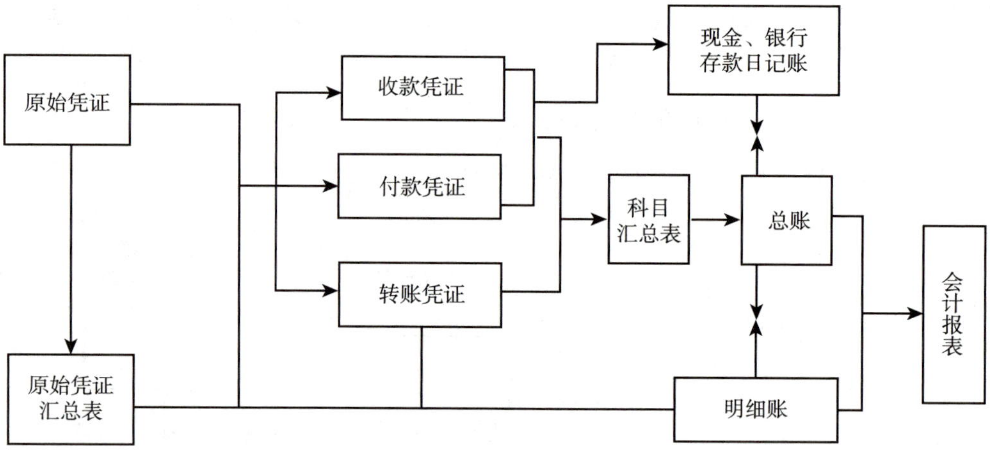

注：⟶表示填列、登记或编表，⟶⟵表示核对。

图 4-7　科目汇总表账务处理程序

4. 汇总记账凭证账务处理程序的具体设计

汇总记账凭证账务处理程序的具体设计如图 4-8 所示。

三、各种账务处理程序的区别

各种账务处理程序的区别具体见表 4-11。

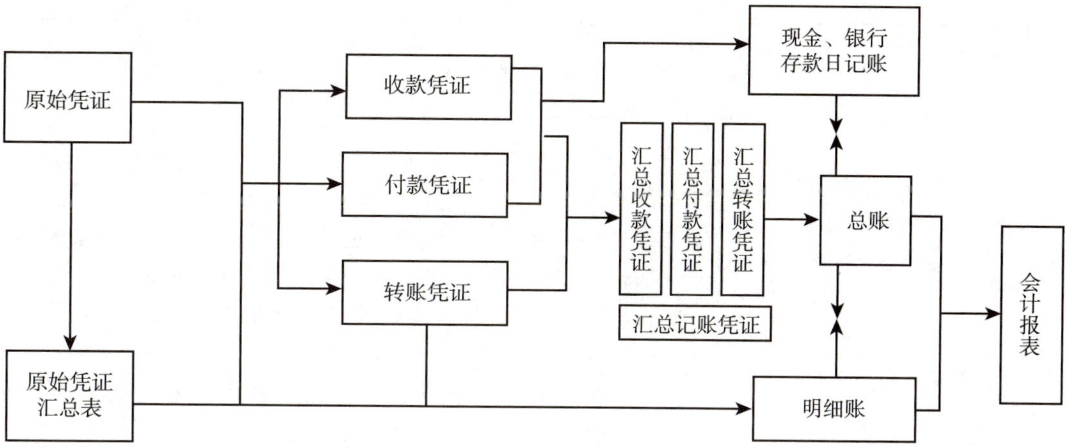

注：──► 表示填列、登记或编表，─►◄─ 表示核对。

图 4-8　汇总记账凭证账务处理程序

表 4-11　各种账务处理程序的区别

账务处理程序类型		特点	凭证组织和账簿组织	优缺点	适用性
逐笔过账账务处理程序	记账凭证账务处理程序	①根据收款凭证、付款凭证和转账凭证直接登记明细账、现金日记账、银行存款日记账、总账。 ②不经过汇总，直接登记总账	可采用通用记账凭证，也可采用收款凭证、付款凭证、转账凭证。账簿组织设置三栏式总账、三栏式现金日记账和三栏式银行存款日记账，明细账可根据管理需要选用三栏式明细账、多栏式明细账、数量金额式明细账和横线登记式明细账	优点：记账程序清楚简单、简明易懂，总账记录详细，便于查账。 缺点：总账登记的工作量较大	规模小、经济业务量少的企业和单位
	日记总账账务处理程序	①根据记账凭证逐日逐笔地登记日记总账。 ②根据记账凭证直接登记日记总账	可采用通用记账凭证，也可采用收款凭证、付款凭证、转账凭证。日记总账应采用联合账簿，账簿组织设置三栏式现金日记账、三栏式银行存款日记账；明细账则可根据管理需要选用三栏式明细账、多栏式明细账、数量金额式明细账和横线登记式明细账	优点：采用联合账簿，可以进行序时登记和分类登记；便于会计分析、会计监督。 缺点：当存在较多的总账账户时，账页过长，使用不便，易出现错账；会计人员较多时，不便于会计人员内部分工	经济活动内容简单、一级会计科目较少的企业和单位
凭证汇总账务处理程序	科目汇总表账务处理程序	①根据收款凭证、付款凭证、转账凭证，定期编制科目汇总表。 ②根据科目汇总表登记总账	可使用单式记账凭证，也可使用收款凭证、付款凭证、转账凭证。应当设置科目汇总表，定期对记账凭证进行汇总。账簿组织通常设置三栏式总账、三栏式现金日记账及三栏式银行存款日记账。也可采用以科目汇总表替代总账的方法	优点：能够减少总账登记的工作量，核查记账凭证借方发生额和贷方发生额是否平衡。 缺点：无法反映科目的对应关系，不便于分析、检查各项经济业务	适用范围广，大中小型企业等均适用

续表

账务处理程序类型		特点	凭证组织和账簿组织	优缺点	适用性
凭证汇总账务处理程序	汇总记账凭证账务处理程序	①根据收款凭证、付款凭证、转账凭证，按科目之间的对应关系定期编制汇总记账凭证。 ②月末根据汇总记账凭证登记总分类账	采用收款凭证、付款凭证和转账凭证。此外，还应设置汇总收款凭证、汇总付款凭证和汇总转账凭证。账簿组织设置三栏式总账，还应设置对方科目专栏。可根据管理需要设置三栏式现金日记账、三栏式银行存款日记账、明细账	优点：能够减少总账登记的工作量；反映账户的对应关系，便于对经济业务进行分析、检查。 缺点：对于经济业务较少的企业和单位来说，编制汇总转账凭证的工作量较大	经济业务较多的企业和单位

四、账务处理程序的选择

一般而言，业务种类的繁简、会计机构设置与人员分工以及会计核算手段等方面的差异，不会对企业对外报表的编制及税务的申报产生影响。但企业管理和决策容易对会计信息产生依赖性，因此在选择账务处理程序时就会产生差异。具体的账务处理程序的选择见表 4-12。

表 4-12　账务处理程序的选择

依据	企业、业务类型	账务处理程序的选择
企业管理和决策	中小型企业	记账凭证账务处理程序
	大中型企业	汇总记账凭证、科目汇总表或多栏式日记账账务处理程序
	特大型企业	科目汇总表账务处理程序
业务种类的繁简	较为单一、时效性较强的银行业务	选择原始凭证代替记账凭证，直接根据科目日结单登记总账
	业务单一的企业	汇总记账凭证账务处理程序
	业务较多的企业	科目汇总表账务处理程序
会计机构设置与人员分工	大型企业	记账凭证或科目汇总表账务处理程序
会计核算手段	采用手工处理的企业	减少工作量的账务处理程序
	采用会计电算化的企业	提供更多、更有用的会计信息的账务处理程序

企业选择了一种账务处理程序之后，还需结合自身状况做进一步的分析，找出其与实际业务的不协调之处加以补充和完善甚至创新，从而形成一个比较完善的、高效的、符合本企业实际情况的账务处理程序。

思考题

1. 原始凭证设计应遵循哪些原则？
2. 设计原始凭证为什么必须具备原始凭证的基本内容？
3. 反映财产物资、货币资金、费用成本的原始凭证，设计时应分别注意哪些问题？

4. 原始凭证的设计步骤有哪些?
5. 设计记账凭证应注意哪些事项?应按照哪些步骤进行设计?
6. 复式记账凭证与单式记账凭证的设计有何区别?
7. 什么是账务处理程序?设计账务处理程序有何意义?
8. 账务处理程序设计应符合哪些要求?简化会计工作量可以采用哪些方法?
9. 科目汇总表账务处理程序下凭证、账簿、记账程序应如何设计?

案例分析

1. 胜利有限公司是一家生产儿童玩具的小型企业,共有 30 名员工。公司在 6 月发生了以下业务。

6 月 1 日,采购员小刘出差借款 1 500 元。

6 月 5 日,收到 5 月的销售货款 12 000 元。

6 月 6 日,从甲公司购入一批办公设备,转账支票支付,设备总价为 3 000 元。

6 月 10 日,向乙公司销售 800 件产品,该笔货款尚未收到,开具的发票金额为 16 000 元。

6 月 12 日,购买一批材料,价格为 4 000 元,材料已验收入库。

6 月 15 日,现金支付员工工资 90 000 元。

6 月 16 日,为乙公司代垫运费 500 元。

6 月 18 日,生产领用材料,价格为 1 000 元。

6 月 20 日,收到乙公司所欠的货款及运费。

6 月 24 日,采购员小刘报销差旅费 1 000 元。

6 月 29 日,本月完工产品 3 000 件,产品已验收入库。

请为胜利有限公司设计原始凭证、记账凭证。

2. S 公司成立了火车票、机票代售处,并已办理营业执照。经过事先调查,获得以下资料。

(1) S 公司与代售处是承包与被承包的关系,实行单独核算。

(2) 在代售处开设之初,S 公司累计向其拨付 15 万元的周转金作为注册资本。

(3) S 公司租入一家店面作为代售处的办公场所,按照合同每月交纳租金。店面需要简易的装修。

(4) 代售处的收入主要来源于代售票的手续费,由车站、机场按规定给付。

(5) 代售处购入电脑、无线电话若干台,以及一些必需的办公设备等。

(6) 代售处与车站、机场的结算方式为:首先领回车/机票,每 5 天结算一次支付全部票款,最后取得手续费收入。

(7) 代售处每年向 S 公司交纳一定数额的承包费。

(8) 代售处员工均为 S 公司职工,开业后其工资、福利由代售处自理。

(9) S 公司和代售处按规定缴纳税金。

(10) 代售处已在 A 银行单独开立账户。

试设计 S 公司和代售处的账务处理程序。要求:

(1) 画出流程图。

(2) 说明各自的优缺点。

第五章

会计账簿设计

学习目标

1. 了解会计账簿的种类、设计的意义及原则。
2. 理解会计账簿设计的内容。
3. 掌握各种会计账簿的设计方法和使用范围。

开篇案例

盛太公司是一家小型企业，主要经营医疗器械，也会代销一些医疗器械所必需的医用材料。盛太公司业务量不大，但是发展较好，业绩呈逐年递增趋势。公司为了降低销售风险，规定采用现销的方式进行销售。公司的日常开销主要包括办公楼及仓库的租金、员工工资、办公费用、产品售后维护费。

问题：

请为盛太公司设计会计账簿。

第一节 会计账簿设计概述

一、会计账簿设计的意义

会计账簿简称账簿，是指由具有一定格式、相互联系的账页组成，以会计凭证为依据，连续、系统、全面地记录经济业务的簿籍。会计账簿设计是会计制度设计的重要内容。

在会计核算中，企业通过填制和审核会计凭证，将经济业务的发生、执行和完成情况在会计凭证上做了最初的反映，但是会计凭证对经济业务的反映是零星的、分散的，缺乏系统性，不能反映一个企业在一定时期内发生的经济业务的全貌。因此，为了连续、系统、全面地反映企业的经济活动情况，还必须在会计凭证的基础上运用账簿这一重要工具，将会计凭证所反映的零散资料加以集中和归类，以便为经济管理提供系统的核算资料。

正确、合理地设计和登记账簿是对经济信息进行加工、整理的一种方法，也是会计核算工作的重要环节。它对于加强经济核算、发挥会计的监督职能具有重要的作用。

（一）为企业经营管理提供系统、完整的会计核算资料

通过设计和登记账簿，对会计凭证所反映的零散资料加以归类汇总，既进行序时核算，又进行分类核算，把企业的经营活动情况全面、系统地反映出来，为促使企业加强经营管理提供所需要的会计信息。

（二）为编制会计报告提供主要资料

会计账簿提供的核算资料是编制会计报告的主要依据。根据账簿记录的收入、成本和费用等资料，可以计算一定时期的财务成果，检查成本、费用和利润计划的完成情况。经核对无误的账簿资料及其加工的数据资料为编制会计报告提供总括、具体的资料。会计报告的数字是否真实，编报是否及时，都与账簿的设计和登记质量有着直接的关系。

（三）为考核企业经营成果、评价财务收支状况、进行会计监督提供依据

通过账簿记录，可以系统地反映企业资产、负债、所有者权益、收入、费用和利润的增减变动情况，为正确地核算成本、经营收支、经营成果和收益分配等提供必要的会计核算资料，借以考核各项财务计划的执行情况，评价企业的经营成果，找出差距，挖掘潜力，促进企业改善经营管理，

加强经济核算。

（四）可以保证财产物资的安全、完整

通过合理设计和正确登记账簿，能够在账簿中连续反映各项财产物资的增减变动及结存情况，并通过财产清查等方法，确定财产物资的实际结存情况。账簿记录控制实存物资以保证财产物资的安全、完整。

二、会计账簿设计的原则

（一）适应企业的规模和特点

账簿的种类和数量要与企业经济业务的数量和管理要求相适应。一般来说，如果企业规模较大、经济业务较多、管理要求分工细致、会计人员数量相应也较多，会计账簿就相对复杂、册数较多；反之，则会计账簿相对简单、册数较少。

（二）结合账务处理程序综合考虑

账簿的设计要结合企业的账务处理程序，要考虑各账簿之间的关系。例如，日记账与分类账、总账与明细账之间的信息关系怎样安排，是逐笔登记还是汇总登记，如何保证会计账簿记录的正确性等。

（三）满足会计报表的需要

账簿是编制会计报表的依据，会计报表的主要数据来源于账簿。因此，在设计会计账簿时应尽可能使会计报表中的有关指标能直接从有关总账或明细账中取得和填列，以便加快报表的编制速度，提高会计报表数据的质量。

（四）简明实用

在满足企业经济业务需要的前提下，设计账簿时应力求简便易行，避免重复设账、登账，节约人力、物力，简化会计核算工作。账页格式也应当简单明了，方便账簿登记，减少出现错弊的可能性。

三、会计账簿的设计内容

会计账簿的设计内容主要包括会计账簿种类的选择、会计账簿基本要素的设计、会计账簿账页格式的设计以及会计账簿管理制度的设计。

（一）会计账簿种类的选择

1. 按用途分类

会计账簿按其用途可以分为序时账簿、分类账簿和备查账簿。

序时账簿又称日记账，是指按照经济业务发生的先后顺序，逐日逐笔登记的账簿。序时账簿可以用来及时、详细地反映经济业务的发生和完成情况，提供连续、系统的会计核算资料。

分类账簿是指对经济业务进行分类登记的账簿。按照账簿反映内容详细程度的不同，可分为总分类账簿和明细分类账簿两种。

备查账簿又称辅助账簿，是指对某些序时账簿和分类账簿中未能记载或记载不全的经济业务进行补充登记，提供必要的参考资料。

2. 按形式分类

会计账簿按其外表形式可以分为订本式账簿、活页式账簿和卡片式账簿。

订本式账簿简称订本账，是指在启用前预先把若干具有专门格式的账页装订成册，并对每张账页进行编号的账簿。这种账簿的优点是可以避免账页散失。防止账页被随意抽换，使用较安全。其缺点是因账页已固定，不能随意增减，若预留不够就会影响账簿记录的连续性，若预留过多则会造成浪费；此外，使用这种账簿时，在同一时间只能由一人登记，不便于分工记账。一般情况下，一些重要的、具有统驭作用的账簿，如现金日记账、银行存款日记账和总分类账等，使用订本式账簿。

活页式账簿简称活页账，是指把零散的、具有一定格式的账页放在账夹内，可以随时取放的账簿。这种账簿的优点是可以根据实际需要增减账页，不会影响账簿记录的连续性，也不会造成浪费，便于分工记账。其缺点是账页容易散失和被抽换。因此，使用这种账簿时应加强管理，在使用过程中应顺序编号，一般在年终须装订成册、妥善保管。一般情况下，一些明细账采用活页账的形式。

卡片式账簿又称卡片账，是由若干零散的、具有专门格式的硬纸卡片放在卡片箱内组成的账簿。其优缺点与活页式账簿相同，可以根据需要随时增加卡片的数量，便于随时查阅和归类整理，不容易损坏，但也容易出现账页散失或被任意抽换的问题。因此，在使用这种账簿时要在卡片上连续编号，由有关人员签名或盖章，放在卡片箱内，并由专人保管，以保安全。卡片式账簿的使用年限比较长，不需要每年更换。更换新账后需要封扎起来，作为会计档案妥善保管。卡片式账簿主要适用于内容比较复杂、变化不大的财产明细账，如固定资产和材料等。

企业在设计账簿过程中，应紧密结合企业的经营特点、规模大小、管理要求及会计方法等，本着完整与简化相结合的原则，设计出各类适合本企业需要的、结构合理且适用的会计账簿。

（二）会计账簿基本要素的设计

各种账簿所记录的经济内容和格式可以多种多样，但都应具备一些基本内容，也称基本要素，主要包括以下内容。

1. 封面

封面主要标明企业名称和账簿名称，如现金日记账、材料明细账等。

2. 扉页

扉页主要列明账簿启用和经管人员一览表以及账户目录（或科目索引）。

账簿启用和经管人员登记表要详细填写启用日期、账簿页数、记账人员、会计机构负责人和会计主管人员姓名，并加盖企业公章，由会计主管人员和记账人员签名或盖章。记账人员、会计机构负责人或会计主管人员更换时，应办理交接手续，详细填明交接日期、接办人员及监交人员姓名，并由交接双方和主管人员签名或盖章，以明确经济责任。

科目索引要详细写明各会计账户的名称及其所在页码，便于查找和登记。

3. 账页

账页是构成账簿的主要部分。账页根据其反映经济业务的不同，具有多种格式，但基本内容一般包括：①账户名称或称会计科目（一级、二级或明细科目）；②日期栏；③凭证种类和号数栏；④摘要栏；⑤金额栏；⑥总页次和分页次。

（三）会计账簿账页格式的设计

会计账簿账页格式有三栏式、数量金额式和多栏式等，以适应记录不同经济业务的需要。

三栏式账簿是指由设置三个金额栏的账页组成的账簿。它适用于总分类账和日记账，也适用于只进行金额核算而不需要数量核算的债权债务结算账户的明细分类账。

数量金额式账簿也称三大栏式账簿，是指在每一大栏内又设置由数量、单价和金额等小栏目的账页组成的账簿。这种账簿适用于既要进行金额核算，又要进行实物数量核算的各种财产物资账。

多栏式账簿是指由三个以上金额栏的账页所组成的账簿。这种账簿根据经济业务特点和经营管理的需要，把同一个一级账户所属的明细账户集中在一张账页上设置专栏，反映各有关明细账户的核算资料。它适用于成本、收入、费用和利润等账户。

（四）会计账簿管理制度的设计

账簿是重要的会计资料且有些是需要保密的，因此，必须建立严格的账簿保管制度，妥善保管账簿。账簿的管理包括两个方面的内容。

1. 账簿的日常管理

各种账簿要分工明确，指定专人管理，账簿经管人员既要负责记账、对账和结账等工作，又要负责保证账簿的安全和完整；会计账簿未经领导和会计负责人或者有关人员批准，非经管人员不能随意查看、摘抄和复制等；会计账簿除需要与外单位核对外，一般不能携带外出，对需要携带外出的账簿，通常由经管人员负责或会计主管人员指定专人负责；会计账簿不能随意交与其他人员管理，以保证账簿的安全、完整，防止任意涂改、毁坏账簿等情况的发生。

2. 旧账的归档保管

启用新账后，对更换下来的旧账需要进行整理、装订和造册并办理交接手续，归档保管。其具体内容如下。

（1）整理。归档前应对更换下来的旧账进行整理。首先检查应归档的旧账是否收集齐全；然后检查各种账簿应办的会计手续是否完备，对于手续不完备的应补办手续，如注销空行空页、加盖印章、结转余额等。

（2）装订成册。账簿经过整理后要装订成册。装订前首先应检查账簿的扉页内容是否填写齐全，手续是否完备；然后检查订本式账页从第一页到最后一页是否顺序编写页码，有无缺页或跳页，活页账或卡片账是否按账页顺序编号，是否加具封面。装订时，根据实际情况，一个账户可装订成一册或数册，也可以将几个账户合并装订成一册。装订后应由经管人员、装订人员和会计主管人员在封口处签名或盖章。

（3）办理交接手续，归档保管。账簿装订成册后应编制目录，填写移交清单，办理交接手续，归档保管。保管人员应按照《会计档案管理办法》的要求，编制索引、分类储存、妥善保管，以便日后查阅，要注意防火、防盗，保持库房通风良好，以防毁损、霉烂等。

（4）账簿的保管期限。我国《会计档案管理办法》规定的各账簿的保管期限是：总账、明细账、银行存款日记账、现金日记账及辅助账簿的保管期限均为30年。

（5）账簿的销毁。各企业应定期对已超过保管期限的会计档案进行鉴定。鉴定工作由财会部门和档案部门的领导负责，成立鉴定小组。由熟悉业务的会计人员具体实施，档案人员协助指导。鉴定工作结束后，应提出鉴定报告，对于确无保存价值的会计档案，要编造销毁清册，上报核准后才能销毁。销毁会计档案时，应由档案部门和会计部门共同派员监销，监销人在销毁会计档案以前，应当认真进行清点、核对，并经本企业领导同意后方可销毁。销毁后，监销人应在销毁清册上注明销毁的日期并签名、盖章，以示负责。

第二节 日记账的设计

日记账是指按照经济业务发生的先后顺序，逐日逐笔登记的账簿。日记账按其记录经济业务范围的不同，又可以分为普通日记账和特种日记账。

一、普通日记账的设计

普通日记账是逐日序时登记全部经济业务的账簿。它是根据日常发生的经济业务所取得的原始凭证逐日逐笔顺序登记的，把每一笔经济业务转化为会计分录登记在账，然后再转记列入分类账中，因此，普通日记账也称分录簿，它起到了记账凭证的作用。普通日记账的账页格式一般只设两个金额栏，即“借方”和“贷方”两栏，用来登记每一分录的借方账户和贷方账户及金额，这种账簿不结算余额。因此，这种格式又称“两栏式”。

采用普通日记账，可以逐日反映全部经济业务的发生和完成情况。但由于只有一本日记账，因此不便于分工记账，也不可能反映各类经济业务的发生或完成情况。由于要逐笔记账，记账工作量比较大，因此，我国企业目前很少采用普通日记账。

二、特种日记账的设计

特种日记账是用于记录某一类经济业务发生情况的日记账。为了加强对货币资金的管理，各企业至少应设置现金日记账和银行存款日记账两本特种日记账，以序时反映其收入、支出和每日结存情况。

（一）现金日记账的设计

现金日记账是由出纳人员根据审核无误的记账凭证，序时逐笔登记企业库存现金增减变动及其结存情况的账簿。设置现金日记账有利于执行现金管理制度和现金保管、使用制度，加强对现金的管理。

1. 三栏式现金日记账的设计

现金日记账一般采用三栏式，即“借方”“贷方”“余额”三栏。为了清晰地反映现金收付业务的账户对应关系以及便于核对账目，还专设“对方科目”和“凭证册号”栏，以登记对方科目的名称和凭证的种类及顺序号。“借方”栏应根据现金收款业务进行登记，“贷方”栏应根据现金付款业务进行登记。每日营业终了，出纳人员应分别计算现金借方和贷方合计数及账面余额，并将现金日记账余额与库存现金实有数进行核对，检查每日现金收、付和结存情况，做到账实相符。

2. 多栏式现金日记账的设计

为了反映每一笔收支业务的来龙去脉，以便分析和汇总对应科目的发生额，现金日记账也可以采用多栏式，把“收入栏”和“付出栏”分别按照对方科目设置专栏进行登记（见表 5-1）。

表 5-1　多栏式现金日记账

年		凭证册号	摘要	收入（贷方科目）			付出（借方科目）				结余
月	日			银行存款	其他业务收入	合计	应付工资	管理费用	其他应收款	合计	

如果会计科目较多，现金日记账的表格就会太大，为了解决这个问题，可将上述格式一分为二，即将现金的收入和付出分别反映在两本账簿中，称为“现金收入日记账”和“现金支出日记账”，并按现金收入和付出的对应账户设置专栏进行登记。

（二）银行存款日记账的设计

银行存款日记账是由出纳人员根据审核无误的记账凭证，序时逐笔登记企业银行存款的增减变动和结存情况的账簿。通过银行存款日记账的登记，有利于加强对企业银行存款的管理。

1. 三栏式银行存款日记账的设计

银行存款日记账一般也采用三栏式。除了与现金日记账一样专设“对方科目”和“凭证册号”栏以外，为了便于反映银行存款所采用的结算方式并有利于与银行核对账目，银行存款日记账还专设“凭证结算种类和号数”栏。“借方”栏应根据银行存款收款业务进行登记，“贷方”栏应根据银行存款付款业务进行登记。每日营业终了，出纳人员应结出银行存款账面余额，以便于检查、监督各项收支款项，便于定期与银行送来的对账单进行逐笔核对。

2. 多栏式银行存款日记账的设计

为了简化登记总账的工作并能清楚地反映账户的对应关系、了解银行存款收付款项的来龙去脉，银行存款日记账也可以采用多栏式。

多栏式银行存款日记账需在“收入”和“付出”两栏下分别按照对方科目设置专栏。“收入”栏即银行存款的借方栏，应按与银行存款收入相对应的贷方科目设置专栏；“付出”栏即银行存款的贷方栏，应按与银行存款付出相对应的借方科目设置专栏；这样，每一个专栏实际反映了一个会计分录。“收入”栏下的各专栏就是借记“银行存款”科目，贷记有关对应科目；“付出”栏下的各专栏就是贷记“银行存款”科目，借记有关对应科目。多栏式银行存款日记账的登记方法与三栏式银行存款日记账的登记方法基本相同，不同的是多栏式银行存款日记账是按银行存款收入、付出的对应科目分栏登记，到月末结账时，分栏加计发生额，这样，对全月银行存款的收入来源和付出动向可一目了然，为分析企业经济活动和财务收支情况提供更详细的资料（见表 5-2）。

表 5-2　多栏式银行存款日记账

年		凭证		摘要	收入				付出				余额
					应贷科目			合计	应借科目			合计	
月	日	种类	号数										

多栏式银行存款日记账不仅具有三栏式银行存款日记账的优点，而且可以利用专栏将重复发生的同类经济业务汇总后一次过入总账，从而减少登记总账的工作量。但银行存款收付的对应科目较多时，其日记账的专栏过多、账面过长，不便于记账，因此，也可分设银行存款收入日记账和银行存款支出日记账（见表 5-3 和表 5-4）。

表 5-3　多栏式银行存款收入日记账

年		收款凭证号数	摘要	贷方科目				支付合计	结存
月	日						收入合计		

表 5-4　多栏式银行存款支出日记账

年		收款凭证号数	摘要	结算凭证		借方科目				收入合计	结存
月	日			种类	号数				支出合计		

（三）购货日记账的设计

购货日记账是用来专门反映企业购货业务的特种日记账。在采购业务较多的企业，为了简化记账、过账工作，并了解货款给付情况，应单独设置购货日记账，用来序时登记材料或商品采购业务的发生和完成情况（见表 5-5）。购货业务一般有现购和赊购两种情况，为了避免重复记账，一般只设计购货日记账用来登记赊购情况，而将现购业务登记在现金、银行存款日记账中。

表 5-5　购货日记账

年		凭证		摘要	供货单位	过账	材料采购借方				应付账款	应付票据
月	日	字	号				买价	运费	其他	合计		

（四）销货日记账的设计

销货日记账是用来专门反映企业销售业务的特种日记账。在销售业务较多的企业，一般都设置销货日记账（见表 5-6）。销货业务也存在两种情况，即赊销和现销。为了避免重复记账，销货日记账的设计应按只登记赊销业务的情况来设计，将现销业务登记在现金、银行存款日记账中。

表 5-6　销货日记账

年		凭证		摘要	供货单位	过账	应收账款（借方）	主营业务收入（贷方）	应交税费（贷方）
月	日	字	号						

第三节　分类账的设计

分类账是对全部经济业务按照会计要素的具体类别而设置的分类账户进行登记的账簿。为了满足管理的需要，按照提供指标的详细程度，分类账可以分为总分类账和明细分类账。总账统驭明细账，明细账补充说明总账。

一、总分类账的设计

总分类账简称总账，是根据一级会计科目开设的，用以分类记录全部经济业务，提供总括核算资料的分类账簿。通过总账，可以全面、总括地了解企业经济活动情况及其结果，为编制财务报告提供总括性指标。

为了全面、总括地反映经济活动和财务收支情况，并为编制会计报表提供资料，各企业都要设置总分类账。总分类账是根据总分类账户分类登记全部经济业务的账簿。总分类账是企业比较重要的账簿，为了保证账簿资料的安全、完整，一般采用订本式账簿，按照一级会计科目的编码顺序分设账户，并为每个账户预留若干账页，以集中登记各账户的经济业务及其发生的增减变动。

总分类账的格式有三栏式和多栏式两种，企业一般采用三栏式的账页格式。

（一）三栏式总分类账的设计

三栏式总分类账的基本结构为“借方”、“贷方”和“余额”三栏。总分类账采用货币计量单位，对企业的经济活动只进行价值反映（见表 5-7）。

表 5-7　三栏式总分类账

会计科目

年		凭证册号	摘要	借方											贷方											核对号	借贷	余额										
月	日			亿	千	百	十	万	千	百	十	元	角	分	亿	千	百	十	万	千	百	十	元	角	分			亿	千	百	十	万	千	百	十	元	角	分

（二）多栏式总分类账的设计

多栏式总分类账是把所有总账（一级）科目合并设在一张账页上，但其具体设计又有两种格式：一种是按会计科目分设专栏，所有的经济业务都根据记账凭证序时、分类、直接登记入账。这种格式的总分类账兼有序时账和分类账的作用，实际上是序时账和分类账相结合的账簿，这种格式的总账称为日记总账（见表 5-8）。另一种格式是按经济业务性质分设专栏，所有经济业务都根据记账凭证定期汇总登记入账（见表 5-9）。

表 5-8　日记总账

年		凭证		摘要	发生额	现金		银行存款		应收账款		……
月	日	字	号			借方	贷方	借方	贷方	借方	贷方	

表 5-9　多栏式总分类账

年　　月

会计科目	期初余额		本月发生额						期末余额	
			借方			贷方				
	借方	贷方	银行存款业务	现金业务	转账业务	银行存款业务	现金业务	转账业务	借方	贷方
银行存款										
库存现金										

续表

会计科目	期初余额		本月发生额						期末余额	
			借方			贷方				
	借方	贷方	银行存款业务	现金业务	转账业务	银行存款业务	现金业务	转账业务	借方	贷方
应收账款										
固定资产										
原材料										
生产成本										
制造费用										
管理费用										
短期借款										
合计										

二、明细分类账的设计

明细分类账简称明细账，是根据二级或明细科目设置的，用以分类记录某一类经济业务，提供明细核算资料的分类账簿。通过明细账可以具体、详细地了解某项经济业务的增减情况及其结果，有利于加强对各项资产的管理，为编制会计报告提供详细资料。

各企业应结合自己的经济业务特点和经营管理要求，在总分类账基础上设置若干明细分类账，作为总分类账的必要补充。这样，既可以根据总分类账了解某一账户的总括情况，又可以根据明细分类账了解该账户更详细的情况。

明细分类账的格式一般有三栏式、数量金额式和多栏式。

（一）三栏式明细分类账的设计

三栏式明细分类账设有“借方”、“贷方”和“余额”三栏。这种账簿适用于只要求进行金额核算的经济业务，如“应收账款”和“应付账款”等反映债权债务关系的账户的明细账（见表 5-10）。

表 5-10　三栏式明细账

会计科目

年		凭证册号	摘要	借方											贷方											核对号	借或贷	余额										
月	日			亿	千	百	十	万	千	百	十	元	角	分	亿	千	百	十	万	千	百	十	元	角	分			亿	千	百	十	万	千	百	十	元	角	分

（二）数量金额式明细分类账的设计

数量金额式明细分类账设有“收入”、“发出”和“结存”三栏，并在每一栏中既登记金额，又登记实物数量。这种明细账提供了企业有关财产物资的数量和金额收、发、存的详细资料，从而能加强对财产物资的实物管理和使用监督，可以保证这些财产物资的安全、完整。数量金额式明细分类账适用于既需要进行金额核算，又需要进行实物数量核算的各种实物资产账户的明细分类核算，如“原材料”和“库存商品”等账户的明细账（见表 5-11）。

表 5-11　原材料明细账

编号：　　　　　　　　　　　　　　　　　　　　　　　　　　　　　　　　　　　　　　总页：
材料名称：　　　　　　　　　　规格：　　　　　　　　　　单位：　　　　　　　　　　分页：

年		凭证册号	摘要	收入			发出			结余		
月	日			数量	单价	金额	数量	单价	金额	数量	单价	金额

（三）多栏式明细分类账的设计

多栏式明细分类账是根据经济业务内容和管理的需要，将同属于一个总账科目的各个明细科目合并在一张账页上进行登记，即在这种格式账页的借方或贷方金额栏内按明细项目设若干专栏进行登记。这种账簿主要适用于有关成本、费用、收入和财务成果等科目的明细分类核算，如“生产成本”“制造费用”“管理费用”“销售费用”“营业外收入”“本年利润”等账户的明细账。

费用明细账一般按借方设置多个栏目，当发生一笔或少数几笔贷方金额时，可在借方有关栏内用红字登记，表示从借方发生额中冲减。会计期末将借方净发生额从贷方结转到“本年利润”账户或其他账户中（见表 5-12）。

表 5-12　制造费用明细账

第　　页

年		凭证号	摘要	借方						贷方	余额
月	日			物料消耗	工资	折旧费	办公费	水电费	合计		

收入明细账一般按贷方设置多个栏目，当发生一笔或少数几笔借方金额时，可在贷方有关栏内用红字登记，表示从贷方发生额中冲减。会计期末将贷方净发生额从借方结转到“本年利润”账户中（见表 5-13）。

表 5-13 主营业务收入明细账

第 页

年		凭证号	摘要	借方	贷方			余额
月	日				商品销售收入	劳务收入	合计	

利润明细账一般按借方和贷方分设多栏，即按利润构成项目设多个栏目（见表 5-14）。

表 5-14 本年利润明细账

第 页

年		凭证		摘要	借方（项目）				贷方（项目）				借贷	余额
月	日	字	号					合计				合计		

第四节 备查账的设计

备查账是对某些序时账簿和分类账簿中未能记载或记载不全的经济业务进行补充登记，提供必要的参考资料，所以又称辅助账簿。备查账的特点是：它与有关明细账有勾稽关系，但不受总账统驭；在账务处理上比较灵活，不受会计期间结算工作的严格限制。备查账的特点决定了它没有固定的格式，而是要根据实际需要灵活确定。

一、备查账反映的主要事项

（一）代保管的财产物资

代保管的财产物资是指所有权不属于本企业，但由本企业代为保管或使用的财物，如经营性租入的固定资产、受托加工的物资、受托代销商品、租入包装物和代管商品物资等。为了反映租入固定资产的租入和归还时间、支付租金的情况及受托加工物资加工费的收取与保管责任等，企业应设置“租入固定资产备查簿”和“受托加工物资备查簿”进行详细登记。

（二）发出财产物资

发出财产物资是指所有权属于本企业，但出于某种原因已发往外地或外单位的财产物资，如展览中的商品、委托代销商品和分期收款发出的商品等。为了避免这些财物受损，按期收回实物或货款，应设置如“分期收款发出商品备查簿”和“委托代销商品备查簿”等进行登记。

（三）大宗、贵重物资

这主要是指对同一业务需要进行多方面登记的财产物资，应设置如“固定资产保管登记卡”和“使用登记卡”等。

（四）重要空白凭证和经济事项记录

企业重要的空白凭证、经济合同执行记录和贷款还款情况记录等资料反映的事项，由于管理上的需要而必须予以反映，应设置相应的备查账簿进行详细记录。

（五）其他不便于在日记账和分类账中反映的事项

例如，对应收票据和应付票据，为了详细反映其种类、起止时间、金额、利率和贴现等情况，应分别设置“应收票据备查簿”和“应付票据备查簿”进行记录。再如，企业的长期股权投资，在确认被投资单位发生的净亏损中本企业应负担的部分冲减长期股权投资的账面价值时，长期股权投资的账面价值只能减记至零，对本企业应负担的未予冲减的金额，应设置“长期股权投资备查簿”进行登记，待以后各期被投资单位实现净利润，按本企业应分享的部分冲减备查登记数，尔后的余额再恢复长期股权投资的账面价值。

二、备查账设计举例

备查账是根据各企业会计核算和经营管理的需要而设置的。它可以弥补序时账簿和分类账簿提供资料的不足，提供备查性质的资料。它没有固定的格式，各企业可以根据实际需要设计。现举例说明备查账的设计如表 5-15、表 5-16 和表 5-17 所示。

表 5-15　租入固定资产登记簿

第　　页

资产名称	规格	合同号	租出单位	租入日期	租期	租金	使用地点	备注

表 5-16　应收票据登记簿

种类	号数	出票日期	出票人	票面金额	到期日期	利率	付款人	承兑人	背书人	贴现			收回		注销	备注
										日期	贴现率	贴现额	日期	金额		

表 5-17 委托加工材料登记簿

计量单位：

材料名称	规格	合同号	委托单位	接收数量	成品名称	消耗定额	预计成品量
材料名称	接收日	加工日	完工日	完工量	交付日期	加工费用	备注

思考题

1. 会计账簿设计应遵循哪些原则？
2. 简述会计账簿的种类和作用。
3. 会计账簿设计包括哪些内容？
4. 特种日记账可以选择哪些格式？
5. 三栏式明细账、数量金额式明细账和多栏式明细账分别适用于哪些账户？
6. 什么是备查账簿？它反映的主要事项有哪些？

案例分析

某化工有限公司有 50 余位员工，其下属厂有 600 余位员工。公司拥有流动资金 8 亿多元，市内有 500 多处特约经销点，15 年来，在没有任何外界资金投入的情况下，完全凭借自己艰苦奋斗，在市场经济的风浪中搏击，发展为“国家无投资，银行无贷款，原料无分配（渠道）”而“产品无积压，企业无利息债”的“五无”企业，现在已是一家拥有近 10 亿元自有资金的大型现代化涂料有限公司。目前，该公司的岗位设置情况如下。

（1）总会计师 1 人，监督整个财务科的工作。

（2）公司财务科共 9 人。

财务科长 1 人，管理日常的会计工作，负责复核记账凭证，填制银行存款日记账，编制对外会计报表。

销售收款 2 人。其中，市内应收账款 1 人，负责登记应收账款明细账兼记分类账；市外应收账款 1 人，负责登记应收账款明细账兼记总账。

材料采购 1 人，负责登记原材料明细账。

应付账款 1 人，负责登记应付账款明细账。

现金出纳 1 人，负责现金报销和登记现金日记账。

管理会计 1 人，负责内部管理报表的编制。

电算化 2 人。其中，操作员 1 人，负责输入文档资料、打印和复印；程序员 1 人，负责系统维护。

（3）下属厂财务科共 8 人。

财务科长 1 人，负责成本核算及报告。

北部地区销售收款 1 人，负责收款并汇总至公司。

包装材料 1 人，负责登记包装材料明细账。

原材料 1 人，负责登记原材料收、付、存明细账。

成本核算 1 人，负责每月产成品成本的核算。

生产统计 1 人，负责记录生产中的有关数据，以便成本核算。

电算化 2 人。其中，操作员 1 人，负责输入文档资料、打印和复印；程序员 1 人，负责系统维护。

要求：

（1）请为该公司设计完整的会计凭证和会计账簿体系（包括账簿的种类、用途和格式等）。

（2）该公司应当采用哪一种账务处理程序？请画出其流程图。

第六章

会计报表设计

学习目标

1. 了解会计报表设计的要求、步骤。
2. 明确会计报表设计的内容和范围。
3. 熟悉对内会计报表设计的要求。

开篇案例

A 集团会计报表体系的深度优化与转型

A 集团，作为业界的领航者，近年来凭借多元化战略实现了跨越式的增长，业务版图横跨制造、金融、房地产等多个关键领域。然而，随着集团规模的急剧膨胀和业务复杂度的显著提升，原有的会计报表体系逐渐显露出诸多局限性，如信息反馈滞后、数据精度不足、信息披露不全面以及合规性压力增大等，这些问题严重制约了管理层决策的效率与质量。

面对这些挑战，A 集团高瞻远瞩，决定启动一场会计报表体系的深度优化与转型。此次优化的核心目标聚焦于四大方面：一是加速信息流转，确保财务数据的时效性，为快速决策提供坚实支撑；二是强化数据治理，提升报表的准确性与可靠性，为业绩评估与风险管理奠定坚实基础；三是拓宽信息披露范围，增加报表的深度与广度，满足内外部利益相关者的多元化信息需求；四是紧跟监管动态，确保报表设计全面符合最新的会计准则与法律法规要求，提升企业的合规水平。

为了实现这些目标，A 集团首先对现有会计报表体系进行了全面而深入的诊断，不仅剖析了存在的问题与短板，还对比分析了行业内的最佳实践与先进标准，明确了优化的方向与重点。在此基础上，A 集团构建了一套全新的会计报表设计框架，该框架以会计准则为基石，紧密贴合集团战略与业务发展需求，同时融入了现代化的信息管理理念。

在具体的设计实施过程中，A 集团注重细节的精雕细琢。从报表的格式布局、项目设置到会计政策的选择，每一步都经过了严谨的论证与测试。特别值得一提的是，A 集团充分利用了信息技术的力量，通过引入先进的 ERP 系统，实现了数据的集成化与自动化处理，极大地提高了报表编制的效率与准确性。此外，A 集团还设计了灵活的报表调整机制，确保报表体系能够随着业务的发展而不断进化，保持其生命力与适应性。

在优化后的会计报表体系中，A 集团不仅实现了信息的快速传递与准确反映，还显著增强了报表的透明度与可读性。通过详尽的附注与解释，A 集团向内外部利益相关者展示了其财务状况、经营成果与现金流量的全貌，促进了与各方的有效沟通和信任建立。同时，A 集团还将风险管理理念深植于报表设计之中，通过对关键风险点的精准识别与披露，为企业的稳健发展提供了有力保障。

综上所述，A 集团会计报表体系的深度优化与转型不仅是一次技术上的革新，更是一次管理理念的飞跃。通过这次实践探索，A 集团不仅成功解决了原有体系存在的问题，还建立了一套更加科学、高效、透明的会计报表体系，为集团的持续健康发展注入了新的活力与动力。

问题：

1. 在会计报表设计初期，如何确保需求分析全面覆盖企业内外部需求？

2. 在优化后的会计报表体系中，A 集团是如何平衡信息披露的透明度与保护商业秘密之间的关系的？

第一节 会计报表设计概述

会计报表是根据企业的会计账簿及其他相关资料编制而成，用来反映企业的财务状况、经营成果及现金流量等信息的书面报告。

一、会计报表的作用

向企业内部、外部报表使用者提供预测、决策必需的会计信息是会计工作的根本目标和任务。会计报表可以为报表使用者提供全面反映会计主体经营活动情况的信息，提高其决策的有效性。具体来说，会计报表具有以下作用。

（1）为投资者进行投资决策提供必要的会计信息。

（2）为债权人进行信贷决策提供必要的会计信息。

（3）为经营管理者和员工进行运营决策、加强日常管理提供必要的会计信息。

（4）为税务、工商、证券等部门及社会公众实施监督、管理提供必要的会计信息。

（5）为企业内部审计部门和外部审计机构检查、监督提供必要的会计信息。

二、会计报表设计的要求

为了充分发挥会计报表的作用，为报表使用者提供对决策有用的信息，企业在设计会计报表时必须遵循以下要求。

（一）合法性与合规性

企业对外提供的会计报表的种类、格式、项目等内容必须遵循企业会计准则体系的规定。此外，企业有关会计报表项目的名称、内容、分类、排序、填写方法等必须与国家统一会计制度的规定相一致。

（二）完整性与公允性

企业的会计报表体系必须完整，且能够适当、公允地反映企业的财务状况、经营成果和现金流量等情况。

（三）统一性与一致性

企业对内、对外会计报表的项目、数据指标口径、填列方式和要求均应在企业内部保持统一、前后一致。各分支机构或基层单位在同一会计主体下设计的基层会计报表，必须保持其项目、数据指标口径、填列方式和要求的一致性。

（四）明晰性与及时性

企业会计报表的项目名称、内容必须简单明了，方便填制与分析。企业在设计会计报表时，应避免向其使用者提供各类有误导性质的信息，尽量简化需要进行复杂的分析、核算而填列的项目。

三、会计报表基本内容的设计

（一）经济指标体系设计

经济指标是构成会计报表的基本要素。会计报表经济指标体系的设计是整个会计报表设计工作的核心任务。因此，在进行会计报表经济指标体系的设计时，应满足以下要求。

（1）根据用途、日期对不同的经济指标进行设计，经济指标要简明扼要、稳定、具体，指标之间要具有严谨的关系。此外，对内会计报表的指标要及时、灵活，方便核算。

（2）根据报告期长短和编制要求对经济指标进行设计，报告期长，经济指标要详细；相反，经济指标可粗略一些。

(3) 设计时主次分明，规定主表指标和附表指标。

(4) 注意指标间的平衡勾稽关系，形成经济指标体系。

(5) 经济指标体系的内容要完整（无遗漏）、明确（内容唯一）。

(二) 会计报表基本格式设计

虽然不同会计报表的内容存在较大的差异，但其基本格式相同，具体格式设计要求见表 6-1。

表 6-1 会计报表的格式设计要求

报表的内容	设计要求
表头	包括报表的名称、编号、编制单位、报表的计量单位和编制日期
正表	会计报表中的各项经济指标，用于反映报表所要揭示的会计信息
附注	又称报表的补充资料，是对报表有关项目所作的解释。附注反映的内容包括采用的主要会计方法，会计方法变更的原因、情况和影响，非常规项目的说明，会计报表中有关重要项目的明细说明，等等

(三) 会计报表编制程序设计

会计报表编制程序设计的要求如下。

1. 确定报表编制期间

会计报表反映了一定经营期间或某一时日企业的经营状况和财务成果，因此编制会计报表首先应确定报表编制期间，以便编制期间报告和决算报告。

2. 设计会计循环和结账日程表

为了保证会计报表的及时性与准确性，必须加强期末汇总工作。提前做好对账和结账准备工作，使得对账和结账工作按日程表进行，这是设计会计报表的关键。

3. 设计工作底稿

工作底稿也叫工作底表，是对一定期间内的经济活动进行调整、试算、分析汇总而形成的报告，它是编制会计报表的辅助工具。编制工作底稿可以减少会计报表因时间紧、步骤多、内容繁杂而产生的错误，提高会计报表编制工作的效率，有助于了解企业最终的财务状况和经营成果。

4. 编制报表附注

为了使报表使用者对会计报表的内容有更深入的了解，在编制会计报表之后，还需按照企业规章制度及会计核算的明细资料对报表项目进行补充说明，即编制报表附注。

5. 编制财务状况说明书

在编制报表附注的同时，通常还要对企业的财务状况进行书面说明，总结经验和教训，并提出相应的整改措施。

四、会计报表报送程序的设计

会计报表按照报送对象的不同，可以分为对内报送和对外报送。对内报送程序较为简单，报送对象主要是企业管理当局；对外报送则应当依照程序和要求进行。对外报送一般包括如下程序。

(一) 复核、整理会计报表

会计报表编制完成之后，编制人员应对其进行复核并纠正错误。在保证数据准确无误、文字描述恰当的基础上，按顺序依次编写页码、添加封面，并将其装订成册，加盖公章，形成财务报告。应当指出的是，财务报告封面应包含单位名称及地址、报表编制日期和报送日期等内容。

（二）审核并签章

经复核后的财务报告应提交机构负责人（会计主管人员）、主管会计工作的负责人和单位负责人进行审核，发现错漏应及时纠正。经审核无误后，由上述人员分别在封面上签字并盖章。设置总会计师的单位，还需有总会计师签章。

（三）委托注册会计师进行审计工作

根据规定，财务报告必须进行审计的，编制单位（如上市公司等）应先行委托注册会计师进行审计。若需调整，则应根据注册会计师出具的审计意见进行调整。注册会计师及其所在的会计师事务所出具的审计报告应随同财务报告一并对外报送。

（四）按规定的对象、方式和期限对外报送

通常情况下，报送对象包括单位主管部门、财政部门、税务机关以及单位的投资者等。此外，还有一些非经常性的报送对象，如执行审计任务的审计机关等。

财务报告报送的方式通常包括送交、公告、提交三种：①单位必须定期向主管部门、财政部门、税务机关送交报告；②股份有限公司必须向股东公告（包括登记公告、公开置放备查）；③单位必须及时将财务报告提交至审计机关。

财务报告的报送期限应当严格遵守相关法律、制度的规定。月报应于月终后 6 日内报出，季报应于季终后 15 日内报出，中期报告应于年度中期结束后 60 日内报出，年度报告应于年度终了后 4 个月内报出。

五、会计报表设计的步骤

一般来说，会计报表设计的步骤并不是固定的，设计者可以根据企业的实际情况以及自身的经验进行设计。常规的设计步骤如图 6-1 所示。

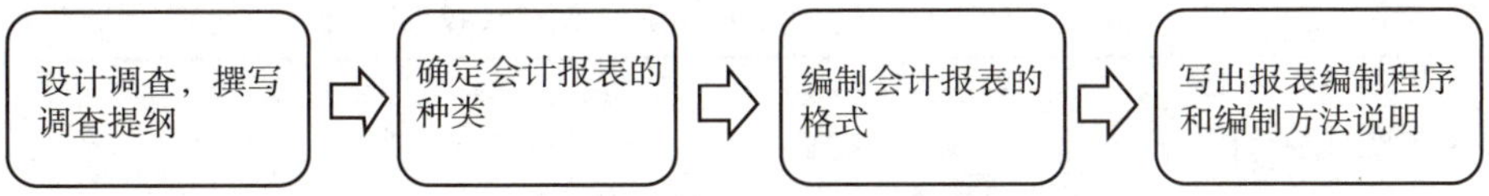

图 6-1　会计报表设计的步骤

第二节 对外会计报表设计

对外会计报表通常是按照国家规定应对外部单位报送或按照国际惯例应对外公开的会计报表。企业应根据企业会计准则体系的要求，明确规定其对外会计报表的名称、格式、编号、编制日期、编报方法、计量单位、内容、补充资料等，不得自行设计。企业的对外会计报表应至少包括资产负债表、利润表、现金流量表、所有者权益（或股东权益）变动表（以下简称主表）和附注等内容。

一、资产负债表设计

（一）资产负债表设计原理和结构

资产负债表是反映企业某一特定日期财务状况的会计报表。其设计原理为“资产＝负债＋所有者权益”的会计恒等式。资产负债表可设计的结构主要有两种：一种是账户式，根据“资产＝负债＋所有者权益”将报表分为两部分，左侧为资产类，右侧为负债和所有者权益类；另一种是报告式，又称垂直式，根据“资产–负债＝所有者权益”将报表中的资产、负债、所有者权益自上而下垂直排列。

我国现在主要采用的结构是账户式，其较为直观，便于理解与应用，其格式见表 6-2。

表 6-2　资产负债表

会企 01 表

编制单位：　　　　　年　　月　　日　　　　　单位：元

资产	行次	期末余额	期初余额	负债和所有者权益	行次	期末余额	期初余额
流动资产				流动负债			
××××				××××			
流动资产合计				流动负债合计			
非流动资产				非流动负债			
××××				××××			
××××				非流动负债合计			
××××				负债合计			
××××				所有者权益			
××××				××××			
非流动资产合计				所有者权益合计			
资产总计				负债和所有者权益总计			

（二）项目分类和排序设计

1. 项目分类

资产负债表项目具体的分类如图 6-2 所示。

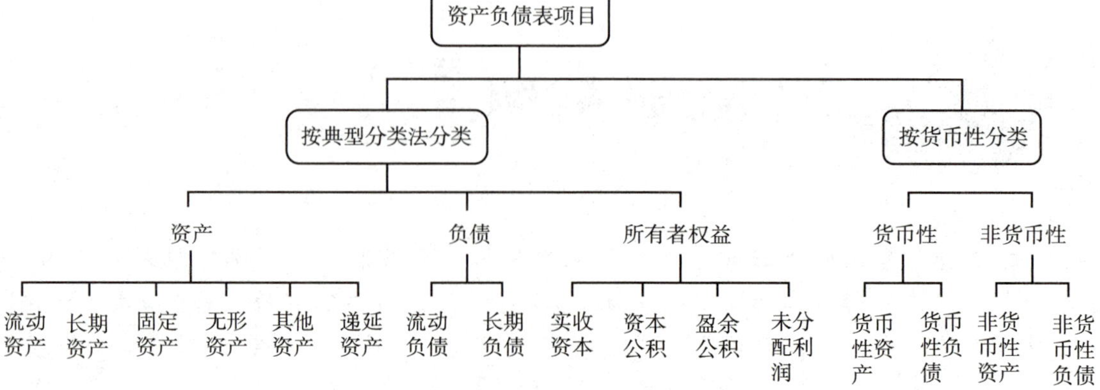

图 6-2　资产负债表项目分类

2. 项目排序

资产负债表项目排序有两种方法：一种是按重要程度排序，另一种是按流动程度排序。目前，我国采用后者，即按流动程度排序。

对于备抵项目，资产负债表通常将其从对应的被调整账户原值中扣除，以净值列示。对于资产负债表附注，通常设置在报表下方。

二、利润表设计

利润表是反映企业一定时期经营成果的会计报表。其设计原理为“收入−费用＝利润”。利润表有多步式和单步式两种格式，我国目前采用的是多步式利润表，其格式见表6-3。

表6-3　利润表

会企02

编制单位：　　　　　　　　　　年　　月　　　　　　　　　　单位：元

项目	行次	本期金额	上期金额
一、营业收入			
减：营业成本			
销售费用			
管理费用			
财务费用（收益以号填列）			
资产减值损失			
加：公允价值变动净收益（净损失以号填列）			
投资净收益（净损失以号填列）			
二、营业利润（亏损以号填列）			
加：营业外收入			
减：营业外支出			
三、利润总额（亏损以号填列）			
减：所得税			
四、净利润（亏损以号填列）			
五、每股收益			
（一）基本每股收益			
（二）稀释每股收益			

三、现金流量表设计

现金流量表是反映企业一定时期现金流转情况的会计报表，其设计原理为“现金流入−现金流出＝现金净流量”。其格式见表6-4。

表 6-4 现金流量表

会企 03

编制单位： 年 月 单位：元

项目	行次	金额
一、经营活动产生的现金流量		
销售商品、提供劳务收到的现金		
收到的税费返还		
收到其他与经营活动有关的现金		
经营活动现金流入小计		
购买商品、接受劳务支付的现金		
支付给职工以及为职工支付的现金		
支付的各项税费		
支付其他与经营活动有关的现金		
经营活动现金流出小计		
经营活动产生的现金流量净额		
二、投资活动产生的现金流量		
收回投资收到的现金		
取得投资收益收到的现金		
处置固定资产、无形资产和其他长期资产收回的现金净额		
收到其他与投资活动有关的现金		
投资活动现金流入小计		
购建固定资产、无形资产和其他长期资产支付的现金		
投资支付的现金		
支付其他与投资活动有关的现金		
投资活动现金流出小计		
投资活动产生的现金流量净额		
三、筹资活动产生的现金流量		
吸收投资收到的现金		
取得借款收到的现金		
收到其他与筹资活动有关的现金		
筹资活动现金流入小计		
偿还债务支付的现金		
分配股利、利润或偿付利息支付的现金		
支付其他与筹资活动有关的现金		
筹资活动现金流出小计		
筹资活动产生的现金流量净额		

续表

项目	行次	金额
四、汇率变动对现金及现金等价物的影响		
五、现金及现金等价物净增加额		
加：期初现金及现金等价物余额		
六、期末现金及现金等价物余额		

财务负责人：　　　　　　　　　　　　　　　　　　　　　　制表人：

补充资料	行次	金额
1. 将净利润调节为经营活动现金流量		
净利润		
加：计提的资产减值准备		
固定资产折旧		
无形资产摊销		
长期待摊费用摊销		
待摊费用减少（减：增加）		
预提费用增加（减：减少）		
处置固定资产、无形资产和其他长期资产的损失（减：收益）		
固定资产报废损失		
财务费用		
投资损失（减：收益）		
递延税款贷项（减：借项）		
存货的减少（减：增加）		
经营性应收项目的减少（减：增加）		
经营性应付项目的增加（减：减少）		
其他		
经营活动产生的现金流量净额		
2. 不涉及现金收支的投资和筹资活动		
债务转为资本		
一年内到期的可转换公司债券		
融资租入固定资产		
3. 现金及现金等价物净增加情况		
现金的期末余额		
减：现金的期初余额		

续表

补充资料	行次	金额
加：现金等价物的期末余额		
减：现金等价物的期初余额		
现金及现金等价物净增加额		

第三节 对内会计报表设计

一、对内会计报表设计的要求

对内会计报表通常根据企业的生产特点和管理要求自行设计，其格式和种类随着企业实际情况的变化而相应调整。企业在设计对内会计报表时应遵循以下要求。

（一）问题具有专题性

对内会计报表必须能够反映企业内部核算与内部管理情况，突出问题的重点。

（二）指标具有实用性

对内会计报表应根据报表使用者的需要设计指标，供报表使用者进行分析、对比和评价，考核计划与预算的执行情况，分析预算执行过程中存在的问题，总结经验、吸取教训，最终提高企业管理水平。

（三）格式具有针对性

对内会计报表的使用者通常是单位的管理人员，报表是为满足特定的管理要求而设计的。因此，对内会计报表应针对企业具体经济业务的特点及存在的问题进行设计，突出重点、简明扼要。

（四）报表的编制具有及时性

预测和决策具有极强的时效性，对内会计报表是企业进行预测和决策的主要依据，出于对预测和决策极强的时效性考虑，企业应及时编制和反馈对内会计报表。

（五）报表的编制具有灵活性

对内会计报表可以不定期编制，也没有固定的格式，但是应尽量整齐排列、美观大方，根据管理需要确定报表的种类。

二、日常管理用报表设计

企业的日常管理主要包括货币资金管理、存货管理和销售管理。通常情况下，企业应编制反映货币资金增减变动、结存情况，存货增减变动、结存情况以及商品销售情况的报表，以满足企业日常管理的需要。此类报表通常按日编制，但在企业业务量较少的情况下，也可按月、按季编制。

（一）货币资金增减变动情况表

出纳于每日终了后，根据现金日记账、银行存款日记账以及其他有关资料编制货币资金增减变动情况表，再报送主管会计工作的负责人和企业主要领导审核。其目的在于反映货币资金增减变动和结存情况，提供及时、准确的会计信息，以便有效地使用货币资金。其格式见表 6-5。

表 6-5　货币资金增减变动情况表

年　　月　　日　　　　　　　　　　　　　　　　　金额单位：元

项目	银行存款	现金	合计	备注
一、昨日账面余额				
加：1.××××				
2.××××				
减：1.××××				
2.××××				
二、本日账面余额				
未记账增加数				
未记账减少数				
三、本日实际余额				

会计主管：　　　　　　　　　　制单：　　　　　　　　　　出纳：　　　　　　　　　　审核：

货币资金增减变动情况表设计的关键在于三个方面。

（1）本日实际资金余额（昨日账面余额＋本日增加金额－本日减少金额＋未记账增加数－未记账减少数）。

（2）本日货币资金增加的来源和减少的去向。

（3）资金的存放地点和账户设置。

（二）存货收发存汇总表

存货收发存汇总表反映了各仓库中各种存货的收入、发出、结存情况。存货收发存汇总表由财务部门会计人员进行编制，并于每月定期将汇总表与出库单、入库单及仓管员登记的存货明细台账进行核对，保证账实相符、账账相符。其格式见表 6-6。

表 6-6　存货收发存汇总表

年　　月　　日　　　　　　　　　　　　　　　　　金额单位：元

序号	所属存货类别	存货名称	规格	计价方法	计量单位	上期结存			本期生产（或购入）			本期销售（或发出）			期末结余		
						单价	数量	金额	单价	数量	金额	单价	数量	金额	单价	数量	金额

存货收发存汇总表设计的关键在于两个方面。

（1）详细列示存货类别、名称、规格、计量单位。

（2）确定存货计价方法。对于企业而言，对存货进行正确的计价是非常重要的。

（三）进货或销货日报表

进货或销货日报表反映的是企业每日采购、销售商品的情况。其中，进货日报表由主管采购和应付账款的会计人员编制，并报送采购部门及其他有关部门，用于反映物资采购计划的执行情况，加强对采购业务的管理；销货日报表由主管销售和应收账款的会计人员编制，并报送企业主要领导及其他有关部门，用于反映销售计划的执行情况。其格式见表 6-7。

表 6-7　××日报表

年　　月　　日　　　　金额单位：元

品名	规格及型号	计量单位	数量	单价	金额			本月累计购进（销售）	
					现购（销）	赊购（销）	合计	数量	金额
合计									

会计主管：　　　　制单：　　　　审核：

进货或销货日报表设计的关键在于两个方面。

（1）详细列示采购、销售商品（产品）的品名、规格及型号、计量单位、数量、单价。

（2）为了反映资金的结算情况，按现销或赊销、现购或赊购分开列示。

三、财务状况分析表设计

财务状况分析表（又叫资产负债分析表）是依照资产负债表相关资料，对各项资产、负债和所有者权益在各自总额中所占的比例以及报告期与基期比较的变化情况进行分析的报表。通过财务状况分析表，可以考察资产、负债构成的合理性，有助于了解企业的偿债能力，预测企业未来的财务状况。其格式见表 6-8。

表 6-8　资产负债分析表

年　　月　　日　　　　金额单位：元

资产项目	上期数	本期数			负债和所有者权益	上期数	本期数		
		金额	增减数	增减（%）			金额	增减数	增减（%）
合计					合计				

会计主管：　　　　制单：　　　　审核：

四、经营成果分析表设计

经营成果分析表是对企业一定时期内构成经营成果的各个项目的本期实际数与计划数或者本年实际数与上年同期实际数等进行比较和分析的报表。此类报表可以反映本期利润的实际数与对比数之间的关系，确定各项目增减变动情况及其对利润总额变动的影响程度，据此查明利润变动的原因，总结经验，解决问题。

（一）利润分析表

利润分析表通常在月末编制。表中应反映利润的实际数较计划数或上期数的增减变动情况以及各项目对利润总额变动的影响程度，进而反映利润计划本期和本年累计执行情况。其格式见表 6-9。

表 6-9　利润分析表

年　　月　　日　　　　金额单位：元

项目	本期数				本年累计数			
	实际数	计划数	差异额	完成计划（%）	实际数	计划数	差异额	完成计划（%）
合计								

会计主管：　　　　制单：　　　　审核：

利润分析表设计的关键在于三个方面。

（1）按本期数和本年累计数分设栏次。

（2）按利润构成项目设计实际数、计划数、差异额和增减百分比。

（3）对比数字可以选一个，也可以选多个。

（二）主营业务利润分析表

主营业务利润分析表可以按需编制。企业可以采用因素分析法对主营业务利润计划的执行情况进行分析，确定影响主营业务利润变动的因素和影响程度，其格式见表 6-10。企业也可以根据主营业务利润结构，对主营业务或所售商品的经营情况进行分析与考核，其格式见表 6-11。

表 6-10　主营业务利润分析表（一）

年　　月　　日　　　　金额单位：元

影响主营业务利润变动的因素	影响利润变动金额	各影响因素占总变动金额的比例（%）
销售价格变动影响		
销售税金变动影响		
……		
合计		

会计主管：　　　　制单：　　　　审核：

表 6-11　主营业务利润分析表（二）

年　　月　　日　　　　金额单位：元

商品名称	主营业务收入				主营业务成本				主营业务税金				主营业务利润			
	实际数	计划数	差异额	完成比例（%）	实际数	计划数	差异额	完成比例（%）	实际数	计划数	差异额	完成比例（%）	实际数	计划数	差异额	完成比例（%）
合计																

会计主管：　　　　制单：　　　　审核：

（三）期间费用明细表

期间费用明细表由相关会计人员于每月末根据期间费用（管理费用、财务费用、销售费用）明细账进行编制，用以反映每个月期间费用的实际发生情况。期间费用明细表可以反映企业期间费用预算执行情况，帮助企业控制期间费用，提高产品利润。其格式见表 6-12。

表 6-12　××费用明细表

报送：　　　　　　　　　　年　　月　　日　　　　　　　　　　金额单位：元

项目	行次	本年计划	本年实际	超支或节约	完成比例（%）	上年实际	增减额	同比增减比例（%）
1. ×××× 2. ×××× ……								
合计								

（四）利润预测表

实行目标利润管理制度的企业必须编制利润预测表。利润预测表可为企业管理部门提供事前信息，这是制订各项经营计划的基础。其格式见表 6-13。

表 6-13　利润预测表

报送：　　　　　　　　　　年　　月　　日　　　　　　　　　　金额单位：元

项目	总额	A 产品		B 产品		C 产品	
		金额	占总额比例（%）	金额	占总额比例（%）	金额	占总额比例（%）
销售收入							
减：变动费用							
贡献毛益							
贡献毛益率							
减：固定费用							
净利润							

利润预测表设计的关键在于三个方面。

（1）采用变动成本法编制，将企业的全部费用分为变动费用和固定费用，并假设固定费用在一定条件下不变。

（2）提出目标利润及实现目标利润需要完成的销售额和目标成本。

（3）实行责任会计制度或内部银行制度的企业，各责任单位可以单独预测，以便确定各单位的创利计划。

（五）投资收益明细表

投资收益明细表是反映各项投资收益和损失的本年实际数，并与上年实际数进行比较的报表。每年年末，由负责登记投资收益明细账的会计人员编制，并报送企业主要领导和投资管理部门。编制投资收益明细表有利于企业优化投资结构，做出正确的投资决策，取得最佳的投资回报。其格式见表 6-14。

表 6-14　投资收益明细表

报送：　　　　　　　　　　　　年度　　　　　　　　　　　　金额单位：元

项目	行次	本年实际	上年实际	增减额	同比增减比例（%）
一、投资收益					
1. ××××					
2. ××××					
投资收益合计					
二、投资损失					
1. ××××					
2. ××××					
投资损失合计					
三、投资净损益					

五、成本报表设计

由于企业经营特点不同，各个企业的成本报表也存在一定的差异。加之成本报表属于企业内部管理用报表，与企业的管理方法有着密切的联系，因此其格式与类型也多种多样。此处仅介绍制造企业成本报表的设计。

（一）制造费用明细表

制造费用明细表由负责登记制造费用明细账的会计人员于月末或年末编制，并报送生产成本管理部门和其他有关成本费用管理部门。编制此报表有助于企业及时地了解制造费用计划的执行情况，掌握制造费用的变动趋势，实现降本增效。其格式可参考期间费用明细表。

（二）主要产品单位成本表

主要产品单位成本表是根据成本项目反映企业主要产品实际成本的构成情况，并与本年计划成本或标准成本进行比较的报表。编制此报表有助于企业掌握主要产品单位成本的变动趋势，分析其变动的原因，寻求降低成本的途径，加强成本的管理。其格式见表 6-15。

表 6-15　主要产品单位成本表

年　　月

产品名称：　　　　　　规格及型号：　　　　　　计量单位：　　　　　　售价：

本月实际产量：　　　　本年累计产量：　　　　　　　　　　　　　　　金额单位：元

成本项目	行次	本期计划	本期实际	完成比例（%）	上期实际平均	增减额	同比增减比例（%）
直接材料							
直接人工							
制造费用							
产品生产成本							

（三）产品生产成本表

产品生产成本表由负责编制生产成本明细账的会计人员于月末或年末编制，并报送企业主要领导和其他有关成本费用管理部门。其格式见表 6-16。

表 6-16 产品生产成本表

年 月 金额单位：元

项目	行次	本年计划	本月实际	本年累计实际	完成比例（%）
生产成本					
其中：直接材料					
直接人工					
制造费用					
加：在产品、半成品月初余额					
减：在产品、半成品月末余额					
完工产品生产总成本					

（四）成本分析表

成本分析表是对影响成本升降的各个因素进行分析的报表。它由财务部门对成本核算资料进行分析之后在月末编制，并报送企业主要领导和生产管理部门。其格式见表 6-17。

表 6-17 成本分析表

报送： 年 月 金额单位：元

影响成本变动因素	全部产品成本变动		主要产品成本变动	
	金额	占总额比例（%）	金额	占总额比例（%）
成本升降总额				
产量变动影响				
产品结构变动影响				
单位成本变动影响				

思考题

1. 会计报表设计的基本内容包括哪些？
2. 会计报表的报送程序包括哪几步？
3. 简述会计报表设计的步骤。
4. 对外会计报表设计的主要内容及重点是什么？
5. 对内会计报表设计有什么特殊要求？

案例分析

1. Z 公司主要生产厨房小家电，如电饭煲、酸奶机、榨汁机、煎烤机等。从年报来看，Z 公司的业绩掉头向下，对此，总经理找到主管生产的孙经理和主管财务的李经理协商讨论对策，希望做到降本增效，以价格优势提升企业的市场竞争力。为了降低成本，孙经理需要研究当前生产过程的产品成本以及各项费用情况。请根据孙经理的需求，为Z公司设计对内会计报表。

2. XY公司2023年12月各账户的资料见表6-18。

表6-18 XY公司2023年累计发生额、余额表

2023年12月　　　　单位：元

账户	期初余额		累计发生额		期末余额	
	借方	贷方	借方	贷方	借方	贷方
库存现金	900		50 010	50 280	630	
银行存款	112 000		212 100	140 128	183 972	
应收账款	13 000		25 100	8 050	30 050	
其他应收款	200			200		
原材料	86 900		20 000	68 500	38 400	
库存商品	27 000		135 000	108 000	54 000	
固定资产	950 000				950 000	
累计折旧		285 000		2 000		287 000
短期借款		80 000	30 000			50 000
应付账款		11 700	11 700	6 390		6 390
应付职工薪酬			53 000	53 000		
应交税费		2 100	3 298	27 200		26 002
其他应付款		900				900
实收资本		600 000		50 000		650 000
资本公积		70 300				70 300
盈余公积		120 000				120 000
本年利润			133 790	133 790		
利润分配		20 000		26 460		46 460
生产成本			135 000	135 000		
制造费用			32 800	32 800		
主营业务收入			160 000	160 000		
主营业务成本			108 000	108 000		
税金及附加			2 390	2 390		
销售费用			180	180		
管理费用			22 970	22 970		
财务费用			250	250		
	1 190 000	1 190 000	1 135 588	1 135 588	1 257 052	1 257 052

请根据以上资料，为XY公司设计2023年度资产负债表。

3. 表 6-19 是 XZ 公司的管理费用明细表。

表 6-19 XZ 公司管理费用明细表

单位：元

项目	2021 年		2022 年		2023 年		备注
	计划	实际	计划	实际	计划	实际	
工资及福利费	560 000	605 000	640 000	643 000	640 000	667 000	
差旅费	120 000	135 000	150 000	168 000	160 000	210 000	
办公费		125 000		166 000		198 000	
折旧费	50 000	48 000	53 000	55 000	56 000	54 000	
维修费		60 300		85 000		120 900	
业务招待费		150 000		230 600		313 000	
技术开发费	50 000	45 000	50 000	52 200	50 000	51 300	
存货盘亏	15 000	14 500	15 000	30 000	23 000	35 200	
其他	100 000	110 000	120 000	150 000	16 000	170 000	
合计						1 819 400	

请思考以下问题：

（1）表 6-19 能否满足管理部门的决策需要？若不能，请指出其在内容和格式上有何缺点。

（2）假如 XZ 公司的管理费用明细表难以满足相关部门控制管理费用的决策需要，请根据所学知识为 XZ 公司设计一份管理费用明细表。

第七章

成本管理设计

学习目标

1. 了解成本核算制度设计的内容和原则。
2. 明确成本开支范围设计的内容和要求。
3. 熟悉生产费用在完工产品与在产品之间分配的方法和分配设计。

开篇案例

A 医院关于成本核算流程、要求、归集与分摊的规定（节选）

第十三条　核算流程：各核算单元（核算科室）先进行医疗业务支出耗费归集，划分直接成本和间接成本，直接成本直接计入，间接成本分配计入，归集形成科室业务成本；再按照分项逐级、分步结转的三级分摊方法，依次对公用支出、行政后勤类科室耗费、医疗辅助类科室耗费、医疗技术类科室耗费进行结转，形成临床科室医疗成本。同时，根据核算需要，对财政补助项目形成的固定资产折旧和无形资产摊销、科教项目形成的固定资产折旧和无形资产摊销进行归集与分摊，分别形成临床科室医疗全成本、临床科室医院全成本；在此基础上，通过归集与分摊，计算项目成本、病种成本。

第十四条　成本核算要求：

（一）做好成本核算的基础工作。

1. 清产核资。对医院资产进行全面清查，具体包括资产清查、产权登记、价值确认、资产核实等，建立健全资产管理明细账卡。

2. 建立健全实物资产管理制度。

3. 建立成本核算的原始记录和凭证传递流程。成本核算离不开可靠的原始记录和凭证，因此应制定原始记录和凭证的合理传递流程，为成本核算提供可靠的依据。

4. 各部门按规范路径采集成本核算的基础数据，包括收入数据、成本数据、内部服务数据、工作量数据、日常基础数据。

（二）正确划分费用界限。为正确进行成本核算，保证成本核算真实、可靠，必须正确划分各种费用界限。

1. 正确划分不同性质费用的界限。

2. 正确划分直接费用和间接费用的界限。

3. 正确划分资本性支出和收益性支出的界限。

4. 正确划分各月费用的界限。

5. 正确划分各成本对象费用的界限。

（三）合理制定内部结算方法和确定成本计算方法。医院内部相互之间提供服务，应制定内部结算方法，合理确定内部结算价格；根据不同的成本核算对象，结合管理要求，确定不同的成本计算方法。

第十五条　成本归集：科室为开展医疗服务活动而发生的直接成本，直接计入或按内部服务量、内部服务价格等方法计算后计入科室成本；间接成本按照一定原则和标准分配后计入科室成本。

第十六条　成本分摊：各类科室发生的间接成本应本着相关性、成本效益关系及重要性等原则，按照分项逐级、分步结转的方法进行分摊，最终将所有成本结转到临床科室。成本分摊流程是通过合理的分摊方法，对已采集的成本数据进行分项逐级、分步结转的三级分摊，以达到将所有成本最终归集到直接成本科室（临床科室）的目的。

问题：

1. A 医院成本管理有何特点？

2. A 医院成本管理与企业成本管理有何异同？

第一节 成本管理设计概述

一、成本管理的概念

成本管理是指企业生产经营过程中各项成本计划、成本核算、成本分析、成本控制等一系列科学管理行为的总称。成本管理充分动员和组织企业全体人员，在保证产品质量的前提下，对企业生产经营过程的各个环节进行科学合理的管理，力求以最少的生产耗费取得最大的生产成果。

二、成本管理设计的意义

成本管理设计具有以下意义。

（1）有助于降本增效，为产品定价及企业的经营决策提供依据。此外，成本核算和成本分析是否准确、完整，会对企业的重大决策（如经营、投资、融资等）产生影响。

（2）有助于提升生产要素运营能力，增强企业竞争力。具体来说，有助于促进生产要素合理流动，实现资源优化配置，促使企业生产高质量产品、提供优质服务。

三、成本管理设计的特点

成本管理设计具有以下特点。

（1）满足企业内部管理的需要。成本管理设计主要为企业内部管理人员服务，对各种相关数据进行加工、整理，向各级管理人员提供有效信息，帮助其进行规划、预测及决策等，从而提高企业的经营效益。

（2）以规划未来为重点。成本管理以有关会计资料为依据，对企业过去的经营情况进行分析与评价，进而有效地规划未来，大大提高了企业各项经济活动的计划性。

（3）不受会计制度的制约。成本管理所提供的信息只对管理的科学性和有效性产生影响，不受会计制度的制约。

（4）所提供的信息具有相关性、准确性、一贯性、客观性和成本效益性。成本管理侧重于规划未来，在做出预测、决策的过程中，容易遇到诸多不确定性因素。因此，企业所设计的成本管理制度应能及时提供有效信息，便于管理人员及时作出正确的决策。

第二节 成本计划设计

成本计划是指根据计划期的生产任务、降低成本的要求及其相关资料，通过一定的程序，运用一定的方法，以货币计量的形式预先规定计划期内产品的生产耗费以及各种产品成本水平。

成本计划属于成本的事前管理，是企业经营管理的重要组成部分，通过对成本的计划与控制，分析实际成本与计划成本之间的差异，进而达到促进企业发展的目的。企业的整体预算从销售预算开始，最终流向预计利润表和预计现金流量表，而成本计划是其中的主要中间环节。因此，做好成本计划对企业的经营管理而言意义重大。

一、成本计划设计的内容

成本计划设计包括以下内容。

（1）按照生产要素确定的生产耗费，编制生产费用预算，如变动性制造费用采用弹性预算，固定性制造费用采用固定预算。

（2）按照生产费用的经济用途，即按照产品成本项目编制产品单位成本计划和全部产品成本计划。

编制成本计划对于做好成本计划工作、提高企业领导和职工降低成本的自觉性、克服盲目性、严格控制生产费用支出、挖掘降低成本的潜力、保证完成成本计划任务、提高产品的经济效益都具有重要意义。

二、成本计划设计的要求

成本计划设计应满足以下要求。

（1）以先进、合理的技术经济定额为依据设计成本计划，主要包括物资消耗定额、劳动定额、费用开支定额等。

（2）以其他生产经营计划为依据设计成本计划，即以生产计划、物资供应计划、劳动工资计划等为依据设计成本计划。

（3）依照分级归口管理的原则设计成本计划，由财会部门负责组织相关部门参与成本计划的设计工作，确保成本计划与实际相符。

三、成本计划设计的程序

成本计划设计的程序如下。

（1）收集、整理资料。主要收集的资料包括：①各项成本降低指标及有关规定；②计划期内企业的生产、物料供应、劳动工资和技术组织措施等计划；③计划期内各种直接材料、直接人工的消耗定额和工时定额；④材料计划价格、各部门费用预算以及劳动工资率；⑤上期产品成本资料；⑥费用开支标准及有关规定。

（2）成本指标的试算平衡。对上期成本计划完成情况进行分析，并进行反复测算，确定计划期的目标成本。此外，成本指标的试算平衡还要与其他计划指标进行综合平衡。

（3）编制成本计划。

四、成本计划设计的方法

不同企业的生产特点及管理要求存在差异，因此其成本计划设计的方法也不尽相同，主要有以下几种。

（1）一级编制成本计划。以企业财会部门为核心，由其他有关部门协作，根据经营计划的要求编制成本计划。这是一种自上而下的方法，适用于规模较小或产品品种较少的企业。

（2）分级编制成本计划。首先，由生产车间编制车间的成本计划；然后，由企业财会部门汇总编制企业成本计划。这是一种自下而上的方法，适用于规模较大或产品品种较多的企业。

（3）一级分级相结合编制成本计划。一部分成本项目按一级编制成本计划，另一部分成本项目按分级编制成本计划。此方法较为灵活，适用于各类企业。

第三节 成本核算设计

成本核算是应用会计原理、会计准则，系统地记录企业产品生产或劳务提供过程中发生的一切费用，确定各种产品或劳务的单位成本和总成本，以便准确计算销售利润和提供各种成本资料。它是组织和处理成本会计工作的规范，也是会计制度的组成部分。因此，企业有必要设计成本核算制度。

一、成本核算制度设计的原则

成本核算制度设计是根据国家的有关会计法规制度，结合企业的生产经营特点和成本管理需要，制定成本核算方面的有关制度。为了保证成本核算制度的科学性、完整性和有效性，充分发挥其作用，在设计成本核算制度时应遵循以下原则。

（一）符合国家有关会计法规制度的规定

《企业会计准则》等会计法规制度对企业的成本核算制度、成本开支范围等均做出了明确的规定，各企业在设计成本核算制度时，必须严格贯彻、执行，不得与此相抵触；否则，各企业的成本核算制度将失去统一的标准。

（二）适应企业的生产经营特点

由于各企业的经济性质、生产经营方式、会计核算组织方式、经营管理的要求和目的不同，因此成本核算制度的设计在强调统一性的同时必须体现各企业的生产经营特点，注重制度的适用性，将制度的统一性与适用性有机地结合起来，以适应各企业的具体情况，设计出科学合理的成本核算制度。

（三）简化成本核算手续

要正确地归集和分配生产费用、计算产品成本、为经营管理提供准确的成本资料，必须有严密、完整的成本核算制度。但是，为了保证成本资料的及时性，简化会计工作，提高工作效率，企业在设计成本核算制度时必须坚持保证成本指标真实可靠与简化手续相结合的原则，对于一些对产品成本影响不大的费用支出应尽量采用简化的核算方式。

（四）有利于提高成本管理水平

成本核算制度应保证和促进成本管理各项职能的充分发挥。成本管理的职能，一般包括成本预测、成本计划、成本控制、成本核算、成本分析和成本考核等，它们相互关联，共同促进成本管理工作的改善。充分发挥这些职能，有利于控制各种生产费用的支出，降低产品成本。为此，成本核算制度的设计必须坚持有利于提高成本管理水平的原则，这也是最重要的原则。

二、成本核算制度设计的内容

成本核算制度是为核算生产费用和计算产品成本而制定的制度，是成本制度的基本内容，包括生产费用的核算和产品成本的核算。所有的企业都应在国家会计法规制度的指导下，结合自身实际情况设计成本核算制度。其中，对于国家有统一要求和规定的内容，企业应严格执行并制定相应的配套制度。成本核算制度设计的内容具体如图 7-1 所示。

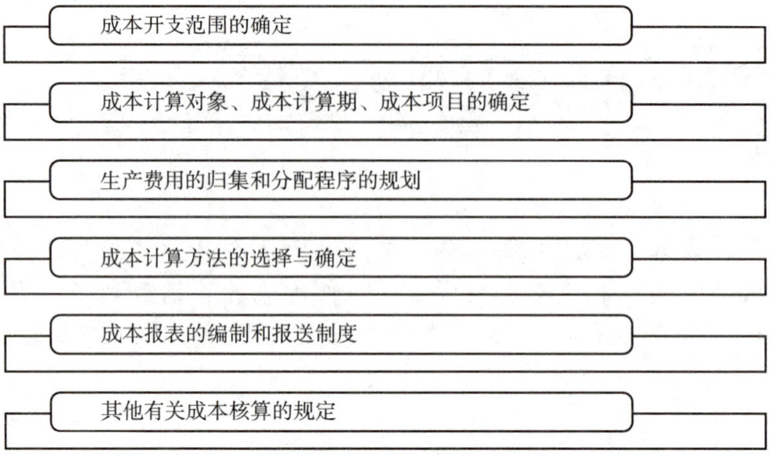

图 7-1　成本核算制度设计的内容

三、成本核算制度的具体设计

（一）成本开支范围的确定

成本开支范围是指应列入产品成本的费用项目及具体内容，主要用来反映企业生产消耗水平，保证国家和企业利益分配、企业成本核算指标与其他核算指标口径一致。

1. 成本开支范围设计的要求

成本开支范围设计应满足以下要求。

（1）必须依据《企业财务通则》制定具体细则。

（2）充分发挥基层单位在成本开支范围设计中的作用。生产费用的内容繁杂，企业应根据实际情况，对国家的相关规定进行必要的补充和具体化，方便会计人员操作。

2. 成本开支范围设计的内容

以制造企业为例，成本开支范围的设计应包括以下内容。

（1）产品生产过程中发生的直接材料费用，包括实际消耗的原材料、辅助材料、备品配件、外购半成品、燃料、动力、包装物以及其他直接材料费用。

（2）直接从事产品生产人员的工资、奖金、津贴和补贴等。

（3）为产品生产而发生的其他直接费用，如直接从事产品生产人员的职工福利费等。

（4）各生产单位为组织和管理生产而发生的生产单位管理人员的工资、奖金、津贴、补贴和职工福利费等。

（5）生产单位房屋、建筑物、机器设备等折旧费，固定资产修理费、租赁费（不含融资租赁费），原油储量有偿使用费，油田维修费，矿山维修费等。

（6）生产单位为组织、管理生产而发生的机物料消耗、低值易耗品摊销、取暖费、水电费、差旅费、办公费、运输费、设计制图费、试验检验费、劳动保护费及其他间接制造费用。

（7）为促进生产单位加强管理、节约开支、减少浪费而规定可计入产品成本的内容，如保险费、废品损失、季节性或修理期间的停工损失等。

应当指出的是，属于期间费用（管理费用、财务费用、销售费用）的各项损益性支出、各项资本性支出、各种对外投资性支出、各项罚没支出及营业外支出（如滞纳金、违约金等）、国家法律法规规定以外的各种付费、国家规定不得列入产品生产成本的其他支出通常不列入产品成本开支范围。

（二）成本计算对象、成本计算期、成本项目的确定

1. 成本计算对象的设计

成本计算对象是成本的承担者，即为计算产品成本而确定的归集和分配生产费用的各个对象，是编制产品成本明细账、分配生产费用、计算产品成本的基础。成本计算对象通常是产品，但企业的生产特点和管理要求对成本计算对象的确定有着较大的影响。成本计算对象的设计不仅要适应企业的生产特点，还要满足企业强化成本管理的需求。企业生产特点与成本计算对象的关系见表 7-1。

表 7-1　企业生产特点与成本计算对象的一般关系

生产组织方式	工艺过程	成本计算对象	成本计算期
单件小批	单步骤生产	该件或该批产品	生产周期
	连续加工	产品各加工步骤	生产周期
	平行加工	该件或该批产品	生产周期
大批大量	单步骤生产	产品品种或批别	会计期间
	连续加工	产品各加工步骤	会计期间
	平行加工	产品品种或批别	会计期间

2. 成本计算期的设计

产品成本计算期理论上是产品的生产周期。对于大批大量生产的企业，其产品在不断地投入、产出，产品的生产周期大多较短，其成本计算期通常以日历月份为准；对于单件小批生产的企业，其成本计算期可以按产品的生产周期确定。

3. 成本项目的设计

为了设计成本项目，首先应对产品的成本构成内容进行分类。理论上，既可以按产品的经济内容分类：此种分类通常与要素费用（外购材料、外购燃料、外购动力等）一致，但是不利于成本管理；又可以按产品的经济用途分类，即分为直接材料、直接人工与福利和制造费用。实际工作中，更多地采用后者。

企业可以根据实际情况和管理要求对成本项目进行适当的合并或分解。但是应当注意的是，不同行业的成本构成内容不同，其成本项目应根据实际情况和管理要求进行设计；产品成本构成内容的分类应粗细适当。

（三）生产费用的归集和分配程序的规划

1. 生产费用的分配标准和分配方法设计

分配标准和分配方法的设计决定了共同费用与制造费用的分配。

（1）分配标准设计。可供选择的分配标准通常有以下三类：①实物指标分配标准，指以产品、劳务或耗用材料等的实物量为分配标准，如产品的重量等；②生产指标分配标准，指以生产工人工作时间、机器设备工作时间和其他有关时间指标为分配标准；③价值指标分配标准，指以生产工人工资成本、直接材料成本等指标为分配标准。

（2）分配方法设计。分配方法设计与分配标准设计密切相关，分配标准设计是分配方法设计的前提，分配标准决定了分配方法。虽然分配标准不一，但是分配计算的步骤、原理大致相同，包括：①计算分配率，分配率＝应分配费用/所选择的分配标准（按各分配对象计算的）；②将应分配费用进行分配，各分配对象应分配的份额：分配率×各分配对象的分配标准。

不同企业共同费用与制造费用的分配标准和分配方法存在差异，但总体上还是有规律可循的。生产费用的分配标准和分配方法见表 7-2。

表 7-2 生产费用的分配标准和分配方法

生产费用		分配标准和分配方法
要素费用	材料费用	重量、体积、产量、定额消耗量或定额费用比例
	燃料费用	重量、体积、所消耗原材料的数量或费用、燃料的定额消耗量或定额费用比例
	动力费用	产品的生产工时、机器工时、定额消耗量或定额费用比例
	工资及职工福利费	产品的生产工时
间接费用	制造费用	生产工人工时、生产工人工资、机器工时、年度计划分配率
	辅助生产成本	直接分配法、交互分配法、代数分配法、计划分配法

2. 生产费用在完工产品与在产品之间分配的方法设计

生产费用经过归集和分配后，成本计算单就集中反映了某种产品的全部成本。若某产品在计算期内全部完工，则成本计算单反映的就是完工产品成本；若某产品在计算期内尚未全部完工，则成本计算单反映的产品成本还应在完工产品与在产品之间进行分配，分配方法具体见表 7-3。但是应特别注意的是，同一家企业可以有多种分配方法，但每一种产品只能选择一种分配方法，且一经选定就不得随意变换。

表 7-3 分配方法

分配方法	适用范围
不计算在产品成本	对于生产周期短、月末无在产品或在产品数量较少的产品，在产品成本可以忽略不计，生产费用全部由完工产品承担
在产品按年初数固定计算	若月末在产品数量少，或在产品数量很多但前后各期较稳定，则每月的在产品按一个固定成本数从成本计算中扣除，其余的由完工产品承担
在产品只计算直接材料	若在产品成本中直接材料占比较大，此时在产品只计算直接材料，对成本计算中的其他费用不予分配
在产品按定额成本扣除	若产品的定额资料完整、准确，则在产品的定额成本可以根据月末的定额数量和定额资料进行计算，此时每月的在产品成本按定额成本数从成本计算中扣除，其余的由完工产品承担
实际投产产量法	若月末在产品数量多且变化不稳定，并与完工产品具有等量消耗水平，此时完工产品和在产品的成本可按当期实际投产产量进行比例分配
约当产量法	若月末在产品数量多且变化不稳定，并与完工产品不具有等量消耗水平，此时需计算期末在产品的约当产量（在产品约当产量＝在产品数量×完工百分比），完工产品和在产品的成本按完工产品数量和期末在产品约当产量进行比例分配
定额比例法	若月末在产品数量多且变化不稳定，但产品的定额资料完整、准确，此时完工产品和在产品的成本按完工产品和期末在产品的定额比例进行分配

3. 生产费用归集和分配的流程设计

成本开支范围、成本核算体制、成本计算方法、有无在产品以及费用的期限等因素均会影响归集和分配生产费用的流程。

生产费用归集和分配要经历以下流程。

（1）按费用的性质、种类在各个相关的耗用部门之间进行归集和分配。直接费用直接计入基本生产成本或辅助生产成本的各成本计算对象，间接费用计入车间的制造费用，期间费用按用途计入企业管理部门的管理费用、财务费用和销售费用。

（2）将成本计算期内发生的制造费用，按成本计算对象的受益情况进行分配，转入生产成本。

（3）各成本计算对象应负担的费用在完工产品与在产品之间进行分配。

应当注意的是，在进行生产费用归集和分配的具体设计时，要与会计账户设置和成本计算方法相联系。

（四）成本计算方法的选择与确定

1. 产品成本计算方法设计的步骤

产品成本计算方法的设计通常按照以下步骤进行。

（1）对现有可选择的成本计算方法（如品种法、分步法、分批法，其比较见表 7-4）分别进行分析，并结合实际作出选择。

表 7-4　三种基本成本计算方法的比较

<table>
<tr><th colspan="2">生产工艺特点</th><th colspan="2">生产组织方式</th><th>成本管理要求（是否要求分步核算）</th><th>成本计算对象</th><th>费用是否在完工产品与在产品间分配</th><th>成本计算方法</th><th>适用企业</th></tr>
<tr><td colspan="2">单步骤生产</td><td colspan="2">大量生产</td><td>否</td><td>全厂某月的产成品</td><td>否</td><td>品种法</td><td>采掘、水电厂等</td></tr>
<tr><td rowspan="7">复杂多步骤生产</td><td rowspan="2">连续式</td><td colspan="2">大量生产</td><td>否</td><td>全厂某月的产成品</td><td>是</td><td>品种法</td><td>砖瓦、水泥、化工等</td></tr>
<tr><td colspan="2">大量生产</td><td>是</td><td>各步骤某月的半成品、产成品</td><td>是</td><td>分步法</td><td>钢铁、纺织、酿酒等</td></tr>
<tr><td rowspan="5">装配式</td><td colspan="2">大量生产</td><td>是</td><td>各步骤某月的半成品、产成品</td><td>是</td><td>分步法</td><td>机械制造</td></tr>
<tr><td colspan="2">大量生产</td><td>否</td><td>全厂某月的产成品</td><td>是</td><td>品种法</td><td>钟表、玩具等</td></tr>
<tr><td rowspan="2">成批生产</td><td>大批</td><td>是</td><td>各步骤某月的半成品、产成品</td><td>是</td><td>分步法</td><td>机械制造、玻璃、仪器</td></tr>
<tr><td>小批</td><td>是</td><td>全厂或车间某批产品</td><td>否</td><td>分批法</td><td>服装、家具</td></tr>
<tr><td colspan="2">单件生产</td><td>是</td><td>全厂或车间某件产品</td><td>否</td><td>分批法</td><td>机械修理、自制设备</td></tr>
</table>

（2）对所选取的基本成本计算方法加以完善或创新。对于许多产品来说，基本成本计算方法仅仅提供了大致的框架，还应对其加以补充、修订或创新。设计者必须具备深厚的专业功底和设计经验，并深入了解被设计单位的实际情况，进而进行设计。

（3）以文字、流程图等形式对所设计的成本计算对象、生产费用归集和分配方法、成本计算程序等作出说明，并形成制度。

2. 产品成本计算方法设计中的特殊考虑

实际工作中，企业在选定了基本成本计算方法后，会结合自身实际情况对其加以补充、修订或创新。

（1）对于采用逐步结转分步法的企业，还应进一步确定是采用分项逐步结转分步法还是采用综合逐步结转分步法。

（2）对于产品种类、规格繁多，但产品性能、结构大致相同的企业，应优先选择基本成本计算方法，再采用比例法（系数法），即按照产品的结构、性能、工艺流程、原料及主要材料情况对产品进行分类，将大致相同的归为一类作为一个成本计算对象，先归集其总成本，再按一定的比例（系数）对各类中的具体品种进行分配。

（3）对于定额管理制度较健全，定额管理工作基础较好，产品的生产已经定型，消耗定额合理、正确、稳定的企业，应首先选择基本成本计算方法，再采用定额法，即制定出产品成本的各项消耗定额和定额成本，在归集生产成本时，分别核算符合定额的费用和脱离定额的费用，月末在定额成本的基础上加减脱离定额的各种成本差异，计算出产品的实际成本。

（4）有的企业同时采用几种成本计算方法，如既有基本生产车间又有辅助生产车间的一般制造企业，同时生产定型产品（大量大批生产）和非定型产品（单件小批生产）的企业。

（5）有的企业将几种成本计算方法结合应用，即以一种成本计算方法为主，而依据其他成本计算方法的某些特点加以结合应用。如单件小批生产的机械制造企业，最终产品采用分批法计算成本，而在铸造阶段采用品种法，从铸造到机加工阶段采用平行结转分步法。

由于企业的生产情况、管理要求较为复杂，其成本计算方法也多种多样，设计时应根据企业规模大小、生产特点、管理要求及能力等，灵活运用各种成本计算方法。

值得注意的是，成本计算方法是经过人们不断的实践、改进而来的，并不是一成不变的，企业应对其不断地加以补充、修订和创新。

第四节 成本分析设计

成本分析是指利用成本核算及其他有关资料，系统地研究影响成本变动的各种因素及其变动的原因，寻找降低成本的途径。成本分析在成本管理工作中非常重要。

一、成本分析的内容

成本分析包括以下内容。

（1）在成本核算及其他有关资料的基础上进行深入分析，合理评价企业成本计划的执行情况。

（2）揭示成本变动的原因，查明影响成本变动的因素及其变动的原因。

（3）寻求降低成本的精益管理途径与方法，不断提高企业的经济效益。

二、成本分析设计的原则

成本分析设计应遵循以下原则。

（一）全面分析与重点分析相结合的原则

成本分析应树立全局观，以国家有关方针、政策以及相关法律为依据，将企业利益与社会利益相结合。一般来说，企业日常可能出现的成本差异较多，分析人员可以主要对例外差异进行重点分析，即对差异额较大、差异持续时间过长等的成本进行重点分析，以提高工作效率。

（二）专业分析与群众分析相结合的原则

成本分析应做到专业分析与群众分析相结合，将专业分析建立在群众分析的基础之上，激发广大群众分析成本的自觉性以及寻求降低成本途径的积极性。

（三）纵向分析与横向分析相结合的原则

纵向分析即对同一企业在不同时期的对比分析，可以很好地观察企业成本的变动情况；横向分析即对同行业的多家企业在同一时期的对比分析，有利于企业发现自身差距。

（四）事后分析与事前、事中分析相结合的原则

成本分析不能局限于事后分析，还应包括事前分析与事中分析，三者紧密联系构成一个完整的分析体系，缺一不可。企业只有将成本分析贯穿企业生产经营的全过程，才能及时发现问题，揭示差异，合理评价业绩。

三、成本分析设计的程序

成本分析设计通常按照以下程序进行。

（一）明确成本分析的目的

成本分析的目的通常可以概括为降低成本，为业绩评价提供依据，为管理人员做出有效决策提供信息支持。

（二）确定成本分析的标准

企业通常以自身的成本计划指标为成本分析的标准，将实际成本与计划成本、历史成本、同行业成本指标进行对比，找出差异并揭示原因。

（三）收集、汇总成本分析相关资料

为了进行成本分析，必须收集真实可靠的资料。如果资料不全，就会导致成本分析结论失去价值。

（四）运用恰当的方法进行分析

成本分析所选用的方法必须实用、恰当，符合实际情况。

（五）得出分析结论并提出优化建议

首先分析各指标之间的差异，找出各影响因素之间的内在联系，继而得出分析结论；然后根据分析结论，针对所存在的问题提出可行性建议，吸取经验教训并加以完善。

四、成本分析的方法

成本分析的方法主要有对比分析法和因素分析法，其具体内容见表 7-5。

表 7-5　成本分析的方法

方法	步骤	特点
对比分析法	将实际指标与计划指标进行对比，检查计划完成情况，分析影响计划完成的积极因素，进而挖掘内部潜力，以便及时采取措施，保证成本目标的实现。 注意：成本指标必须具有可比性；在进行对比时应注意计划本身的质量；若计划本身出现质量问题，则应及时调整计划，重新正确评价	①本期实际指标与上期实际指标对比，反映成本管理水平的提高程度。 ②本期实际指标与同行业平均水平、高水平对比，反映本企业的成本管理与同行业其他优秀企业的差距

续表

方法		步骤	特点
因素分析法	连环替代法	①确定分析对象（某经济指标）。 ②确定该指标由哪些因素组成，并按其相互间的关系进行排序。 ③以计划数为基础，依次以一个因素的实际数代替计划数，直到所有的因素都以实际数替代。 ④比较相邻两次计算结果，测算每一个替代因素的影响方向和程度。 ⑤各个因素的影响程度之和应与分析对象的差异一致	确定导致某指标变动的不同因素的影响程度
	差额计算法	利用各因素的实际数与计划数的差额，直接计算各因素变动对经济指标差异的影响程度	连环替代法的简化形式，确定导致某指标变动的不同因素的影响程度
	相关分析法	在分析某指标时，将与该指标相关但又不同的指标加以对比，分析其相互关系	找出相关指标之间规律性的关系

第五节 成本控制设计

成本控制是指企业根据预先确定的成本制度和管理控制目标，在一定的职权范围内，在成本过度耗费发生之前，对各种可能影响企业成本的主要因素和不利条件进行管控，进而采取风险预防和成本控制措施，从而保证成本管理控制目标顺利实现。广义的成本控制包括事前控制、事中控制和事后控制。狭义的成本控制仅指产品生产过程中的成本控制，不包括事前控制和事后控制。

一、成本控制设计的原则

成本控制设计应遵循以下原则。

（一）全面介入原则

全面介入即全部、全员、全过程控制。全部控制是指对产品生产的全部费用加以控制，不仅对变动费用进行控制，还对固定费用进行控制；全员控制是指促进领导干部、管理人员、工程技术人员和广大职工树立成本意识，参与成本控制，认识到成本控制的重要意义；全过程控制是指对产品的设计、生产、销售过程等进行控制，并将控制的成果在有关报表上加以反映，借以发现缺点和问题。

（二）例外管理原则

成本控制要关注超乎常规的例外情况。因为实际发生的费用往往与预算有差异，若差异不大，则没有必要一一查明原因，而只要把注意力集中在超乎常规的例外事项上，并及时地进行信息反馈。

（三）经济效益原则

提高经济效益，不仅要降低成本的绝对数，更重要的是实现相对节约，以较少的消耗取得较多的成果，从而取得最佳的经济效益。

二、成本控制设计的要求

成本控制设计的要求主要有以下三点。

（1）对各种费用开支进行控制。

（2）对各项生产经营活动所耗费的人力、物力进行控制。

（3）对各项生产经营活动进行控制，提高经济效益。

三、成本控制设计的程序

成本控制设计通常按照以下程序进行。

（一）确定成本控制标准

管理者应以计划为基础确定成本控制标准。成本控制标准应适当，过高或过低的成本控制标准都难以体现成本控制的价值。

（二）分解落实成本控制标准，具体控制成本形成过程

将成本控制标准层层分解，具体落实到各部门、各产品乃至个人身上。

（三）分析比较的结果，揭示成本差异

将实际成本与标准成本进行比较，并寻找偏差，分析产生差异的原因。若分析结果表明无偏差或只存在“健康”的正偏差，则不必进行下一步，控制在此终止。

（四）采取管理行动，纠正偏差

纠正偏差的方式主要有改进工作业绩和修订标准。

四、成本控制的方法

成本控制的方法主要有目标成本法、定额成本法、作业成本法和标准成本法，其具体内容见表 7-6。

表 7-6　成本控制的方法

方法	步骤和特点
目标成本法	企业在生产经营过程中，按照预先拟订的成本计划来调节影响成本费用的各种因素，以达到企业内部各部门各种耗费控制在计划范围内，从而使企业降低成本费用，提高经济效益的一种成本控制方法。 目标成本法是一个利润计划和成本管理系统，它可以确保新产品与新服务的定价满足市场需求和财务回报要求。 其基本指导思想：目标成本＝目标价格－目标利润
定额成本法	企业为了及时地反映与监督生产费用和产品成本脱离定额的差异，加强定额管理和成本控制而采用的一种成本控制方法。 定额成本法需要事先确定定额成本，才能进行成本的核算和差异的分析
作业成本法（ABC 法）	以作业为核算对象，通过成本动因来确认、计量作业量，进而以作业量为基础分配间接费用的一种成本控制方法。 其基本指导思想为作业消耗资源，产品（服务或顾客）消耗作业
标准成本法	以预先确定的标准成本为基础，将标准成本与实际成本进行比较，核算和分析成本差异的一种成本控制方法，也是加强成本控制、评价经营业绩的一种成本控制制度。其核心是按照标准成本记录和反映产品成本的形成过程与结果，并借此实现对成本的控制

思考题

1. 设计成本核算制度在企业的成本核算中有何意义？
2. 成本核算制度设计的原则有哪些？
3. 成本开支范围设计的要求有哪些？
4. 试述企业的生产组织方式、生产工艺特点与成本计算对象的关系。
5. 试述三种基本成本计算方法的适用条件。
6. 产品成本计算方法设计中应特殊考虑的内容有哪些？

案例分析

韶关某冶炼厂是我国首家采用相关专利技术的大型铅锌冶炼企业，是国际技术俱乐部成员之一，是我国南方重要的铅锌冶炼和铅锌出口基地。

韶关某冶炼厂拥有两套工艺相同的铅锌冶炼生产系统，第一套生产系统于1966年筹建，第二套生产系统于1992年年底筹建，截至2022年其总资产达30余亿元，生产能力为年产精铅锌24万吨，产品包括金属、合金、化工制品、碳化硅制品等四大系列近30种，主要有电铅、精锌、硫酸、白银、精镉、二氧化锗、汞、粗铜、氧化锌、锌粉、硫酸锌、铅锌系列合金等，注册商标为“南华”牌。产品通过了ISO 9002质量管理体系认证、ISO 10012测量管理体系认证和安全环境管理体系认证（ISO 14001和GB/T—28001）。产品质量达到国际先进水平，主产品电铅、精锌已在伦敦金属交易所注册，铅锭、镉锭获国家优质工程金质奖，锌锭获国家优质工程银质奖，产品畅销国内市场，远销欧美、东南亚等20多个国家和地区，连续10多年被省工商部门评为“重合同、守信用”单位。

韶关某冶炼厂以铅锌伴生矿为主要原料，通过去硫、烧结、浸出、电解等工序，生产主产品铅和锌。

请思考以下问题：

（1）通过适当途径进一步了解铅锌冶炼工艺。

（2）分析工艺流程与成本核算模式的关系。

第八章

内部控制制度设计

学习目标

1. 了解内部控制制度的概念。
2. 掌握我国对内部控制的界定，明确内部控制系统设计的意义和原则。
3. 了解内部会计控制的主要内容，理解企业内部控制的措施。
4. 掌握设计内部控制制度的程序。

开篇案例

A 医院支出控制制度（节选）

第二十三条　各项经费支出要符合国家有关财经法规制度规定，严格按照医院财务管理制度确认与核算经费支出。

第二十四条　医院经费支出严格执行申请、审批、审核、支付、重大支出决策及其责任追究等制度。审批人必须在授权范围内审批，严禁无审批支出。医院要建立健全支出凭证控制手续和核算控制制度，及时填制支出凭证，保证核算的及时性、真实性和完整性。

第二十五条　医院各支出业务部门和岗位的职责、权限要明确，确保支出的申请与审批、审批与执行、执行与审核、审核与支付等不相容职务相互分离，加强内部制约和监督，严格管理程序，明确审批权限，不得由同一部门或个人办理支出业务的全过程。

第二十六条　医院经费支出管理权限按职能划分，由职能部门负责本部门支出预算的编制、执行、控制和调整。

第二十七条　经费产生之前，必须先向主管职能部门申请，主管职能部门根据部门预算进行审核与控制，无经费预算、未事先申请、申请未获批准者不予办理费用报销。

第二十八条　支出业务经办部门在业务发生并取得合法凭证后，按规定程序办理经费结算业务。每张付款凭证上至少应有经办人、证明人、审批人签章。

第二十九条　原始凭证审核按《会计基础工作规范》执行，并重点审核以下内容：

一、原始凭证内容填写是否完整，不允许漏填、少填、不填。

二、原始凭证填写的经济业务与实际发生的业务内容是否相符、是否附有合同。

三、填写的经济业务内容与发票使用范围及开票单位的经营范围是否相符。

四、原始凭证是否使用过期作废发票或收据等。

五、原始凭证是否为财税部门统一监制的收据、发票，是否加盖开票单位的财务专用章或发票专用章。

六、原始凭证审批信息是否真实，对审批信息有疑问时必须找审批人核实。

七、原则上不得以原始凭证复印件充当原始凭证入账。

八、从外单位取得的税务发票如有遗失，应取得原开票单位盖有公章的证明（注明发票号码、经济业务内容、数量、单价、金额、开票日期、合同编号）以及加盖原开票单位印章的遗失发票记账联复印件等，并取得该发票价款的完税证明（加盖税务章），经医院会计人员查实该款项未曾支付、财务负责人审核、财务分管领导批准后可代作原始凭证按审批程序审批付款。

第三十条　根据及时性、配比性要求，原则上当月发生、当月取得、当月报销，业务经办人员有及时催收票据的义务。

第三十一条　为加强财务管理，规范公务借支行为，特制定如下规定：

一、一般公务支出原则上不予借支，以公务卡支付，公务卡的管理按《A 医院公务卡管理实施细则》执行。特殊情况下，经财务部门审核及财务分管领导审批同意后可办理借支，借款一律通过公务卡转账，不提取现金。

二、职工因公出差、进修学习、学术会议借支，返院后 15 天内办理还款结算手续。借差旅费后未成行的，应在 3 天内还款。

三、采购周转金借款，采购交接时办理借款，采购移交时还款。

四、零星采购借款，一个月内办理还款结算手续。大宗大额物资采购借款，货物验收后一个月内办理还款结算手续。

五、基建、维修预付款，项目决算审计后一个月内办理还款结算手续。

六、职工不得因私借用公款。

七、医院不得向外单位和个人拆借资金。

八、每月清理往来账项，并通知借支人及时还款。借支人所在部门负责人必须督促借支人办理还款结算手续。对逾期不办理还款结算者，扣除其工资、奖金，并暂停为借支人所在部门办理下次借款。

第三十二条　重大经济事项是指重要经济合同或协议的签订、重大项目的安排及大额资金的使用。医院重大经济事项实行集体决策和责任追究制度，具体执行《A医院重大经济事项决策制度》。

第三十三条　医院支出控制执行《A医院支出控制制度》。

问题：

1. A医院的内部控制有何特征？
2. A医院内部控制制度与企业内部控制制度有何异同？

第一节　内部控制制度设计的基本内涵

一、内部控制的概念与构成要素

（一）内部控制的概念

内部控制既有会计的特征，又有管理的特征，是衡量和控制风险的基础。我国《企业内部控制基本规范》将内部控制定义为，由企业董事会、监事会、经理层和全体员工实施的、旨在实现控制目标的过程。内部控制目标是合理保证企业经营管理合法合规、资产安全、财务报告及相关信息真实完整，提高经营效率和效果，促进企业实现发展战略。

（二）内部控制的构成要素

内部控制并非由其构成要素简单相加得到，而是由各构成要素相互联系、相互制约、相辅相成，共同组成的完整框架。控制环境是内部控制过程赖以存在的基础；风险评估是实施内部控制的依据，实施风险评估进而管理风险是建立控制活动的终点；控制活动是实现控制目标的手段，是内部控制的主要组成部分；信息与沟通贯穿于内部控制的全过程，信息传递帮助上下各要素有效沟通，将整个内部控制结构凝聚在一起，是保证内部控制全过程良好运行的媒介；监控是内部控制系统的特殊构成要素，它独立于各项生产经营活动之外，是对其他内部控制的一种再控制。

1. 控制环境

控制环境构成一个企业的基本氛围，是其他内部控制要素的基础，主导或左右着组织成员的控制理念，决定着内部控制的边界和效果。控制环境由股东大会、董事会、监事会和经理层等企业治理结构，企业内部机构，责任分配与授权，诚信和道德价值观，员工素质和人力资源政策，管理哲学与经营风格以及企业文化等要素构成。

（1）企业治理结构。企业应根据国家有关法律法规和企业章程，建立规范的企业治理结构和议事规则，明确决策、执行、监督等方面的职责权限，形成科学、有效的职责分工和制衡机制。在企业治理层面，企业应解决好经营权、决策权等权责的分配和制衡，利益相关方的利益分配与均衡，重大事项的审议和决策等问题。

股东大会享有法律法规和企业章程规定的合法权利，依法行使企业经营方针、筹资、投资和利润分配等重大事项的表决权。

董事会对股东大会负责，依法行使企业的经营决策权。董事会的构成应考虑成员的经验、相对于经理层的独立性、外部董事的比例、成员参与管理的程度、对经理层提出问题的深度和广度等。

监事会对股东大会负责，监督企业董事、经理和其他高级管理人员依法履行职责。

经理层负责组织实施股东大会和董事会决议事项，主持企业的生产经营管理工作。

董事会负责内部控制的建立健全和有效实施。监事会对董事会建立与实施内部控制进行监督。经理层负责组织、领导企业内部控制的日常运行。

企业应在董事会下设立审计委员会，负责审查企业内部控制，监督内部控制的有效实施和内部控制的自我评价情况，协调内部控制审计及其他相关事宜等。

（2）企业内部机构。内部机构是企业根据业务发展的需要，分别设置的不同层次的管理人员及由各专业人员组成的管理团队，针对各项业务功能行使决策、计划、执行、监督和评价的权利并承担相应的义务，从而为业务的顺利开展，进而实现企业发展战略提供组织机构的支撑平台。企业应当根据发展战略、业务和控制要求，设计适合本企业的内部组织机构。

制度和组织安排是企业持续发展的关键，企业的每项活动都是通过特定的职能部门或组织来进行的，只有通过设计完整的组织架构，才能实现组织目标。企业应加强内部审计工作，保证内部审计机构设置、人员配备和工作过程的独立性。内部审计机构应结合内部审计监督，对内部控制的有效性进行监督检查。内部审计机构对监督检查中发现的内部控制缺陷，应按企业内部审计工作程序进行报告；对监督检查中发现的内部控制重大缺陷，有权直接向董事会及其审计委员会、监事会报告。

（3）责任分配与授权。企业的业务经办、管理决策和过程控制等必须经过授权及责任配置。企业应当制定组织结构图、业务流程图、岗位说明书和权限指引等制度，使员工掌握组织架构设计及权责分配情况，正确履行职责。建立权限指引和授权机制非常重要。有了权限指引，不同层级的员工就知道该如何行使并承担责任，也有利于事后的考核、评价。授权是指企业各项决策和业务必须由具备适当权限的人员办理，严禁越权办理。按照授权对象和形式的不同，授权分为常规授权和特别授权。常规授权一般针对日常经营管理过程中发生的程序性和重复性工作，可以在由企业正式颁布的岗位说明书中予以明确，或通过制定专门的权限指引予以明确。特别授权一般是由董事会授予经理层或经理层授予内部机构及其员工处理某一突发事件（如法律纠纷）、作出某项重大决策或代替上级处理日常工作的临时性权力。

权力是履行责任的保障，而非推卸责任或转嫁责任的工具。下级应严格执行上级的决策，在自身职责和权限范围内开展工作。对于突发事件，企业应建立应急预案，并定期进行测试。在意外事件或紧急情况发生时，应及时处置，预防或减少可能造成的损失，确保业务的持续开展。

在企业管理中，应尽量避免多头领导、越级指挥、权力与责任不配比、权责界定不清等现象。企业可利用信息技术和计算机等现代化手段，加强对远程业务和分支机构业务的管理和监控。

（4）诚信和道德价值观。企业活动的核心是人的活动。经验表明，当个人道德崩溃时，企业道德将荡然无存，财务灾难便会接踵而至。员工的道德价值观决定了其判断事物的标准是否正确或合理。企业应建立良好的道德价值观及行为指南，这些理念和指南应包括：树立良好的企业公民形象，企业观念不能置于社会公理和正义之上；员工行为作风正直与公正，提倡对正义、公理、公德的忠诚，而非狭隘地对企业忠诚；管理当局以身作则；员工遵守法律、法规、规则以及企业政策；尊重并公平对待每一个人；公平竞争；正当交易及记录；等等。

（5）员工素质和人力资源政策。用正确的人做正确的事是保证组织成功运行的根本。人力资源政策是影响企业内部环境的关键因素，应科学、规范、公平、公开、公正，有利于调动员工在内部控制和经营管理活动中的积极性、主动性和创造性。若员工素质良好、诚实守信、有正义感，即使某些控制措施缺失，企业也能保持发展；反之，若员工油滑、无原则、无正义感，即使有完美的控制制度，企业也可能因此蒙受损失或名誉扫地。

企业不一定要找最优秀的人，但要找最合适的员工。职业道德修养和专业胜任能力应是企业选拔和聘用员工的重要标准，要切实加强员工培训和继续教育，不断提高员工素质。企业应制定正式或非正式的职务说明书，逐项分析并规定各工作岗位人员须具备的知识和技能。

企业应根据发展战略，合理配置人力资源，调动全体员工的积极性，发挥员工的潜能和创造性。人力资源政策要体现“以人为本”的管理理念，力图实现董事、监事、高级管理人员和全体员工与企业共同发展、良性互动。

人力资源政策包括：员工聘用、培训、辞退与辞职；员工薪酬、考核、晋升与奖惩；关键岗位员工的定期岗位轮换或强制休假制度；对掌握国家秘密或重要商业秘密的员工离岗的限制性规定；有关人力资源管理的其他政策。

（6）管理哲学与经营风格。管理哲学与经营风格主要包括：管理层对待和承担经营风险的方式，是否依靠文件化的政策、业绩指标和报告体系等，对会计报告的态度和所采取的措施，对信息处理以及会计功能、人员的态度，对会计政策和会计估计的谨慎或冒进态度，等等。

董事、监事、高级管理人员和全体员工应统一思想和认识，培育对企业的认同感，要形成卓越的执行力。高管团队应树立有利于企业实现内部控制目标的管理理念和经营风格，强化风险意识，避免因个人风险偏好而给企业带来不利影响和损失。

全体员工应恪守以诚实守信为核心的职业操守，不得损害投资者、债权人、客户、员工及其他社会公众的利益。

高管团队有责任制定并完善信息披露管理制度，明确重大信息披露事项的判定标准和报告程序，确定信息披露事项的收集、汇总和披露程序，不断强化为投资者、债权人和社会公众提供高质量会计信息及依法应披露的其他信息的法治意识和责任意识。

高管团队有责任加强对员工职业道德的宣传、引导、教育、培训、监督和检查，为建立和实施内部控制营造良好的氛围。

企业应加强法治教育，增强董事、监事、经理及其他高级管理人员和员工的法治观念，严格依法决策、依法办事、依法监督，建立健全法律顾问制度和重大法律纠纷案件备案制度。

（7）企业文化。企业文化是企业在生产经营实践中逐步形成的、为团队所认同并遵守的价值观、经营理念和企业精神，以及在此基础上形成的行为规范的总称。俗话说，一流企业做文化，二流企业做市场，三流企业做产品。要实现企业的发展战略和可持续繁荣，必须以打造优秀的企业文化为基础。高管团队应在企业文化建设中发挥主导作用，有责任在企业范围内培育健康向上的整体价值观，培养社会责任感和遵纪守法意识，强化风险管控意识，倡导爱岗敬业、进取创新、团队协作与遵规守纪精神。

企业应根据高级管理人员、中层管理人员和一般员工的职责权限，结合不同层级人员对实现企业内部控制目标的影响程度和不同要求，分别制定适合不同层级人员的职业操守准则或行为守则，并明确相应的监督约束和奖励机制，创造全体员工均充分了解且能履行职责的内部控制环境。

企业员工应遵守员工行为守则，认真履行岗位职责，提升自身职业道德修养，加强业务学习，自觉遵守企业内部各项规章制度，勤勉尽责。

2. 风险评估

风险是对实现内部控制目标可能产生负面影响的不确定因素。企业经营经常面临各种风险，风险评估是及时识别、科学分析和评价影响企业内部控制目标实现的各种不确定因素并采取应对策略的过程，是实施内部控制的重要环节。风险评估主要包括目标设定、风险识别、风险分析和风险应对。

(1) 目标设定。目标设定是风险识别、风险分析和风险应对的前提。企业战略目标通常是由企业的理念及其所追求的价值所决定的。年度经营计划是对战略规划的具体落实，是对战略目标的按年度分解。企业需要将年度经营目标具体分解落实到各业务层面及具体部门和岗位，并根据设定的目标合理确定企业整体风险承受能力和各业务层面上的可接受风险水平。

(2) 风险识别。企业应根据设定的控制目标，全面、系统、持续地收集相关信息，结合实际情况，及时进行风险评估。

企业开展风险评估，应准确识别与实现控制目标相关的内部风险和外部风险，确定相应的风险承受度。风险承受度是企业能够承担的风险限度，包括整体风险承受能力和业务层面的可接受风险水平。

企业应在充分调研和科学分析的基础上，准确识别影响企业内部控制目标实现的内部风险因素和外部风险因素。

企业应关注的内部风险因素一般包括：董事、监事、经理及其他高级管理人员的职业操守和员工专业胜任能力等人力资源因素；组织机构、经营方式、资产管理、业务流程、财务报告编制与信息披露等管理因素；财务状况、经营成果和现金流量等财务因素；研究开发、技术投入和信息技术运用等自主创新因素；营运安全、员工健康和环境污染等安全环保因素；其他有关内部风险因素。

企业应关注的外部风险因素一般包括：经济形势、产业政策、融资环境、市场竞争和资源供给等经济因素；法律法规和监管要求等法律因素；安全稳定、文化传统、社会信用、教育水平和消费者行为等社会因素；技术进步、工艺改进和电子商务等科技因素；自然灾害和环境状况等自然环境因素；其他有关外部风险因素。

企业在进行风险识别时，可采取座谈讨论、问卷调查、案例分析和咨询专业机构意见等方法识别相关的风险因素，特别应注意总结和吸取企业过去的经验教训和同行业的经验教训，加强对高危性、多发性风险因素的关注。

(3) 风险分析。企业应针对已识别的风险因素，采用定性与定量相结合的方法，按风险发生的可能性及其影响程度等，对已识别风险进行分析、归类和排序，确定关注重点和优先控制的风险。

企业进行风险分析，应充分吸收专业人员，组成风险分析团队，按严格、规范的程序开展工作，确保风险分析结果的准确。

企业应合理分析、准确掌握董事、经理及其他高级管理人员、关键岗位员工的风险偏好，采取适当的控制措施，避免因个人风险偏好而给企业经营带来重大损失。

（4）风险应对。企业应根据风险分析情况，结合风险成因、整体风险承受能力和具体业务层次上的可接受风险水平，综合运用风险规避、风险降低、风险分担和风险承受等应对策略，实现对风险的有效控制。

风险规避是企业对超出风险承受范围的风险，通过放弃或停止与该风险相关的业务活动以避免或减轻损失的策略。

风险降低是企业在权衡成本效益之后，准备采取适当的控制措施降低风险，以减轻损失，将风险控制在风险承受范围之内的策略。

风险分担是企业准备借助他人的力量，采取业务分包、购买保险等方式和适当的控制措施，将风险控制在风险承受范围之内的策略。

风险承受是企业对风险承受范围之内的风险，在权衡成本效益之后，不准备采取控制措施降低风险或减轻损失的策略。

企业应根据内部控制目标，结合风险应对策略，综合运用控制措施，对各种业务和事项实施有效控制。企业应建立重大风险预警机制和突发事件应急处理机制，明确风险预警标准，对可能发生的重大风险或突发事件制定应急预案、明确责任人员、规范处置程序，确保突发事件得到及时、妥善处理。

3. 控制活动

企业应结合风险评估结果，通过手工控制与自动控制、预防性控制与发现性控制相结合的方法，运用相应的控制措施，将风险控制在可承受范围之内。

控制措施，是指企业根据风险评估结果，结合风险应对策略，确保内部控制目标得以实现的方法和手段。控制措施一般包括不相容职务分离控制、授权审批控制、会计系统控制、预算控制、财产保护控制、运营分析控制、绩效考评控制、文件记录控制、内部报告控制和信息技术控制等。

4. 信息与沟通

信息与沟通是指及时、准确、完整地收集与企业经营管理相关的各种信息，并使这些信息以适当方式在企业内部及企业与外部之间进行及时传递、有效沟通和正确应用的过程。企业活动需要协同，协同需要传递信息和沟通。管理和控制随时需要沟通，美国著名学者奈斯比特曾指出："未来竞争是管理的竞争，竞争的焦点在于每个社会组织内部成员之间及其外部组织的有效沟通上。"

沟通不畅是多数企业存在的通病，企业结构越复杂，沟通越困难，基层的许多建设性意见不能及时反馈至高层决策者，有些意见在反馈过程中甚至被扼杀，而决策层的政策在传达过程中常常无法以原貌展现给员工。

企业应建立信息系统与沟通制度，明确内部控制相关信息的收集、处理和传递程序，确保信息及时沟通，促进内部控制的有效运行。建立信息系统是指企业利用计算机和通信技术，对内部控制进行集成、转化和提升，形成由人员、硬件、软件、信息、规程等组成的管理平台。

企业应对收集的各种内部信息和外部信息进行筛选、核对和整合，提高信息的有用性。有用的信息应是真实、准确、完整、及时和相关的。有效的信息沟通需要合理考虑对来自不同部门、岗位和渠道的相关信息进行合理筛选和相互核对。

（1）内部信息。内部信息主要包括会计信息、生产经营信息、资本运作信息、人员变动信息、技术创新信息和综合管理信息等。企业可通过会计资料、经营管理资料、调查研究报告、会议记录、专项信息反馈、内部报刊网络和办公网络等渠道和方式获取所需的内部信息。

（2）外部信息。外部信息主要包括政策法规信息、经济形势信息、监管要求信息、市场竞争信息、行业动态信息、客户信用信息、社会文化信息和科技进步信息等。企业可通过立法监管部门、社会中介机构、行业协会组织、业务往来单位、市场调查研究、外部来信来访和新闻传播媒体等渠道和方式获取所需的外部信息。

（3）内部沟通。企业应将内部控制的相关信息在企业内部各管理级次、责任单位和业务环节之间进行沟通和反馈。信息沟通过程中发现的问题应及时报告并加以解决。重要信息应及时传递给董事会、监事会和经理层。

企业应利用信息技术促进信息的集成与共享，充分发挥信息技术在信息沟通中的作用。企业可采取互联网、电子邮件、电话传真、信息快报、例行会议、专题报告、调查研究、员工手册、教育培训、内部刊物和内部网络等多种方式，实现所需的内部信息和外部信息在企业内部准确、及时地传递和共享，确保董事会、管理层和企业员工之间有效沟通。

（4）外部沟通。企业有责任建立良好的外部沟通渠道，对外部有关方面的订单、建议、投诉和其他信息进行记录，并及时处理和反馈。外部沟通应重点关注以下几个方面。

一是与投资者沟通。企业应按我国公司法和证券法等法律法规和企业章程的规定，通过股东大会、投资者会议和定向信息报告等方式，及时向投资者报告企业的战略规划、经营方针、投融资计划、年度预算、经营成果、财务状况、利润分配方案以及重大担保、合并分立、资产重组等方面的信息，听取投资者的意见和要求，妥善处理企业与投资者之间的关系。

二是与债权人沟通。企业可通过信函、会谈、电话和传真等方式，与债权人就账目核对、信用额度、贷款安排和债务清偿等进行定期或不定期沟通，妥善处理企业与债权人之间的关系，维持或提升企业的信用和形象。

三是与客户沟通。企业可通过座谈、走访和专题调研等形式，定期听取和收集客户对消费偏好、销售政策、产品质量、售后服务和货款结算等方面的意见和建议，妥善解决可能存在的控制不当问题。

四是与供应商沟通。企业可通过供需见面会、订货会和业务洽谈会等形式与供应商就供货渠道、产品质量、技术性能、交易价格、信用政策和结算方式等问题进行沟通，及时发现并妥善解决可能存在的控制不当问题。

五是与监管机构沟通。企业应及时向监管机构了解监管政策、监管要求及其变化情况，相应完善自身的管理制度；同时，认真了解自身存在的问题，积极反映诉求和建议，努力加强与监管机构的协调。

六是与外部审计师沟通。企业应定期与外部审计师会晤，听取外部审计师有关财务报表审计和内部控制等方面的建议，以保证内部控制的有效运行以及双方工作的协调。

七是与律师沟通。企业可根据法定要求和实际需要，聘请律师参与重大业务、项目和法律纠纷的处理，并保持与律师的有效沟通。

（5）反舞弊机制。企业应建立反舞弊机制，坚持惩防并举、重在预防的原则，明确反舞弊工作的重点领域、关键环节和有关机构在反舞弊工作中的职责与权限，规范舞弊案件的举报、调查、处理和补救程序。

企业至少应将下列情形作为反舞弊工作的重点：一是未经授权或采取其他不法方式侵占、挪用企业资产，牟取不当利益；二是在财务报告和信息披露等方面存在虚假记载、误导性陈述或重大遗漏等；三是董事、监事、经理及其他高级管理人员滥用职权；四是相关机构或人员串通舞弊。

企业应建立健全举报投诉制度和举报人保护制度，设置举报专线，明确举报投诉处理程序、办理时限和办结要求，确保举报和投诉成为企业有效掌握信息的重要途径。

举报投诉制度和举报人保护制度应及时传达至全体员工。

5. 监控

监控是指企业对其内部控制的健全性、合理性和有效性进行监督检查与评估，形成书面检查报告并做出相应处理的过程。企业应利用信息与沟通情况，提高监控工作的针对性和时效性；同时，通过实施监控，不断提高信息与沟通的质量和效率。

（1）监控机构。企业应制定内部控制监督制度，明确审计委员会、内部审计机构（或经授权的其他监督机构）和其他内部机构在内部监督中的职责权限，规范内部监督的程序、方法和要求。

履行监控职责的机构应加强自身队伍的职业道德建设和业务能力建设，不断提高监控工作的质量和效率，树立并增强监控的权威性。

（2）日常监控和专项监控。监控分为日常监控和专项监控。日常监控是指企业对建立与实施内部控制的情况进行持续、全面、系统的监督检查；专项监控是指在企业发展战略、组织结构、经营活动、业务流程和关键岗位员工等发生较大调整或变化的情况下，对内部控制的某一或某些方面进行有针对性的、不定期的监督检查。专项监控的范围和频率应根据风险评估结果和日常监控的有效性等予以确定。

（3）内部控制缺陷认定。企业应制定内部控制缺陷认定标准，对监督过程中发现的内部控制缺陷，应分析缺陷性质和产生的原因，提出整改方案，采取适当的形式及时向董事会、监事会或经理层报告。

内部控制缺陷是指内部控制的设计存在漏洞，不能有效防范错误与舞弊；或内部控制的运行存在弱点和偏差，不能及时发现并纠正错误与舞弊的情形。内部控制缺陷包括设计缺陷和运行缺陷。企业应跟踪内部控制缺陷整改情况，并就内部监督中发现的重大缺陷，追究相关责任单位或责任人的责任。重大缺陷是指已发现的内部控制缺陷可能严重影响财务报告的真实、可靠和资产的安全、完整。

企业应分析内部控制缺陷产生的原因，并有针对性地提出和实施改进方案，不断健全和完善企业内部控制。

企业应结合其内部控制，对在监控中发现的违规行为及时通报情况和反馈信息，并严格追究相关责任人的责任，维护内部控制的严肃性和权威性。

（4）内部控制评价报告。企业应结合内部监督情况，定期对内部控制的有效性进行自我评价，出具内部控制自我评价报告。内部控制自我评价的方式、范围、程序和频率由企业根据经营业务调整、经营环境变化、业务发展状况和实际风险水平等自行确定，但至少每 3 年进行一次，国家有关法律法规另有规定的，从其规定。

二、内部控制的特征

从内部控制的概念描述中可以发现，内部控制不仅是指控制，还包括管理、激励、监督和指导等多方面的含义，缓和了单纯遵守规章制度的生硬和僵化，增加了执行的弹力，使其成为结合各方要素的综合实践过程，体现了以下突出特点。

（一）广泛性（或全面性）

内部控制涉及企业组织的每一位员工，上至董事会，下至普通职工。控制活动的范围涵盖了企业组织的各项业务，不仅要对财务、资产和人事等各个方面的计划与执行情况进行控制，还要负责对这些工作进行分析与研究，总结经验，提出完善措施。

（二）标准性

在内部控制中，书面的法律法规以及企业组织内部的相关规定尽管需要具体的执行，但是依然属于关键部分，为内部控制的各项活动，从设计到执行提供了标准与依据，使企业可以避免可预知的某些风险。

（三）经常性

内部控制不是短期活动或者某一时点上的某一次活动，而是自企业建立之日起就产生，随着企业的消亡而消灭，在企业存在的整个过程中会分阶段、有规律地对企业的所有活动进行检查与考核。

（四）潜在性

内部控制不是与企业的日常工作明显割裂的独立活动，而是暗含在工作的每一个方面和每一个步骤之中。不管企业采取哪种方式进行管理和执行业务，都会有潜在的内部控制行为。

（五）关联性或动态性

企业的经营管理过程与内部控制是相互交错、相互关联的。在内部控制的实行过程中不断地与管理和经营过程磨合，针对不同的外部环境对自身进行修正与改进，起到事半功倍的作用。

第二节 内部控制制度设计的意义和原则

为了规范企业的会计工作、加强内部管理，必须进行内部控制系统设计。企业应根据国家有关法律法规及《企业内部控制基本规范》的规定，设计出适合本企业经济业务特点和管理要求的内部控制制度，并组织实施。

一、内部控制制度设计的意义

内部控制制度设计的意义主要体现在以下几个方面。

（一）保证企业经营管理信息和财务会计资料的真实与完整

对企业的管理层而言，要实现其经营方针和目标，需要及时获取准确的资料和信息，以便作出正确的判断和决策。健全、有效的内部控制制度通过制定和执行恰当的业务控制程序，科学、合理地划分职责范围，建立相互协调、相互制约的机制和及时、畅通的信息反馈系统等，保证提供及时、准确的经营管理信息和财务会计信息，为管理层的决策提供可靠的依据，提高决策质量。

（二）保护企业财产的安全和完整，防止资产被盗用、浪费和无效率地使用

建立内部控制制度并采取严格的控制措施，特别是不相容职务的分工，使授权人与执行人，执行人与记账、保管、出纳和会计人员相分离，形成内部牵制，同时实行限制接近财产和内部定期盘点核对制度，从而使财产的收、付、存、用得到严密的控制，有效地制止浪费，防止各种贪污舞弊行为，确保企业财产物资的安全与完整。

（三）保证员工恪尽职守，保证业务活动按适当的授权进行，提高企业的经营效率

内部控制制度明确划分了各职能部门和人员的职责范围，有利于建立并实行岗位责任制和各项管理制度以及报告制度，使员工做到各司其职、互相制约、克服并清除舞弊、恪尽职守、提高效率。

（四）保证国家法律、法规及企业各项政策的贯彻执行

国家为加强宏观经济控制制定颁布了相应的法律、法规和规章制度，这些法律、法规和规章制度只有在每个企业都得到认真的贯彻执行，才能发挥相应的作用。同时，企业也只有认真贯彻执行国家的法律、法规和规章制度，才能保证其经营活动的合法性。健全、有效的内部控制制度所形成的相互协调与制约机制，能够及时地反映国家的法律法规在企业内部的贯彻执行情况，并能检查、揭示和纠正经营管理中的违法乱纪行为，从而有效地保证企业各项政策及国家的法律法规在企业内部得到贯彻执行。

（五）有助于避免和降低各种风险，提高经营管理效率

在日益激烈的市场竞争中，企业会面临来自各方面的经营风险，如筹资风险、投资风险、产品研制开发风险、开拓市场风险、信用风险和担保风险等。从防范风险的角度看，可以说企业的经营管理过程就是不断地“化险为夷”的过程。健全、有效的内部控制有助于企业避免和降低各种风险，提高经营管理效率。

二、内部控制制度设计的原则

企业在进行内部控制制度设计时应遵循以下原则。

（一）合法性与适应性原则

合法性原则是指企业必须以国家的法律法规为依据，在国家规章制度允许的范围内设计切实可行的内部控制制度。这是企业建立内部控制制度体系的基础。在大量的违法违规案件中，除了不依法办事外，更重要的原因是企业内部控制制度本身脱离了国家的规章制度，肆意妄为，最后给国家和企业造成了损失，给社会带来了不良影响。

由于各企业的实际情况千差万别，因此，不可能存在一个完整、固定的内部控制模式。各企业必须根据本企业的实际情况，因地制宜、因人而异地设计本企业的内部控制制度，切不可不顾企业实际，好高骛远，设计空中楼阁式的内部控制制度，或者照搬照抄其他企业的内部控制制度。

（二）系统完整原则

设计内部控制制度应充分体现内部控制各要素的要求。根据《企业内部控制基本规范》的规定，内部控制要素主要包括内部环境、风险评估、控制活动、信息与沟通、内部监督等。设计各种业务

的内部控制制度，既要在各个制度中充分表述各个要素的内容，又要相互联系、相互制约，使其构成企业管理中的一个完整、持续、可行的管理系统，以有效地控制企业的经营活动，促使企业完成预期的控制目标。为了使内部控制制度达到系统、完整的目的，在设计时应关注制度的严谨性、完整性和协调性，防止疏漏与失控，充分发挥制度的整体控制功能。在内部控制制度的表述上要简明扼要、清楚易行，在控制手续上要讲究实效，不要烦琐复杂，通过内部控制提高工作效率，避免重复控制。

（三）成本效益原则

一个合理的内部控制制度应该既能防错防弊，又能提高企业的经营管理水平。设计内部控制制度是使企业的经营管理活动具有衡量其效果的标准，鼓励有关责任人及经营管理部门为达到目标而努力。但是，在设计内部控制制度时，必须符合成本效益原则，即为进行控制而花费的成本，包括花费的时间和支付的费用，如工资和其他费用等，与缺乏控制时所遭受的损失相比，当控制的效益大于成本时，该项控制措施才是可行的，否则就是不可行的。在实际工作中，有些工作的效益是难以量化的。例如，企业采取了某些加强物资管理的控制措施（如领料单和发料单须经一定的审批手续才可领发），这就要花费一定的人力和成本，而实际效益却不能直接以金额来表示，但是这样的控制却有利于加强会计责任，有利于提高资产的保管效率。又如，对于某些重大决策，需经高层管理人员共同研究做出决议并须经上级领导批准授权后才可执行，这一措施要花费高层管理人员大量的时间，其效益也是难以直接计量的，但是这项控制措施能保护企业的资源，有利于企业控制目标的实现。如果没有这种事前审批措施，可能会使决策成为“失策”，造成不可估量的损失。所以，控制活动的成本效益要结合具体情况而定，要从全局的角度运用财务分析法或宏观经济分析法来确定其“效益”。对于环保等项目，更是要从整个社会的角度运用宏观经济分析法研究其“社会效益”。

（四）不相容职务相分离原则

不相容职务指的是某些职务如果由一个人单独处理，假设该员工在工作中弄虚作假，其自己就可以掩盖。为此，企业对经营业务活动进行组织分工时，要求对不相容职务应分别由不同的人员处理，即进行职务分离，使工作有所牵制、有所制约，防止贪污盗窃，保护资产安全。在横向关系上，至少要由彼此独立的两个部门或人员办理，以使该部门或员工的工作接受另一个部门或员工的检查和制约；在纵向关系上，至少要经过互不隶属的两个或两个以上的岗位和环节，以使下级受上级监督，上级受下级制约。其理论根据是在相互牵制的关系下，几个人发生同一错弊而不被发现的概率是每个人发生该项错弊的概率的乘积，因而将降低误差率。

（五）业务授权处理控制原则

授权控制原则是指企业应该根据各岗位业务性质和员工的要求，相应地赋予作业任务和职责权限，规定操作规程和处理手续，明确纪律规则和检查标准，以使职、责、权、利相结合。岗位工作要求做到事事有人管，人人有专职，办事有标准，工作有检查。进行授权控制既可防止滥用职权，又可让员工在授权范围内放手开展有关业务活动。按授权性质的不同，授权可分为一般授权和特别授权。一般授权是对办理常规业务所确定的权力及职责，如规定限额的采购项目等。对于超过限额的采购项目，需由主管人员另行审批才可采购，即为特别授权。企业中的重大业务决策，如大宗采购的招标等，均需要特别授权。为了做好业务授权，在设计授权控制时要注意以下几点：一是单位要明确规定一般授权和特别授权的管理层次、授权范围和授权的内容标准；二是要规定各类经济业务授权的批准程序，以保持授权工作的有序性和规范性；三是为了明确特别授权决策者的责任，对企业重大项目的决策授权要作记录，并保存好必需的证明文件（如授权决策的会议文件和决策依据等）。企业的经济业务既涉及企业与其他企业之间资产与劳务的交换，也包括企业内部资产和劳务的转移与使用。每类经济业务都会有一系列内部相互联系的流转程序。所以，应规定每类经济业务的审批程序，以便按程序办理审批，避免越级审批和违规审批，这既是对有关决策责任者的绩效考核依据，也是对特定授权责任的控制。

（六）有效控制风险原则

风险是未能实现目标的可能性，因而对预先设定的目标进行风险评价是设计内部控制制度的前提。管理层在设计内部控制制度时，要密切关注并处理企业所面临的风险，要对有关的业务风险加以分类、辨认，认识关键的风险控制点，有针对性地对该项业务设计其内部控制制度，并要采用一定的技术方法来分析风险发生后的实际情况与目标的差异，进而提出改进风险管理的措施，使风险控制更加完善。

由于企业的风险控制环境一般较难确定，特别是外部环境变化多端，较难实现全面预防和规范，因此，企业在制定战略目标和控制措施时，要考虑相关风险项目是企业的强项还是弱项，是企业的机遇还是威胁。这就要求在设计内部控制制度时，对企业内部控制环境的优势与劣势以及对外部控制环境的压力与计划系统地进行分析，从中研究化险为夷的策略和机遇，为实现既定的控制目标做好思想准备和物质准备。因此，在设计内部控制制度时应树立风险控制的理念，并要认识到风险与机会是并存的，在风险中寻找转化为机会的契机，并在制定内部控制制度时勇于面对风险。

（七）动态的信息反馈原则

动态的信息反馈原则是指企业的内部控制制度应随着外部环境的变化、单位业务职能的调整和管理要求的提高，不断修订和完善。任何一项制度都不可能一成不变，企业的控制存在于一定的外部环境中，外部环境的变化必然影响企业内部控制目标的制定。例如，证券监管机构和税务机关对会计处理的要求必将影响企业的内部控制制度；而财政部门对行政事业单位实行的国库集中收付制度和政府采购制度等，会对行政事业单位的内部控制产生或多或少的影响。就企业内部而言，也在不断发展变化之中，如兼并或收购，设立子公司、分公司，异地开设办事处或分支机构等，都会使原有内部控制制度的作用有所削弱或失效。因此，企业应随着内、外环境的变化，不断修订和完善其内部控制制度，以保证内部控制的适应力和活力。

第三节　内部控制制度的内容和措施

一、内部会计控制的主要内容

内部控制的内容非常广泛，从横向看，涵盖企业内部的各个部门和各项业务；从纵向看，涉及各个部门的各个岗位、每个员工以及各项业务的每个环节。从内部控制的工作范围看，包括管理控制和会计控制等。本书主要就内部会计控制进行讲解。

（一）货币资金控制

货币资金是企业资产的重要组成部分，是其中流动性最强的一项资产。任何企业进行生产经营活动都必须持有一定的货币资金，因此，货币资金管理是内部控制的重点内容之一。

对货币资金的控制，最主要的目标是保证货币资金的安全和完整，包括现金和银行存款余额的真实、准确，现金和银行存款的恰当使用（一方面要保证生产经营活动的正常进行对货币资金的需要量，另一方面要加强对其支出的控制，防止侵占、挪用行为的发生）以及其他货币资金按规定用途使用。

货币资金的控制要点包括：建立货币资金业务的岗位责任制，并确保不相容岗位相互分离、制约和监督；建立严格的货币资金授权审批制度，保证审批人在授权范围内进行审批；货币资金的收入、支出要有合理、合法的凭据；严格按照“申请、审批、复核、支付”的程序办理货币资金的支付业务，并及时、准确入账；建立对货币资金业务的监督检查制度，加强对货币资金收付业务的内部审计。

（二）实物资产控制

实物资产一般是指企业的存货和固定资产，它们在资产总额中所占的比重最大。因此，实物资产的控制在内部控制中处于重要地位。

存货的内部控制目标主要包括保护存货资产的安全、完整，合理确定存货的价值。固定资产的内部控制目标主要包括保证固定资产取得的合理性，保证固定资产的安全、完整和良好的运营状态，保证固定资产计价及计提折旧的正确、合理。

企业应建立实物资产管理的岗位责任制度，对实物资产的验收入库、领用、发出、盘点、保管及处置等关键环节进行控制，防止实物资产被盗、毁损和流失，并针对不同的实物资产，有侧重地加以控制。

（三）对外投资控制

投资活动是指企业通过分配来增加财富，或为谋求其他利益，将资产让渡给其他单位而获得另一项资产的活动。投资活动与企业的其他业务相比具有交易数量少、交易金额大和风险大等特点。针对这些特点，投资业务的内部控制一般由投资立项、评估、决策、实施、投资记录和投资处置等环节组成。

对外投资的内部控制目标包括保证投资活动符合国家的方针政策和相关的法律法规，保证投资活动经过适当的审批决策程序，保护投资资产的安全、完整，保证投资计价和收益计算、确认的正确。

对外投资的内部控制要点包括：明确投资决策与实施过程中各相关部门和岗位的职责权限，确保投资项目的提出、论证、决策和实施等不相容岗位相互分离、制约和监督；建立对外投资财务分析制度和预算管理制度，做好投资的可行性研究及事前控制；建立严格、规范的对外投资决策机制和程序，对重大投资决策实行集体审议、联签等责任制度；加强对外投资取得和保管控制；加强对外投资处置控制；正确进行投资计价，正确计算各类投资收益并保证其相关会计处理的合法、正确。

（四）工程项目控制

工程项目包括基本建设项目和技术改造项目。工程项目一般工期较长、投资数额较大、专业技术要求较高，因此，如果不加强管理和控制，往往容易发生舞弊行为。

工程项目的内部控制目标包括保证工程项目的质量，防止工程项目建设中的各种舞弊行为和严格控制工程支出。

工程项目的内部控制要点包括：明确工程项目决策和建设工程中各相关部门和岗位的职责权限，确保办理工程项目业务的不相容岗位相互分离、制约和监督；加强工程项目决策的控制，对重大工程项目应当实行集体决策；建立合理的概预算程序与制度，实现对工程项目造价的控制；加强对工程项目招标、投标、开标、评标、定标和合同管理等环节的控制，防止舞弊行为的发生；加强对施工过程的控制，确保工程质量，控制工程成本；做好竣工验收、决算审查和资产移交等工作，正确进行相应的会计处理。

（五）采购和付款控制

采购和付款业务是各企业经常发生的业务，小到购买办公用品，大到采购机器设备；既有有形物资的采购，又有劳务的采购。因此，采购和付款控制在整个内部控制中具有重要地位。

采购和付款的内部控制目标包括合理、经济地进行各种采购业务，保证采购物资及时、足额入库，按照合同的规定及时支付相应货款和维护良好信誉。

采购和付款的内部控制要点包括：明确采购和付款业务中各相关部门和岗位的职责权限，确保办理该项业务的不相容岗位相互分离、制约和监督；建立严格的采购与付款业务的授权批准制度，规定经办人的职责范围和工作要求，保证审批人在授权范围内审批；对于重要的采购和付款业务应组织专家进行可行性论证，并实行企业领导集体决策和审批；建立采购和付款业务的预算管理制度，实行限量采购管理；严格按照“请购－审批－采购－验收－付款”的程序办理采购和付款业务并及时、准确入账；建立健全验收制度，实行验收与入库责任追究制；加强对货款支付的控制，严格核对有关凭证，对符合付款条件的采购业务及时办理付款手续。

（六）筹资控制

筹资活动是指企业为满足生产发展的需要，通过改变企业资本、债务规模和构成而募集资金的行为。筹资活动涉及筹资规模和结构的确定、筹资方式的选择、资金成本和财务风险的控制与防范，因此，需要加强对其的内部控制。

筹资活动的内部控制目标包括保证筹资活动符合国家的方针政策和相关的法律法规，保证有效地控制筹资成本，保证所筹集资金的合理使用。

筹资活动的内部控制要点包括：明确筹资决策与实施过程中各相关部门和岗位的职责权限，确保筹资业务的提出、论证、决策、实施等不相容岗位相互分离、制约和监督；建立筹资业务的财务分析制度，做好筹资的可行性研究；建立严格、规范的筹资决策机制和程序，加强对筹资业务申请、论证、审批、实施等环节的控制；正确计算和合理摊销债券的折价和溢价，正确计提、支付利息和股利。

（七）销售和收款控制

销售是企业经营的主要环节，是实现商品价值、增加收入和获取利润的主要途径。由于销售是一种商品交易行为，涉及现金与商品的进出，次数频繁，极易产生错弊，使企业遭受损失，因此，必须加强对其的管理和控制。

销售和收款的内部控制目标包括预防销售和收款过程中的各种差错，保证销货款的及时、足额收回，正确进行销售的会计核算。

销售和收款的内部控制要点包括：建立销售和收款业务的岗位责任制，明确相关部门和岗位的职责权限，确保办理销售和收款业务的不相容岗位相互分离、制约和监督；建立有关的授权批准制度，明确审批人员对销售业务的授权批准方式、权限、程序、责任和相关控制措施，规定经办人的职责范围和工作要求；对销售业务建立严格的预算管理制度，制定销售目标，确立销售管理责任制；建立销售业务的定价控制制度，制定价目表、折扣政策、收款政策并严格执行；加强对收款业务的管理和控制，销售和收款职能应当分离，销售人员避免接触现款；建立应收账款账龄分析制度和逾期应收账款催收制度；正确进行销售和收款的会计处理。

（八）成本费用控制

成本费用是企业在日常生产经营活动中发生的耗费，包括“营业成本”、“管理费用”、“财务费用”和“销售费用”等。加强对成本费用的控制对于降低消耗，增加收入，不断提高企业的经济效益具有重要意义。

成本费用的内部控制目标包括严格控制成本费用开支，保证成本费用的准确计算与分配。成本费用计算不准确、分配不合理将导致产品成本计算不准确，直接影响企业损益。

成本费用的内部控制要点包括：建立成本费用控制系统，做好成本管理的各项基础工作；制定成本费用标准，分解成本费用指标；考核成本费用指标的完成情况并落实奖惩措施；正确进行成本费用的会计核算。

（九）担保控制

担保是指按照法律规定或者当事人约定，为确保合同履行，保障债权人利益的实现而采取的法律措施。我国经济学家吴敬琏在 2001 年举办的中国担保论坛中指出：“担保是国民信用体系的重要组成部分，在建立国民信用体系的事业中承担着重大的责任。在建立社会主义市场经济体制的过程中，担保的作用日益显现，但其高风险的特征和走势也逐步变浓和加剧。”因此，加强对担保风险的控制是企业内部控制的重要组成部分。

担保业务的内部控制目标首先是保证担保行为符合法律法规和企业内部的规定。企业为外单位提供担保后就承担了相应的连带责任，一旦被担保单位无法履行责任，担保企业就得替被担保单位履行责任。因此，要减少或降低担保风险，就必须对担保行为的合法性、合规性进行控制；同时，还要及时掌握被担保单位的经营情况和财务状况，并根据被担保单位经营情况和财务状况的变化采取相应措施。

担保业务的内部控制要点包括：保证担保行为符合国家有关法律法规的规定，避免违法担保；按照规定程序进行担保业务的审批，严格控制担保行为；建立担保决策程序和责任制度，明确担保原则、担保标准、担保条件和担保责任等相关内容；加强对担保合同订立的管理，及时掌握被担保单位的经营情况和财务状况，防范潜在风险，避免或减少可能发生的损失。

二、内部控制的措施

《企业内部控制基本规范》指出，控制活动的控制措施一般包括不相容职务分离控制、授权审批控制、会计系统控制、财产保护控制、预算控制、运营分析控制和绩效考评控制等。此外，常用的控制措施还有内部审计控制、人员素质控制和电子信息系统控制等。

（一）不相容职务分离控制

不相容职务是指那些如果由一个人担任，既可能发生错误和舞弊行为，又可能掩盖其错误和舞弊行为的职务。对于不相容的职务如果不采取相互分离的措施，就容易发生舞弊等行为。因此，企业在设计、建立内部控制制度时，首先应确定哪些岗位和职务是不相容的；其次要明确规定各个机构和岗位的职责权限，使不相容岗位和职务之间能够相互监督、相互制约，形成有效的制衡机制。

（二）授权审批控制

授权审批控制要求企业根据常规授权和特别授权的规定，明确各岗位办理业务和事项的权限范围、审批程序和相应责任。企业应当编制常规授权的权限指引，规范特别授权的范围、权限、程序和责任，严格控制特别授权。常规授权，是指企业在日常经营管理活动中按照既定的职责和程序进行的授权。特别授权是指企业在特殊情况或特定条件下进行的授权。企业各级管理人员应当在授权范围内行使职权和承担责任。企业对于重大业务和事项，应当实行集体决算审批或者联签制度，任何个人不得单独进行决策或者擅自改变集体意见。

（三）会计系统控制

会计作为一个信息系统，对内能够向管理层提供经营管理的诸多信息，对外可以向投资者和债权人等提供用于投资等决策的信息。会计系统控制主要是通过对会计主体所发生的各项能用货币计量的经济业务进行记录、归集、分类和编报等而进行的控制。其内容主要包括：依法设置会计机构，配备会计从业人员；建立会计工作的岗位责任制，对会计人员进行科学、合理的分工，使之相互监督和制约；按照规定取得和填制原始凭证；设计良好的凭证格式；对凭证进行连续编号；规定合理的凭证传递程序；明确凭证的装订和保管手续及责任；合理设置账户，登记会计账簿，进行复式记账；按照会计法和国家统一会计制度的要求编制、报送和保管会计报告。

（四）财产保护控制

这种措施要求企业限制未经授权的人员对财产的直接接触，采取定期盘点、财产记录、账实核对和财产保险等措施，确保各项财产的安全、完整。在定期盘点中，如果盘点结果与会计记录不一致，可能说明资产管理上存在错误、浪费、损失或其他不正常现象，应当分析原因、查明责任、完善管理制度。限制接触是指严格限制未经授权的人员对资产的直接接触，只有经过授权批准的人员才能接触该资产。限制接触包括限制对资产本身的接触和通过文件批准方式对资产进行使用或分配的间接接触。一般情况下，对货币资金、有价证券和存货等变现能力强的资产必须限制无关人员的直接接触。

（五）预算控制

预算控制要求企业实施全面预算管理制度，明确各责任单位在预算管理中的职责、权限，规范预算的编制、审定、下达和执行程序，强化预算约束。预算控制的内容涵盖了企业经营活动的全过程。企业通过预算的编制和检查预算的执行情况，可以比较、分析内部各单位未完成预算的原因，并对未完成预算的不良后果采取改进措施，确保各项预算的严格执行。在实际工作中，预算的编制不论采用自上而下或自下而上的方法，其决策权都应落实在内部管理的最高层，由这一权威层进行决策、指挥和协调。预算确定后由各预算单位组织实施，并辅之以对等的权、责、利关系，由内部审计部门等负责监督预算的执行。预算控制的主要环节有确定预算的项目、标准和程序，编制和审定预算，预算指标的下达和责任人的落实，预算执行的授权，预算执行过程的监控，预算差异的分析和调整以及预算业绩的考核和奖惩。

（六）运营分析控制

运营分析控制要求企业建立运营情况分析制度，管理层应当综合运用生产、购销、投资、融资和财务等方面的信息，通过因素分析、对比分析和趋势分析等方法，定期开展运营情况分析，发现存在的问题，及时查明原因并加以改进。

（七）绩效考评控制

绩效考评控制要求企业建立和实施绩效考评制度，科学设置考核指标体系，对企业内部各职能部门和全体员工的业绩进行定期考核和客观评价，并将考评结果作为确定员工薪酬以及职务晋升、评优、降级、调岗和辞退等的依据。

（八）内部审计控制

内部审计是指在本企业负责人的领导下，在企业内部设置独立的审计机构，配备专职的审计人员，根据国家有关法律、法规和政策的规定，采用一定的程序和方法，对本企业及其下属单位的财政、财务收支及各项经济活动的合法性、真实性和效益性进行审核、鉴定和评价，并提出改进建议的一种经济监督活动。在企业的内部控制中，内部审计控制具有极其重要而又特殊的地位。从内部控制的组成上看，它是内部控制的一个重要部分；从内部控制的作用上看，它是对内部控制执行情况的一种监督，是对内部控制的控制。

（九）人员素质控制

内部控制的成败关键在于员工素质的高低。人员素质控制的目的在于保证员工具有忠诚、正直有效的工作能力，从而保证其他方面内部控制措施的有效实施。人员素质控制包括：建立严格的招聘程序，保证应聘人员符合招聘要求；制定员工工作规范，用以引导、考核员工的行为；定期对员工进行培训，提高其业务素质；定期对员工的业绩进行考核；对重要岗位的员工建立职业信用保险制度；建立工作岗位轮换制，及时发现存在的错弊。

（十）电子信息系统控制

电子信息系统控制包括两个方面的内容：一方面是指企业要运用电子信息技术手段建立控制系统，以减少和消除内部人为控制的影响，确保内部控制的有效实施；另一方面是要加强对电子信息系统本身的控制。随着电子信息技术的发展，企业利用计算机从事经营管理的手段越来越普遍，除了会计电算化和电子商务的发展外，企业的生产经营与购销、储运都离不开计算机。为此，必须加强对电子信息系统的控制，包括系统组织和管理控制，系统开发和维护控制，文件资料控制，系统设备、数据、程序、网络安全的控制以及日常应用的控制等。

三、内部控制制度设计的步骤

一般而言，企业内部控制制度的设计应遵循以下步骤。

（一）对企业内部结构和外部环境展开调查，明确控制目标

控制目标既是管理经济活动的基本要求，又是实施内部控制的最终目的，还是评价内部控制的最高标准。在实际工作中，管理人员和审计人员总是根据控制目标建立和评价内部控制系统，而任何一个企业总是处于一定的经营环境之中，经营环境的变化必然会对企业形成一定的外部机会与威胁。这些外部环境主要包括政治、经济、文化、人口和技术等。尽管外部机会与威胁不在企业内部控制范围之内，但在设计内部控制制度前必须对此有所了解，这样制定出的内部控制制度才能有效规避外部风险，实现内部控制目标。因此，设计内部控制制度，应首先对企业内部结构和外部环境展开调查，明确控制目标。

（二）按照系统理论和方法的要求划分企业内部结构

一般而言，企业内部结构可划分为行政领导体系、构成要素体系、经营体系和管理体系四个系统。这四个系统的组成部分和内容又可划分为若干所属的系统。例如，行政领导体系可分为董事长、

总经理、各个职能部门和分支机构经营的所属系统；构成要素体系可分为人、财、物资、技术和信息沟通的所属系统；经营体系可分为销售、采购、生产、存储和运输等系统；管理体系可分为会计、统计、审计、电子监控和信息系统管理等系统。当然还可细分，如会计系统的控制又可分为货币资金、实物资产、债权、债务、成本费用和利润等控制系统。划分企业内部结构的过程是正确认识、理解企业组织结构、经济活动的过程，为下一环节确定所属系统活动过程中的关键环节奠定基础。

（三）确定所属系统活动过程中的关键环节

根据划分的各个所属控制系统，确定系统运行过程中的关键环节，作为内部控制要点。那些可能发生错弊因而需要控制的业务环节通常被称为控制环节或控制点。控制点按其发挥作用的程度，可以分为关键控制点和一般控制点。那些在业务处理过程中发挥作用最大、影响范围最广甚至决定全局成效的控制点，对于保证整个业务活动控制目标的实现具有至关重要的影响，即为关键控制点。相比之下，那些只能发挥局部作用，影响特定范围的控制点，则为一般控制点。例如，材料采购业务中的“验收”控制点，对于保证材料采购业务的完整性、实物安全性等控制目标都起着重要的保障作用，因此是材料采购控制系统中的关键控制点。相比之下，“审批”、“签约”、“登记”和“记账”等控制点即为一般控制点。需要说明的是，关键控制点和一般控制点在一定条件下是可以相互转化的。

某个控制点在此项业务活动中是关键控制点，在另一项业务活动中则可能是一般控制点；反之亦然。

确定了关键控制点后，还要制定对每一控制点的操作规范，然后把各个环节按照活动的先后次序进行编排，予以连接，就可以制定出一个完整的程序。

（四）用文字形式形成内部控制制度

在确定程序、方法和操作规范后，把内部控制制度的各项原则贯穿到各个有关控制系统的程序、方法和规范中，用文字形式分别在有关的内部控制制度中予以说明。这样就形成了一整套严密的内部控制制度体系。

值得注意的是，用文字表述内部控制制度时，要恰当表达有关内容。首先，行文要规范，定义要严谨，语句要确切，要避免无关紧要的修饰，防止过于冗长，避免使用易误解的词句。其次，要注意排列得体，同一层次的语句、段落要采用相同的字号排列；不同层次的语句、段落要采用合适的编号形式，如一、（一）、1、（1）等。

四、企业内部控制设计的基本流程

内部控制设计流程用以指导设计者高效、有序地完成内部控制设计的每一个环节和步骤。内部控制设计流程应包括组织规划阶段、调查准备阶段、具体设计阶段以及试运行和改进提高阶段。

（一）组织规划阶段

1. 了解任务

了解内部控制设计的任务，是全面设计企业的整个内部控制框架，还是仅完成某些环节或业务的流程。完整的企业内部控制框架设计至少应包括公司层面的内部控制设计、附属企业的内部控制设计和业务层面的内部控制设计等。

2. 任命或聘任设计小组

任命或聘任设计小组，可由本企业人员自行设计，也可聘请外部专家代为设计，最好由本企业人员和外部专家共同组成设计小组。

3. 确定工作要点

研究部署整体构思、工作重点、所需资料和所取得的资料等。

4. 草拟设计方案

草拟设计方案，包括设计大纲、时间概算与分配、人员分工、组织协调和审核改进等。

（二）调查准备阶段

在具体设计之前，需要对企业的组织机构、业务范围、企业规模、经营特点、管理模式和现有内部控制状况等进行深入调查和观察。调查的重点如下。

1. 企业基本情况

主要包括：所属行业和经营范围（主营和兼营）；经营方式和经营风险；组织机构、下属分公司或子公司；生产组织方式和工艺流程；产品销售方式和市场情况；材料供应和采购方式；税款申报和缴纳方式；资本结构、筹资渠道和筹资方式；等等。

2. 企业组织框架和权责分配情况

主要包括：企业组织结构是否覆盖计划、决策、执行、控制和监督等企业活动的全过程；法人治理机制是否规范，总裁是否独裁；是否设置相对独立和权威的审计委员会及内部审计机构；管理是否存在行政化或家族化行为；管理人员是否经常违规；是否存在越权接触实物、现金和重要凭证的行为；岗位分工是否合理、职责是否明确、报告关系是否清晰；部门之间、岗位之间和上下级之间有无制衡机制；人员配备是否称职和胜任；对远程业务和分支机构业务的管理和监控是否合理；有没有突发事件应急预案；等等。

3. 会计基础工作状况

主要包括：账户设置状况；会计凭证、会计账簿、会计报表体系；会计核算的技术和手段；成本核算程序；会计核算程序；有关流程图表；财产清查和定期对账制度；等等。

4. 各类业务的处理程序

主要包括：货币资金的收支；与薪酬有关的考勤、结算、代扣款、提现、发放和记账等；固定资产的验收、安装、维修、保养、折旧、报废、重置和清查等；存货的收发、计价、盘存、保管、账实核对和记账等；存货的采购、验收、入库和货款结算等；销售过程中的信用评价、合同管理、开单、发货和结算等；成本核算中的成本项目、计算流程、费用归集、在产品成本计算、辅助性生产费用的分配、成本结转和成本控制等；投资分类、计价、投资损益确认和计量、长期股权投资核算、溢价或折价摊销及减值准备的计提；筹资资本的筹集、长期负债和流动负债等；利润分配中的损益结转、分配顺序和支付方式等；担保业务的控制；等等。

5. 财务报告的编制状况

主要包括：是否经常变更会计政策和会计估计；编制财务报告前是否就关键政策、不确定事项和主要风险等进行充分的讨论与分析；是否认真履行对账和试算平衡工作；账项调节是否经过批准；报表合并范围是否包括了所有子公司；母子公司间的主要会计政策、会计估计和会计假设等是否一致；外币报表的折算是否符合规定；内部交易抵销是否充分；有没有对报表及报表间的勾稽关系进行认真复核；等等。

6. 现有内部控制状况

制度设计人员可采用定量与定性相结合的方法对企业现有内部控制状况进行评估，发现和认定现有内部控制的设计缺陷和运行缺陷，从而为内部控制设计的改进和完善提供依据。

（三）具体设计阶段

1. 评估内部控制成本

在实地调查的基础上，内部控制设计小组应对企业的现行内部控制体系进行评价，初步评估达到预期目标将要发生的控制成本，从而决定内部控制设计阶段将要采取的控制措施。

2. 归集、构建子系统

按一定的逻辑和思路，合理归集、构建适应企业经营管理状况和内部控制要求的相关子系统，包括：职责确定、机构设置、职能划分和人员配备等决策管理系统；采购、生产、销售、储存和运输等经营系统；会计、统计、审计和计算机信息技术等支持保障系统。

3. 梳理子系统

对各相关子系统进行认真研究和梳理，确定各子系统运行过程中的主要风险、关键环节和关键控制点，并针对每一个关键环节和关键控制点制定有效的控制措施。

4. 形成内部控制制度

用文字、流程图、表格和风险控制文档等形式将各相关子系统及其业务和事项的风险类型、控制目标、关键控制点、控制措施和控制频率加以规定和说明，形成与经营管理制度有机结合的内部控制制度。在内部控制制度的表达过程中，应注意：行文要规范，定义应严谨，语言要确切，表达要完整；图表制作统一规范，尺寸尽量统一，画线要标准，栏目设计简明实用；符号和编码明确易懂，前后一致，符合规定；等等。

5. 协调计算机信息技术的应用

运用计算机信息技术手段实施内部控制的企业，在建立健全本企业内部控制时，应充分考虑手工控制与计算机信息技术控制的特点和差异，但不得因实行计算机信息技术控制而免除或减少必要的控制程序。

（四）试运行和改进提高阶段

内部控制的合理性和有效性需要通过试运行来检验。在试运行的初期，设计人员需要向制度涉及人员详细讲述设计意图、控制目标、岗位职责、主要措施和操作程序等具体规定。在试运行阶段，设计人员需要深入基层，采用现场观察、重复流程、问卷调查、证据查验和访谈询问等方法，测试并记录内部控制的合理性和有效性。试运行结束后，应广泛收集来自各方面的反馈意见，寻找和分析薄弱环节，确认内部控制缺陷。根据对试运行结果的分析和反馈，进一步修正、改进和完善内部控制的设计工作。

内部控制的试运行和改进可多次反复进行，从而不断提高和完善企业内部控制体系的合理性和有效性。

第四节 内部控制的整体框架

现代企业的内部控制框架包括控制环境、会计系统和控制程序这三个基本要素。这些基本要素按照一定的结构有机结合起来而构成的系统，就是内部控制的外在表现形式。

一、控制环境

控制环境是指对建立、加强或削弱特定政策、程序及其效率产生影响的各种因素。它反映了企业董事会和管理层关于内部控制对企业重要性的态度。它是一种氛围，塑造企业文化，影响企业员工的控制意识，影响企业内部控制框架内各成员实施控制的自觉性，决定其他控制要素能否发挥作用，是内部控制其他要素作用的基础。控制环境直接影响企业内部控制的贯彻和执行，以及企业经营目标和整体战略目标的实现。

控制环境包括以下几个因素。

（一）董事会

虽然从理论上可以将对经营者的控制机制分为以资本市场、产品市场及法律规章制度为主体的外部控制机制和以董事会为主体的内部控制机制，但外部控制机制并不能替代内部控制机制的功能。董事会是企业内部控制系统的核心，它负责为企业管理层制定“游戏规则”，因而设立董事会是约束经营者日常行为的最合适的手段。

董事会对企业负有重要的受托管理责任，应对企业内部控制的建立、完善和有效运行负责。这具体体现在以下几点。

（1）对于董事会而言，建立内部控制框架是为了通过“不丧失控制的授权”来保证企业的有效运行，完成公司目标。

（2）内部控制是董事会抑制管理者在获取短期盈利机会过程中的机会主义倾向，保证法律、企业政策及董事会决议切实贯彻实施的手段。

（3）内部控制以及涉及内部控制的信息流动构成解决信息不对称，保证会计信息真实、可靠的重要手段，而确保信息质量是董事会不可推卸的责任。

加强企业内部控制，首先要加强董事会的建设，发挥董事会的作用和潜能，使股东及其他利益团体的利益真正受到保护。

（二）企业经理层的素质、品行和企业文化

管理者素质和品行在企业经营管理中起绝对重要的作用，直接影响企业的行为，并进而影响企

业内部控制的效率和效果。在比较发达的市场经济体系中，一般都已形成较为成熟的职业经理市场，企业管理者自我完善和自我提高的激励和约束机制比较健全。

企业制定的任何制度都不可能超越设立这些制度的人，以及企业内部那些管理与监督制度的人员的操守及价值观。企业管理者的操守和价值观是构成控制环境的一个基本要素。管理者的管理哲学及管理风格，包括对待经营风险的态度和控制经营风险的方法，企业为实现预算、利润和其他财务及经营目标而对管理的重视程度，对会计报表所持的态度和所采取的行动等，都会深刻地影响内部控制的成效。企业管理层的操守、管理哲学和管理风格还会直接影响下级员工的道德行为、思维方式和品行，从而对企业内部控制的效率和效果产生深远的影响。因此，内部控制结构的建立，必须考虑与员工道德水准和价值观念的承接性。

为了能使企业员工持续理解规范企业实践的内部控制机制和政策，企业管理者应书面拟订持续的、针对关键管理人员和会计人员的、具有操作性的道德规范与行为准则方案，督促他们履行企业道德惯例，从而在企业营运中按照较高的道德标准来增强员工的责任感。

企业文化是随着现代工业文明的发展，在一定的民族文化传统中逐步形成的，具有本企业特征的基本信念、价值观念、道德规范、规章制度、生活方式、人文环境以及与此相适应的思维方式、行为方式的总和。企业文化对企业经营管理产生着潜移默化的影响，也不可避免地影响着企业的内部控制。企业管理者应该注重对企业文化的培养和优化。企业在培养自身文化时，应避免一种只注重内部和短期的企业文化，而应积极塑造一种健康的文化氛围，使其与企业的战略目标保持一致。

（三）组织结构与权责分配体系

组织结构是指企业计划、协调和控制经营活动的整体框架。企业的组织结构包括以下两项内容。

（1）确定组织单位的形式和性质，包括确认相关的管理职能和报告关系。

（2）为每个组织单位内部划分责任权限制定办法。企业的组织结构通常用组织图列示，组织图应当能准确地反映授权方式和工作报告关系。企业组织结构建设的好坏直接影响企业的经营成果和内部控制效果。良好的组织必须以执行工作计划为使命，并具有清晰的职位层次顺序、流畅的意见沟通渠道和有效的协调合作体系。

但是，组织结构只是给企业的经营运作与控制提供了一个合理的框架，真正进行这些工作的主要还是企业员工。因此，企业组织设立的另一项重要任务就是权责分配。权责分配所要解决的主要是授权和分配责任问题。如果管理层明确地建立了授权和分配责任的办法，就可大大增强组织的控制意识。权责分配的办法包括：就可接受的经营实务、利益冲突和行为规范宣布书面政策，在书面工作说明书中描述特定的责任、报告关系和有关限制。

由于直接关系到个人和团队在遇到问题并解决问题时的主动性，合理的权责分配体系应该明确界定员工所享有权利的上限、企业的某些政策、关键员工需要具备的知识和经验以及企业应给予员工的资源等。

（四）预算控制

预算控制是内部控制的重要方式。一般来说，预算管理是将企业的目标及其资源配置方式以预算方式加以量化，并使之得以实现的企业内部活动或过程的总称。

在一个信息无成本、信息可观察和计算能力无限的理想企业环境中，企业最高决策者可以适时制订出最优方案并通过内部控制保证其不折不扣地得到贯彻，在这种情况下，预算的作用可能是有限的。但在现实条件下，预算之所以成为内部控制的重要方式，原因就在于在由复杂的层级结构组成的企业中，由于信息不对称而引起企业目标在各层级间的分解后或者决策权在各层级间的分享后而产生偏离。

按现行公司治理结构的规定，预算方案的拟订权在董事会，组织实施权在经理层。但在实践中，大多数企业的预算是由企业经理层组织编制，报董事会批准后实施的。由于信息不对称，董事会也不太可能对预算提出实质性意见。董事会在预算管理中职权弱化的现象十分突出，从而滋生了预算管理中的“内部人控制”现象。针对这种情况，应在董事会中设立预算管理委员会等专门机构，具体负责对预算制定和执行过程的监督。只有这样，才能使预算管理权真正掌握在董事会手中。

（五）人力资源政策和实务

企业必须雇用足够的人员并给予其足够的资源，使其能完成所分配的任务，这是建立合适控制环境的基础。除必要的工作能力之外，企业员工还应该具有一定的职业道德水准。企业员工的胜任能力和正直性在很大程度上取决于企业有关雇用、训练、待遇、业绩考评及晋升等政策和程序的合理程度。行之有效的人力资源政策对培养企业员工、提高员工素质、更好地贯彻内部控制制度能起到很大的促进作用。

二、会计系统

企业会计系统既是制定决策的一个信息来源，也是内部控制机制的第二个组成要素。针对内部控制的要求，一个有效的会计系统应能够做到以下几点。

（1）确认并记录所有真实的交易。

（2）及时、充分、详细地描述交易，以便在会计报表上对交易做适当的分类。

（3）计量交易的价值，以便在会计报表上记录其适当的货币价值。

（4）确定交易发生的期间，以便在交易记录上界定适当的会计期间。

（5）在会计报表中适当地表达交易和披露相关事项。

交易是因某经营实体与外界交换资产或劳务，以及企业内部转移或使用资产与劳务而形成的；会计系统的核心是处理交易。企业的会计系统应为每笔交易提供一个完整的审计轨迹或交易轨迹。所谓交易轨迹，是指通过编码、交叉索引和连接账户余额与原始交易数据的书面资料所提供的一连串的迹象。

保留交易轨迹对于公司管理层和利益关联方都很重要。例如，企业管理层可使用交易轨迹来答复顾客或供应商有关账户余额的询问，内部审计部门或注册会计师也可使用交易轨迹来核证和追查交易等。

三、控制程序

控制程序是由为合理保证企业目标的实现而建立的政策和程序组成的。控制程序可应用于某种交易，也可融合应用于控制环节或会计系统的组成部分。以下列举几种常见的特定控制程序。

（一）交易授权

授权制度的实质是赋予较低层次的管理者部分决策权，以加快决策的速度，同时使高层管理者有更多的精力来考虑企业的战略性问题。授权有一般授权与特别授权之分。前者是指授权处理一般性的交易，而后者则是指授权处理非常规交易事件，也可用于超过一般授权限制的常规交易。企业管理层对某项交易的授权与员工对交易的批准是不同的。

授权作为最基本的激励手段，需要同时加以约束，以防止代理人的道德风险。因此，现代企业实行的管理授权所形成的管理架构层次需要会计控制来实施协调、沟通和约束功能，财务总监要通过责任会计制度，将企业内部各部门按其功能划分为不同的责任中心，建立责、权、利统一的运行机制和监督考核机制。

（二）风险评估

环境控制和风险评估是提高企业内部控制效率的关键。企业内部控制制度不可能脱离其赖以生存的环境及企业内外部的各种风险因素。控制与风险的概念是密切相关的，正如房间的前后门，企业选择从哪道“门”进入“房间”，取决于其经营环境以及该企业怎样看待其业务和怎样界定其战略重点等。制定风险管理目标是控制过程的一个重要环节，因此，企业要在整个组织内部制定协调一致的目标，找出企业关键性的风险要素，设置关键控制点。

企业进行风险评估一般要经过风险辨别、分析、管理和控制等过程。特别要注意的是，当企业内外部环境发生变化时，风险最容易产生，因此，企业应加强对环境改变时的事务管理。

SWOT 分析法是一种常用的风险分析方法。企业按照这种方法对内分析自身的优势与劣势，长处与短处；对外分析外界的机会和威胁，考虑自己的生存机遇。企业在日常的内部控制过程中应该时时进行 SWOT 分析，以将其内部控制目标不能达成的风险降至最低。

（三）职责划分

职责划分控制程序是指对某项交易涉及的各项职责进行合理划分，使某一个人的工作能自动地检查另一个人或更多人的工作。职责划分的主要目的是预防和及时发现在执行所分配的职责时产生的错误或舞弊行为。

从控制的观点看，如果某员工在履行其职责的正常过程中可能发生错误或舞弊，并且内部控制又难以发现其舞弊，那么可以认为这些职责是不相容的。对不相容的职责必须实行职责划分，这是内部控制一项基本原则。

不相容职位相分离的常见做法有以下几种。

（1）某项交易的执行、记录以及维护、保管相关资产应该指派给不同的个人或部门。

（2）某项交易执行包括的各个步骤应该指派给不同的部门或个人。

（3）某些会计工作的职责应当划分。

（4）在计算机信息系统中，其程序设计应进行适当划分。

职责划分会影响三种认定的控制风险：第一，将资产保管与会计记录的掌管相分离可以降低盗窃的风险，因为盗窃者无法通过减少资产的记录来掩盖盗窃真相；第二，将处理现金支出交易与银行调节账户相分离可以降低不记录支票付款的风险，因为在调节过程中可发现这种风险；第三，付款凭单的批准与支票签发相分离可以降低支票书写出错的风险。

（四）信息流动与沟通

企业应按某种形式在某个时间内辨别、取得适当的信息，并加以沟通，以使员工顺利履行其职责。

信息系统不仅处理企业内部所产生的各种信息，同时也处理企业与外部的事项、活动，以及与环境等有关的信息。企业的信息系统不仅是企业控制环境建设的一个重要方面，同时也是企业内部一个重要的特定控制程序，是企业内部控制的一个组成部分。一个有效的企业信息系统，还应能保证企业内部每个人能清楚地知道其所承担的特定职责。每位员工不仅必须了解内部控制制度的有关方面，这些方面如何生效以及自己在内部控制制度中所担负的责任，一旦有非正常事项发生，除了要关注该事项外，还必须能够分析原因，并采取适当的措施。

信息沟通系统不仅要有向下的沟通渠道，还应有向上的、横向的以及对外界的沟通渠道。具体来说：首先，企业管理层要向全体员工发布有关认真履行各自控制职责的明确信息，使其了解自己在控制系统中的地位和作用；其次，企业要有一条自下而上报告重大信息的有效途径，即建立开放、畅通的信息反馈渠道，以便发现内部控制系统的薄弱环节，并及时采取相应的补救措施；最后，建立反映责任履行情况的报告系统，这对于企业实施内部控制尤其重要。

（五）内部审计与独立稽核

企业内部控制是一个过程，这个过程是通过纳入管理过程的大量制度和活动来实现的。因此，要确保内部控制制度被切实地执行，并且保证良好的执行效果，内部控制必须被监督。监督是一种随着时间的推移而评估制度执行质量的过程。监督可以通过日常的、持续的监督活动来完成，也可以通过进行个别的、单独的评估来完成，或者将两者相结合。

在内部控制的监督过程中，内部审计、独立稽核和控制自我评估发挥着重要作用。

1. 内部审计

在公司治理结构中，内部审计机构的职责除了包括审核企业会计账目外，还包括稽核、评价内部控制制度是否完善和企业内部各组织结构执行指定职能的效率，并向企业最高管理部门提出建议和报告。

内部审计既是企业内部控制的一个部分，也是监督内部控制其他环节的主要力量。内部审计的作用不仅在于监督企业经营业务是否符合内部控制程序、评价内部控制是否有效，而且还应该提出完善内部控制和纠正错弊的建议，帮助企业进行“软控制”环境的营造，成为内部控制过程设计的顾问。

2. 独立稽核

一般来讲，独立稽核是指由另一个人或部门执行的验证工作，验证所记录金额估价的正确性。内部审计就是一种典型的内部稽核。但应该指出的是，独立稽核是存在于企业管理流程的每一个环节的，并不仅限于内部审计中。

独立稽核与许多认定有关。例如，人工计算稽核发票、工资计算表及存货汇总表的正确性；比较现有资产和有关记录，包括银行存款余额调节表、零用现金盘点表及实物存货记录等；管理层复核汇总账户余额详细情况的报告，如应收账款的账龄分析表；等等。

应在什么时候采用何种方式进行独立稽核，要视具体情况而定。人工计算稽核可以每日对所有交易或选出的交易进行；相反，资产与记录的比较和管理层对报告的复核可每周、每月定期进行。一些独立的检查，如备用金的盘点，则应采用突击抽查的方式以增加检查结果的真实性。

3. 控制自我评估

控制自我评估是指由企业自身不定期或定期地对其内部控制系统进行评估，评估内部控制的有效性及其实施的效率和效果，以期能更好地达成内部控制目标。这一做法的基本特征是关注业务的过程和控制的成效，由管理部门和员工共同进行以及用结构化的方法开展评估活动。控制自我评估是为提高企业内部控制的自我意识所做的努力，这种活动经常以务虚会或研讨会的形式进行。控制自我评估的目的是使人们了解哪里存在缺陷以及可能导致的后果，然后让他们自己采取行动改变这种状况。研究表明，实施控制自我评估对于企业加强管理、提高效率、改进流程和控制风险有着积极的作用。

第五节 内部控制框架的实施

许多企业对内部控制的认识还停留在职务分离和账户核对的层面上，尚未认识到内部控制机制与现代企业制度的深刻内在联系。在不断规范公司治理结构的同时，我国企业必须建立健全有效的内部控制机制。首先要对企业内部控制原理和结构作充分了解，对内部控制有效性的标准有深入认识，在此基础上选择合适的内部控制方法。针对我国企业的一般情况，采用业务循环法实施内部控制制度是一种比较稳妥的选择。

一、内部控制系统的特征

一个有效的内部控制系统应该具有以下特征，如图 8-1 所示。

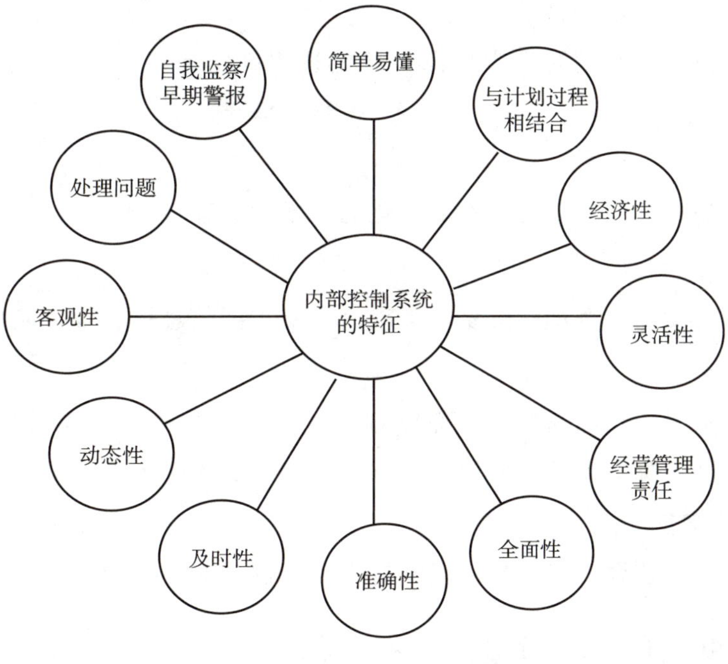

图 8-1　内部控制系统的有效性标准

（一）简单易懂

有效的内部控制系统应当由简单易懂的程序组成，任何负有控制责任的员工都能够理解控制的理由、目的及其对实现战略的贡献。

（二）与计划过程相结合

内部控制与计划过程联系得越明显和恰当，控制系统就越有效。将控制与计划联系在一起的最佳办法是在制订计划时就考虑控制问题，即在确立目标时也明确确定控制的标准，这些标准可以反映计划的实现情况。

（三）经济性

企业必须不断监控和评估控制系统，以确定管理这一系统的全部费用，企业应将费用与内部控制所创造的价值相比较。

（四）灵活性

内部控制系统应有足够的灵活性以适应变化。内部控制系统应适当地规定其不适用的情况。

（五）经营管理责任

每一种内部控制都必须有专人或专门组织负责监控和管理，这些员工或部门应该了解他们的责任。

（六）全面性

内部控制系统应反映企业的复杂性、交易的多样性和交易的范围，控制系统涉及的范围要足够宽泛，不能缺乏对非正常交易的理解。

（七）准确性

建立在不准确信息的基础上作出的决策不是好的决策。内部控制提供的信息应是准确的，否则会导致不适当的管理行动和资源浪费。

（八）及时性

内部控制系统要能根据需要随时提供信息，环境越不确定和不稳定，企业就越需要及时获得信息和经常评估。

（九）动态性

内部控制系统应当是动态的，以适应不断变化的技术和过程。

（十）客观性

内部控制系统应尽可能提供客观的信息。客观信息比主观信息更有效，能更好地指导管理。

（十一）处理问题

内部控制系统会经常发生问题和失误，原因在于技术、过程、程序和人员的变化使之绕开内部控制系统。如果内部控制系统未被恰当使用，应为企业每个层次的员工提供情况。

（十二）自我监察/早期警报

内部控制系统应能自我监察，应有自动提供警报的机制，而不依赖于人为的检查或审计。

二、内部控制框架的具体实施

根据内部控制理论框架，企业内部控制由组织结构、人员管理和业务程序三部分组成。在实践中，首先，企业要按照政策控制、流程控制和职责控制这三个层面来考虑内部控制整体框架的建设；其次，要按照先易后难的原则，从业务流程入手，在各个环节上设立互相制约的职能岗位，确定相应的关键控制点，从基础环节来改造企业的整个内部控制系统。

（一）分层次构建内部控制整体框架

从流程角度看，企业内部控制主要体现在政策控制、流程控制和职责控制这三个层面。

1. 政策控制

在政策控制层面，企业所做的工作包括以下几项。

（1）以相关的法律法规为依据，制定企业的内部控制手册。

（2）手册中明确规定公司的风险管理目标和政策。

（3）在特定业务中，设定业务防范规定，以建立特定业务的“防火墙”。

（4）对于企业业务中特定的授权、审批权限以及相应的汇报、审批流程进行详细、规范的规定，并附有流程图为参照，使业务人员在执行中严格遵循。

2. 流程控制

在流程控制层面，企业应做到以下几项。

（1）通过对业务运作流程进行分析，寻找可能给业务带来潜在损失的风险点。

（2）在风险评估报告中评估风险点存在的现状，根据其可能对企业造成的损失进行风险评估。

（3）根据评估结果，设计一定的内部控制程序，提出流程改进建议并编制相应的手册，帮助企业弥补业务中可能出现的损失。

3. 职责控制

在职责控制层面，企业应做到以下几项。

（1）通过对管理部门、业务部门和支持部门各岗位进行职责定位和分工，以明确各岗位之间相互监督、牵制和协作的关系。

（2）建立专门的风险管理和控制机构，设立专门的风险控制岗位并明确其岗位职责、分工及其与业务部门的监督和协作关系。

（3）岗位职责和分工须与该岗位的组织结构相结合，以明确具体岗位在组织结构中的地位。

（4）岗位职责手册须标明该岗位的具体工作职责、上下级关系和任职资格，以便在操作中严格遵循。

（二）业务流程环节的内部控制建设

按照先易后难的原则，企业可优先考虑从业务流程入手，从业务基础环节来改造企业的内部控制系统，主要包括构造业务循环模型、分析现有弊端、提出内部控制要点和设计内部控制文本这四个环节，如图 8-2 所示。

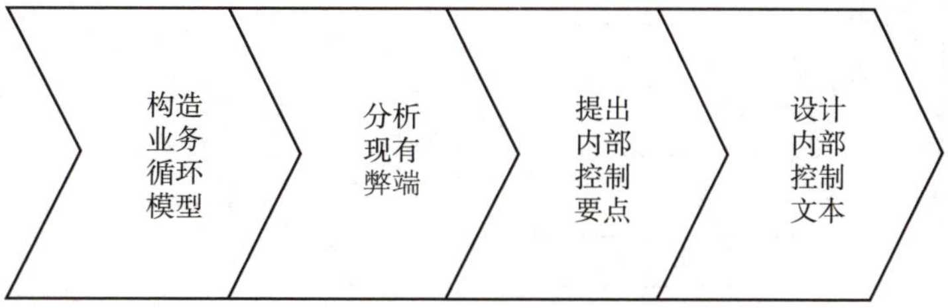

图 8-2　业务循环法改造流程

1. 构造业务循环模型

业务循环法是 20 世纪 70 年代提出和运用的了解和评价内部控制的一种方法，是指企业中密切相关的交易活动周而复始的过程。企业按照业务循环设置相应的流程图，在各个环节设立互相制约的职能岗位，确定其中的关键控制点来进行内部控制，这样可以避免按业务项目设置内部控制所产生的缺陷，且对不同业务性质的企业更具有普遍性的指导意义。

不同类型的企业，由于其业务构造和规律不同，其业务循环的划分也有所不同。通常，制造企业业务程序的内部控制存在着如下四个循环分类，如图 8-3 所示。

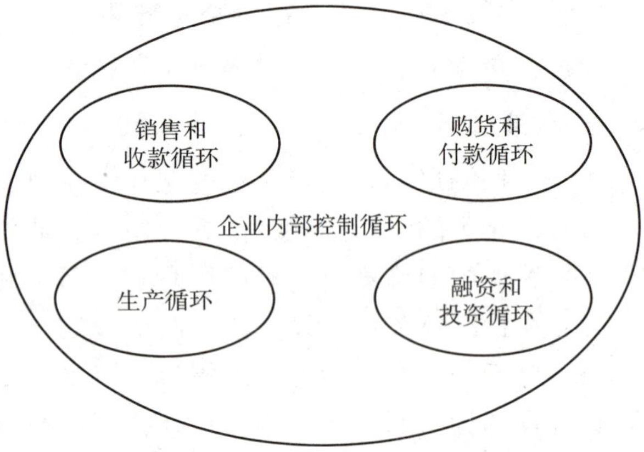

图 8-3　制造企业业务程序的内部控制循环

（1）销售和收款循环，包括向客户收受订购单、核准购货方的信用、装运商品、开具销货发票、记录收益和应收账款、记录现金收入等程序。

（2）购货和付款循环，包括购买存货、购买其他资产或劳务、发出订货单、检查所收货物和开具验收报告、记录应付销货方债务、核准付款、支付款项和记录现金支出等程序。

（3）生产循环，包括领取各种原材料及其他物料、交付生产、分摊费用、计算生产成本和核算销售成本等程序；还包括雇用和辞退员工、制定最低工资标准、核计实际工时、计算应付工薪、计算个人所得税和其他代扣款项、记录工薪卡和发放工资等程序。

（4）融资和投资循环，包括授权、核准、执行和记录有关银行贷款、融资租赁、应付公司债券和股本、短期投资与长期投资等业务事项。

企业在设计业务循环模型时，应着重考虑满足如下要求：一是反映企业经营活动全貌，符合企业经营特点；二是以价值运动为主线，以资金流为中心；三是满足审计方法的使用。

以现金流为中心、以价值运动为主线设计的业务循环模型，其构造如图 8-4 所示。

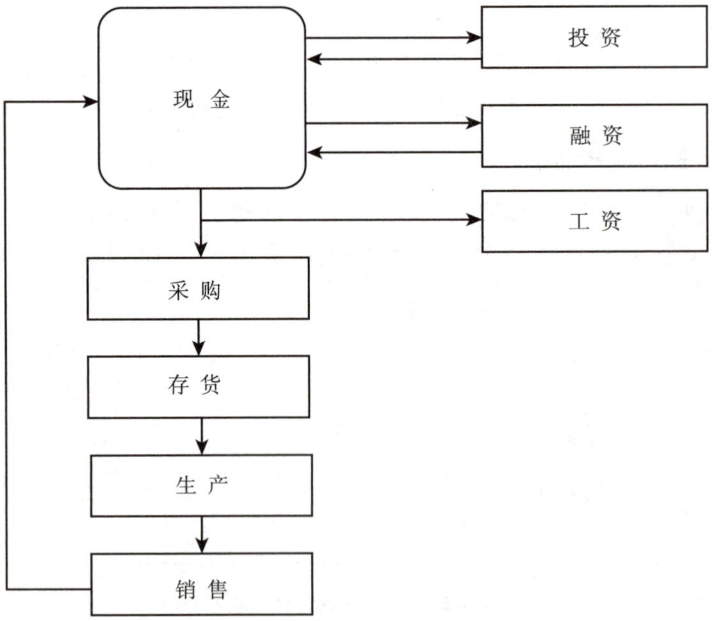

图 8-4　以现金流为中心的企业业务循环模型

在企业业务循环模型的基础上，还应对每一个业务循环再进行作业构造。例如，对销售业务可做如图 8-5 所示的作业构造。

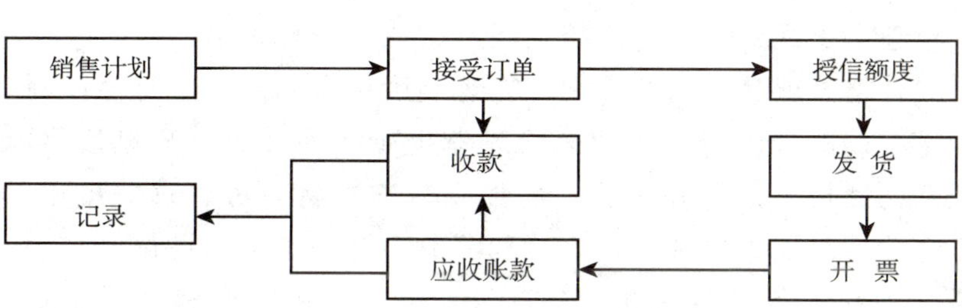

图 8-5 销售业务的作业构造

2. 分析现有弊端

在业务循环构造的基础上分析该业务在运行中可能出现的错误和弊端，这个过程实质上也就是风险评估。业务循环的风险来自记录错误、违反会计政策、欺诈和侵吞、非法交易和资产流失等。

判断业务循环常见弊端，可通过总结企业历史上该业务曾发生过的错弊教训，也可采用“合理怀疑”，即对假设不予控制可能造成损失的机会和可能出现的问题进行主观推测。例如，销售业务中常见的错弊有虚计销售收入调节利润、销售成本结转不实调节利润、结算方式选用不当造成坏账、销售费用支出失控造成成本增加以及销售凭证保管不严造成产品流失等风险。

3. 提出内部控制要点

针对现有弊端，设置相关内部控制要点要考虑以下因素。

（1）关键控制点。所谓关键控制点，是指在业务处理过程中起着重要作用的那些控制环节，如果没有这些控制环节，业务处理过程就很可能出现错误或舞弊，达不到既定目标。设置关键控制点要针对错弊的发现和纠正。例如，为保证会计记录的正确性，明细账与总账之间的核对是关键控制点；为保证银行存款余额的正确性，由非出纳员核对银行对账单就是关键控制点。

（2）补偿性控制。所谓补偿性控制，是指能替代前道控制作用的控制。通常设置补偿性控制的目的是一旦前道控制失控，可以予以补救。要根据每一类业务处理的重要程度设置数目不等的补偿性控制点，以保证内部控制运行的可靠性。

（3）成本效益分析。内部控制对防范业务活动的错弊只能起到“合理保证”的作用。合理保证就是控制成本不能超过实施控制而获得的收益，这就是成本效益原则。在这个问题上要把握以下几种情况：第一，无论采取哪种控制都应满足控制收益大于控制成本的基本要求，所有控制点的设置应达到控制收益大于控制成本；第二，当有些业务可以不断增加控制点来达到较高的控制程序时，就应考虑采用多少控制点能使控制收益减去控制成本的边际值最大；第三，当控制收益难以确定时，应考虑在满足既定控制的前提下，使控制成本最小化。

结合上述销售业务的例子，我们可以设置以下控制要点：①销售业务的职务分离（审批者、销售员、仓库保管员、收款员与会计相分离）；②销售定价控制（制定价目表并予以执行，特殊情况由专人审批）；③授信额度控制（建立客户信用评估和授信机制，审批信用额度和销售合同）；④销售发票控制（发票编号、空白发票保管、开票审核）；⑤销售费用控制（销售费用预算编制、落实责任人、专人审批、定期分析和考核）；⑥应收账款控制（分析应收账款账龄、催收应收账款、坏账预警信息反馈、销售应收和实收的定期核对）；⑦退货控制（退货审批、退货原因分析、有关责任者追究和货物验收）。

4. 设计内部控制文本

内部控制文本是指导、落实内部控制实施的文件。企业可根据其内部管理的基础和管理水平，选择采用混合格式或单独格式。

（1）单独格式。单独格式是将企业内部控制要点按业务领域单独列示。

（2）混合格式。混合格式就是将内部控制与管理制度结合起来，如与会计制度结合起来。

混合式文本将内部控制融合于企业的业务管理制度中，使业务管理制度既有业务程序又有控制程序，便于企业有关部门和员工熟悉和掌握。而独立式文本将业务管理制度中的内部控制要求分离开来单独列示，便于企业管理层、内部审计人员和注册会计师了解和评价。

企业应视其规模大小和业务复杂程度进行选择，一般中小企业和基层企业可采用混合式文本，而大型企业、集团公司及其总部可考虑采用独立式文本。

思考题

1. 内部控制制度设计应遵循哪些原则？内部控制的措施有哪些？
2. 内部控制制度设计的步骤有哪些？
3. 内部控制制度设计的程序有哪些？
4. 什么是公司治理结构？其目标是要解决什么问题？
5. 内部控制有哪些局限性？在实际工作中如何加以控制？

案例分析

1. 在历史上一次造成巨大损失的欺诈行为发生在巴林银行（一家英国银行）新加坡办事处。该办事处的交易员建立了一个完全自控的账户，隐藏了14亿美元的亏损。当巴林银行的内部审计师意识到交易员一方面控制着交易行为而另一方面又控制着对交易的记录后，管理层仍然没有采取任何行动。结果是一个交易员在一个遥远的办公室内把一家国际性著名银行搞垮。

思考：巴林银行的内部控制制度在设置上存在什么缺陷使得欺诈行为有可能发生且欺诈金额如此之大？

2. 多肯尼是一家为世界知名公司生产运动服的服装公司，其前总裁、财务总监和主计长被起诉利用会计报表进行欺诈。这些管理者编制错误的分录来记录虚假的销售，并隐瞒仓库中的存货量，造成存货已经销售的假象，同时，将实际销售订单的时间前移，提前确认销售收入。这些行为使得公司在一个季节4 000万美元的销售收入中，有2 500万美元是虚假的。

讨论：

（1）该公司的内部控制制度在设计上存在哪些缺陷从而无法防止此类欺诈行为的发生？

（2）如何阻止这类欺诈行为的发生？请你重新设计该公司的内部控制制度。

第九章

主要业务内部控制制度设计

学习目标

1. 能够掌握主要业务的内部控制关键点、控制目标、控制措施等。
2. 掌握如何进行内部控制制度设计和业务流程设计。

开篇案例

关于 A 公司出纳 B 挪用资金的司法会计鉴定报告（节选）

1. 鉴定对象简介

鉴定对象为××县××有色金属有限责任公司（以下简称为 A 公司）原出纳×××（以下简称为 B）是否挪用资金、挪用资金的方式、挪用资金的时间及挪用资金的数额。

2. 鉴定过程及鉴定方法

（1）鉴定的起止时间：2023 年 8 月 21 日至 2023 年 8 月 22 日。

（2）鉴定主要操作程序如下。

①由×××等组成 6 人鉴定小组，制订鉴定方案。

②听取相关人员介绍案情，明确鉴定目的。

③现场获取相关资料。

④收集其他相关资料。

⑤分析相关资料，得出结论。

（3）鉴定方法：首先对 A 公司所提供的中国银行户名为 B，存折号码为 360011 ××××××的存折 3 页（时间为 2022 年 12 月 31 日至 2023 年 6 月 13 日）中的入账数额进行累加，减去已入公司账的数额和短信服务费，加上利息收入，再考虑存折的期末余额和未入账尾数等因素，最后构成相关数据的勾稽关系。

3. 检材分析

（1）A 公司提供的中国银行户名为 B，存折号码为 360011××××××的存折三页（时间为 2022 年 12 月 31 日至 2023 年 6 月 13 日）中的入账数额是 2 498 939.00 元，其中 2023 年 5 月 16 日转存的 1 870.00 元属于误存，并于 2023 年 6 月 17 日如数现取，并不构成入账收入。

（2）A 公司提供的会计账簿、会计凭证、会计报表等会计资料中反映出以下内容。

①2023 年 4 月××号记账凭证入账上述收入款项计 587 327.51 元。

②2023 年 4 月××号记账凭证入账上述收入款项计 534 139.78 元。

③2023 年 5 月××号记账凭证入账上述收入款项计 98 789.00 元。

④2023 年 6 月××号记账凭证入账上述收入款项计 849 890.63 元；

⑤2023 年 7 月××号记账凭证入账上述收入款项计 203 428.65 元。

以上共计入账 2 273 575.57 元。

（3）短信服务费共计 25.00 元。

（4）利息收入 870.64 元。

（5）依据以上因素应形成以下勾稽关系：

A 公司提供的中国银行户名为 B，存折号码为 360011××××××的存折余额＝期间内相关收入入账数额－已入公司账户数额－短信服务费＋利息收入＝2 498 939.00－2 273 575.57－25.00＋870.64＝226 209.07（元）。

但存折实际余额是 1 209.07 元，两者差额＝226 209.07－1 209.07＝225 000.00（元），与 B 于 2023 年 5 月 24 日出具的 225 000.00 元欠条数额相符；从数额关系来看，与 2023 年 3 月 11 日现取 120 000.00 元、2023 年 4 月 23 日现取 25 000.00 元、2023 年 4 月 30 日现取 11 000.00 元、2023 年 5 月 6 日现取 34 000.00 元、2023 年 6 月 15 日现取 35 000.00 元之和形成了勾稽关系；并与 A 公司出具的 B 挪用具体数额及时间说明一致。

4. 鉴定结论

(1) B于2023年3月11日以现取方式挪用了A公司主营业务收入款项120 000.00元，至鉴定日期即2023年8月21日共计5个月又10天；

(2) B于2023年4月23日以现取方式挪用了A公司主营业务收入款项25 000.00元，至鉴定日期即2023年8月21日共计3个月又29天；

(3) B于2023年4月30日以现取方式挪用了A公司主营业务收入款项11 000.00元，至鉴定日期即2023年8月21日共计3个月又22天；

(4) B于2023年5月6日以现取方式挪用了A公司主营业务收入款项34 000.00元，至鉴定日期即2023年8月21日共计3个月又15天；

(5) B于2023年6月15日以现取方式挪用了A公司主营业务收入款项35 000.00元，至鉴定日期即2023年8月21日共计2个月又6天。

问题：

1. 司法会计鉴定报告、内部稽核报告、审计报告有何异同？
2. 本报告稽核的主要内容是什么？内部稽核与外部审计有何关系？

第一节 货币资金业务内部控制制度设计

货币资金是流动性最强的资产，很容易招致非法挪用和侵吞等违法犯罪行为的发生。因此，无论是投资者、债权人还是企业管理当局，都非常关心、重视对货币资金的管理。企业根据自身经营管理特点进行货币资金监控与核算办法的设计，加强对货币资金的管理、核算与监控，对保证货币资金安全与有效使用，促进生产经营活动的正常进行，进而实现企业经营目标具有重要意义。货币资金业务内部控制制度的设计是企业内部控制制度设计的关键环节之一。

一、货币资金业务内部控制的目标和设计原则

(一) 货币资金业务内部控制的目标

货币资金业务内部控制的目标有以下几项。

(1) 保证货币资金业务会计核算资料的准确性和可靠性。

(2) 保证货币资金的安全性和完整性。

(3) 保证货币资金业务的合规性和合法性。

(4) 保证货币资金结算的及时性和准确性。

(二) 货币资金业务内部控制制度的设计原则

设计企业货币资金业务内部控制制度时，应遵循下列六项基本原则。

1. 钱账分管原则

钱账分管是指按办理货币资金业务的不相容职务相分离的要求，将经管货币资金业务的人员与

记录货币资金业务的人员进行岗位分工和职务分离，相关机构和人员相互制约，确保其安全。根据钱账分管原则，对货币资金业务的内部控制应满足如下要求。

（1）确保办理货币资金业务的不相容岗位相互分离、制约和监督。出纳人员不得兼任稽核，会计档案的保管，总账及收入、费用、债权债务明细账的登记工作；同时，负责稽核，会计档案的保管，总账及收入、费用、债权债务明细账登记的工作人员不得兼任出纳工作。因此，货币资金业务的执行职务应该与货币资金业务的记录职务相分离，货币资金的保管职务应该与货币资金的记录职务相分离，银行存款的对账职务应该与现金日记账、银行存款日记账和应收应付款项明细账的记账职务相分离。

（2）会计人员与出纳人员的分工要明确。

（3）保管支票的人员不能同时负责现金日记账的登账工作和银行存款日记账的对账工作。

（4）货币资金支出审批人员的职责应与出纳人员、支票保管人员和记账人员的职责分离。

2. 严格授权批准原则

授权包括一般授权和特殊授权：一般授权是指授予相关人员处理正常范围内经济业务的权限；特殊授权是指授予相关人员处理超出一般授权范围的特殊业务的权限。确定一般授权范围时，应同时考虑效率和风险，范围过大会造成局部权力过大，潜在风险大；范围过小则会使授权名存实亡。根据严格授权批准原则，对货币资金业务的内部控制应满足如下要求。

（1）未经授权的机构和人员，不得直接接触货币资金。

（2）严禁一人保管支付款项所需的票据和印章等。

3. 业务分开原则

不得由一人办理货币资金业务的全过程。根据业务分开原则，对货币资金业务的内部控制应满足如下要求。

（1）应按照规定的程序办理货币资金支付业务，包括支付申请、支付审批、支付复核和办理支付。

（2）将现金支出业务和现金收入业务分开进行处理，防止将现金收入直接用于现金支出的“坐支”行为。

4. 内部稽核原则

企业应该设置内部稽核部门和人员，建立内部稽核制度，以加强对货币资金管理的监督，及时发现货币资金管理中存在的问题，及时改进对货币资金的管理与控制。

5. 钱证一致原则

企业应该利用发票和收据编号的连续性，核对收到的货币资金是否与发票和收据的金额一致，并确保收到的货币资金全部入账。对发票、收据必须加强印制和收、发、存的日常管理，且必须事先连续编号。因此，应在内部稽核部门设计一个岗位或指定专人负责对存根联和记账联做定期或不定期的抽查核对，及时发现其中的错弊，防止货币资金的浪费和流失。

6. 定期轮岗原则

企业应该对涉及货币资金管理和控制的业务人员实行定期轮换岗位。通过轮换岗位，减少货币资金管理和控制中产生舞弊的可能性，并及时发现有关人员的错弊行为。

二、货币资金业务内部控制的控制要点

为了实现企业货币资金业务的内部控制目标，必须加强企业货币资金内部控制的制度建设和程序控制等。其内部控制的要点主要包括以下内容。

(1) 实行钱账分管。出纳人员不得兼任稽核，会计档案的保管，总账及收入、费用、债权债务明细账的登记工作。

(2) 对于货币资金的收付，应及时逐日逐笔记入明细账，不得拖延。

(3) 各种货币资金的收入都应由出纳部门或出纳人员集中办理；除特殊情况（如发生在外地的收付或事先取得会计部门、出纳人员的同意并授权）以外，任何部门和人员均不得擅自出具收款凭证或用白条收取款项。

(4) 一切货币资金收入必须入账，不得将出售残料、废料，罚款、赔款收入等进行账外记录。

(5) 收入的现金应及时送存银行。当天来不及存入银行的现金和支票应集中存放于保险箱，并于次日或收入现金的下一工作日送存银行。

(6) 定期核对银行存款日记账余额和银行对账单余额，并由出纳以外的第三人编制银行存款余额调节表；如发现问题，应及时报告有关负责人，以便调查并作出相关处理。

(7) 出纳人员应在每日终了时结算出当天的现金收入合计数、支出合计数和账面结存数。

(8) 出纳人员应在每日终了时清点库存现金并核对账实，主管部门应对其进行不定期检查。

(9) 货币资金的收支凭证应与原始凭证核对相符。

(10) 严格支票的管理。未启用的支票应由专人保管，签发支票和加盖印章应由两人以上分工完成，作废支票应与存根一起妥善保存于支票簿内。

(11) 出纳人员收付款后，应及时在收付款凭证上加盖“收讫”或“付讫”戳记，并立即凭收付款凭证登记日记账。

(12) 出纳人员收付款时，必须以经审核、手续完备的正式凭证为依据。自制收付款凭证必须连续编号。

(13) 凡是巨额的现金支出，必须经有关主管人员审核、签章。

(14) 空白支票（签章齐全而未填金额的支票）应严格限制于转账支票，并在支票上注明收款单位名称、用途、项目、签发日期和限额。

(15) 工资业务是货币资金业务的重要组成部分，也是企业内部会计控制的关键点之一。企业工资业务的内部会计控制要点包括：①考勤、工资结算、提现和记账职务应分离；②建立健全考勤制度，职工病事假等缺勤要有有关方面开具的证明；③建立健全工时记录和产量记录，加强产品质量检验，正确计算完工产品数量，制定科学、合理的定额工时；④严格按国家或企业的工资标准计发工资；⑤按规定及时办理职工的各种代扣款项，防止挤占企业的生产经营资金；⑥根据有关部门的证明，及时办理职工调入、调离或退休手续，并调整相应的工资费用；⑦以国家有关工资政策和主管部门（或机构、人员）的审批文件为准，及时办理职工转正、定级和升级手续，并调整相应的工资费用；⑧仔细复核、检查每期的工资单（或工资汇总表），以防虚计工资总额；⑨出纳部门的工资提现凭证必须由会计部门主管审核批准；⑩工资的发放必须由收款人签收。签收的工资单副本应交回会计部门妥善保管，对超过工资发放期限而尚未领取工资的现金应立即存入银行，不得挪用。

三、货币资金内部控制制度处理程序的设计

（一）现金内部控制制度处理程序的设计

1. 明确控制目标

现金内部控制的目标主要有以下几项。

（1）保证现金收支的合法、合理。

（2）保证库存现金的安全、完整。

（3）保证现金收支核算记录的及时、可靠。

2. 制定控制流程

结合现金收支和核算程序，制定其控制流程如下。

（1）规定授予权限。企业管理部门或业务部门规定或指派业务人员办理有关现金结算的经济业务；对于大宗或特殊现金收支业务，主管部门负责人应做专门批示。

（2）及时填制或取得原始凭证，并由有关人员签字或盖章，作为收付现金的书面证明。

（3）审核原始凭证。会计部门收到有关现金收支业务的原始凭证后，由会计主管人员或指定的分管会计负责审核。对于不符合规定的凭证，可拒不受理或责成经办人员补办手续。

（4）编制记账凭证。分管会计根据审核后的原始凭证填制收款凭证或付款凭证，签章后通知办理现金收支事项。

（5）收付现金。出纳人员复核收付记账凭证及原始凭证，按凭证上所列金额收付现金，并在凭证上加盖“收讫”或“付讫”戳记。

（6）复核记账凭证。稽核人员或指定人员审查收款凭证及付款凭证，审查合格后签章传递。

（7）登记账簿。出纳人员根据经过复核的收付记账凭证，登记库存现金日记账；分管会计人员根据审核、签章合格的收付记账凭证，登记相关明细账；总账会计编制总账记账凭证，经复核后登记总分类账“库存现金”科目。

（8）盘点现金。出纳人员每日营业结束后，结出库存现金日记账的收支和结余额，清点库存现金实有数，相互核对。

（9）送存银行。对于超过库存限额的现金，由出纳人员登记现金送存簿后，及时送存银行并收取现金送存回单。

（10）清查库存。定期或不定期由清查小组盘点库存现金并与库存现金日记账余额进行核对。根据清查结果编制现金盘点报告单，填列账存与实存的符合情况。

3. 确定控制点及控制措施

在上述控制流程中，主要应设置下列控制点及控制措施。

（1）授权批准。业务经办人员办理现金收支业务，须得到一般授权或特殊授权。经办人员须在反映经济业务的原始凭证上签章，经办部门负责人审核原始凭证并签字、盖章。授权批准可以保证现金收支业务按照授权进行，增强经办人员和负责人员的责任感，保证现金收付的真实性和合法性，避免乱收乱支、假收假支及现金舞弊等问题的发生。

（2）审核。会计主管人员或其指定人员审查现金收支原始凭证，主要审核原始凭证反映的现金收支业务是否真实、合法，原始凭证的填制是否符合规定；审核无误后，经签章、批准方可登记现金收付记账凭证。审核原始凭证可以保证现金收支凭证的真实、合法，提供正确的现金支付和核算

依据，保证出纳人员支付现金的正确、合法。

（3）收付。出纳人员复核现金收支记账凭证及所附原始凭证，按照凭证所列数额收付现金并在凭证上加盖“收讫”或“付讫”戳记及私章。为了加强现金收付控制，必须建立严格的出纳责任制，对不相容职务进行分离，主要是：出纳人员必须根据经过审签的记账凭证收支现金，而不能直接根据原始凭证办理现金结算；出纳人员不能编制收付记账凭证，不能兼管收入、费用、债权或债务账簿的登记工作、稽核工作和会计档案保管工作；现金支票和印鉴不能全部由出纳人员保管；非出纳人员不能兼职现金管理工作等。加强现金收付控制是保证现金实物安全、完整的主要环节，对于明确现金收付责任，防止贪污、挪用、私存现金以及重付、漏收现金等现象的发生具有重要作用。

（4）复核。稽核员复核现金收支记账凭证及所附原始凭证并签字、盖章。复核记账凭证可以保证现金收支业务的正确性和会计核算的真实性，防止记账失实并及时纠正收付错误。

（5）分工记账。出纳人员根据现金收付记账凭证登记库存现金日记账，分管会计人员根据收付凭证登记“现金”对应会计科目的相关明细账，总账会计登记总分类账。分工登记库存现金账可以保证现金收支业务有据可查，并保证各账目之间相互制约，及时提供准确的现金核算信息。

（6）清点。出纳人员每日清点库存现金，并与日记账余额进行核对，发现现金短缺或溢余应及时查明原因，报经审批后予以处理。每天清点现金能够防止现金丢失和收支记账发生差错，保持账实相符。

库存现金的盘点制度包括：①每日营业终了，出纳人员必须结出现金日记账余额并实地盘点库存现金，将现金日记账余额与实地盘点结果相核对；②专门的财产清查人员进行定期与不定期相结合的复核和检查性盘点。

（7）清查。由财务部门主管、审计人员和稽核人员组成清查小组，定期或不定期清查库存现金，核对库存现金日记账。清查时，需有出纳人员在场，核对账实；根据清查结果编制“现金盘点报告表”（见表 9-1）；账实不符须报批准后予以调整处理。通过清查，有利于加强对出纳工作的监督，防止贪污、盗窃和挪用现金等非法问题的发生。

表 9-1　库存现金清查盘点报告表

年　　月　　日

实存金额	账存金额	对比结果		处理结论
		盘盈	盘亏	

负责人：　　　　盘点人：　　　　出纳员：

在现金内部控制系统各控制点中，授权批准、审核和清查最为重要，是现金控制系统中的关键控制点。

（二）银行存款内部控制制度处理程序的设计

企业按照银行开户办法的规定，申请开设银行账户，企业发生的各项结算款项，除允许用现金结算方式直接以现金收付外，其余款项必须通过银行划拨转账。因此，必须加强对银行存款的管理与控制。

1. 明确控制目标

银行存款内部控制的目标主要有以下几项。

（1）保证银行存款收付的合法。

（2）保证银行存款的安全、完整。

（3）保证银行存款核算记录的真实、可靠。

2. 制定控制流程

由于银行存款结算方式的不同，其收支流程和业务环节也有差别。根据银行存款的主要业务环节，可制定如下控制流程。

（1）授权经办业务。业务部门负责人根据企业的规定和业务需要，授权业务人员办理涉及银行存款收支的经济业务或收付往来账款事项。

（2）签订结算协议。经办人员办理经济业务，应与对方商定收付款结算方式和结算时间等，以合同或协议方式加以明确。

（3）填制或取得原始凭证。业务经办人员按照财务会计制度的规定。填制或取得原始凭证，作为办理银行存款收付业务的书面凭证，如购货发票、销货发票等。

（4）审核原始凭证。会计主管或指定人员审核原始凭证及其反映的经济业务，批准办理银行存款收支结算，对于不合规定的凭证应拒绝受理或责成经办人员补正手续。

（5）填制或取得结算凭证并办理结算业务。出纳人员根据已审签的原始凭证，按照规定的手续和结算方式填制或取得银行存款结算凭证，如办理货款托收需填制托收承付结算凭证、办理货款承付需取得银行承付通知单等。出纳人员送交或留存结算凭证及有关记录，向银行办理存款收付业务。

（6）审核结算凭证。会计主管人员或指定人员审核结算凭证回联，并与原始凭证相核对。

（7）编制记账凭证。会计人员根据审签的结算凭证、原始凭证，编制银行存款收付记账凭证。

（8）复核记账凭证。稽核人员或指定人员复核记账凭证及所附结算凭证和原始凭证。

（9）登记账簿。出纳人员根据审签的记账凭证，逐笔登记银行存款日记账；分管会计人员根据审签的记账凭证，登记相应的明细分类账；总账会计按照规定的核算形式登记总分类账。

（10）核对账单并编制调节表。由非出纳人员逐笔核对银行存款日记账和银行对账单，查清未达账项，编制银行存款余额调节表。

（11）账账核对。由非记账人员核对银行存款日记账、有关明细账和总分类账，如发现不符要报经批准后予以处理。

3. 确定控制点及控制措施

在上述控制流程中，主要应确定如下控制环节和控制措施。

（1）审批。业务部门批准的业务人员办理有关银行存款事项或经办有关业务，需核实原始凭证的内容并签章，交业务部门负责人审核并签章；超出业务部门权限规定的银行存款收支业务，须报上级主管部门审批并签章。审批银行存款收支业务可以保证业务办理的正确性和合法性，加强经办人员的责任感，避免违纪违规情况的发生。

（2）审核。会计主管人员或指定人员审核原始凭证和结算凭证，签章同意办理银行存款结算。审核原始凭证可以检查经济业务是否合理、合法，保证银行存款结算正确、有效；审核结算凭证可以检查银行存款结算是否正确，保证存款安全和核算正确。

（3）结算。出纳人员根据审签的凭证或按照授权办理银行存款收付业务；出纳人员在办理结算前，应复核原始凭证及有关合同文本，按不同的结算方式填制结算凭证或取得结算凭证；结算凭证应加盖财务专用章和出纳人员私章；财务专用章、签发支票的印鉴和财务负责人印鉴应由主管会计和出纳人员分别保管；转账支票和结算凭证必须按编号顺序连续使用；作废的转账支票应加盖“作废”戳记；收付款项后应在凭证上加盖“收讫”或“付讫”戳记；非出纳人员不得经管银行存款业务。按此办理银行存款结算能够有效地监督银行存款收付工作，防止套取存款、出借账户和转让支票等弊端的发生。

（4）复核。稽核人员审核银行存款收付记账凭证是否附有原始凭证及结算凭证、结算金额是否一致、记账科目是否正确、有关人员是否签章等，审核无误后签字并盖章。复核记账凭证可以发现银行存款收付中的错误和记账凭证编制差错，保证银行存款的正确核算。

（5）记账。出纳人员根据银行存款收付记账凭证登记银行存款日记账，会计人员根据收付凭证登记相关明细账，总账会计登记总分类账“银行存款”科目，各记账人员在记账凭证上签章。登记银行存款日记账可以保证银行存款收支业务的可查性，防止或发现结算弊端，及时提供可靠的银行存款核算信息。

（6）核对。稽核人员或其他非记账人员核对银行存款日记账、有关明细账和总分类账；如有误差，报经批准后予以处理；核对人员应签字并盖章。核对银行存款账簿可以及时发现银行存款核算中的错误及记账失误，保证账账相符和记录正确。

（7）对账。由非出纳人员逐笔核对银行存款日记账和银行对账单并编制银行存款余额调节表，调整未达账项。核对对账单可以及时发现企业或银行的记账错误，防止发生违法行为，保证银行存款的真实和货款结算的及时。

在以上控制环节中，审批、审核和对账至关重要，是银行存款控制系统中的关键控制点。

（三）备用金内部控制处理程序的设计

备用金是指财会部门按企业有关制度的规定，拨付所属报账单位和企业内部有关业务与职能管理部门，用于零售找零、收购零星商品物资或日常业务零星开支的备用现金。

1. 备用金内部控制设计的内容

（1）设置批准制度。对哪些部门、业务实施备用金管理，应建立一套规范的申请、批准制度。

（2）定额管理制度。对批准使用备用金的部门，必须根据需要事先核定一个科学、合理的备用金定额。

（3）日常管理责任制度。备用金必须指定专人管理，并明确管理人员必须执行的现金管理制度、按规定的适用范围和开支权限使用、接受财会部门的管理及定期报账等各项责任制度。

（4）清查盘点制度。财会部门必须对备用金建立定期与不定期相结合的清查盘点，防止挪用或滥用，保证备用金的安全、完整。

（5）审查入账制度。对备用金使用部门报销的所有票据，财会部门都要像对其他原始凭证一样，进行严格的审核后才能付款、记账。

2. 备用金核算方法的设计

（1）财会部门的“备用金”核算账户。企业的备用金在财会部门是通过“其他应收款——××部门备用金”账户，或单独设置“备用金”账户进行核算的。备用金使用部门领用备用金时记入借方，财务部门收回备用金时记入贷方。本账户的余额表示核定的备用金定额。平时，备用金使用部门报账时不通过本账户核算。

（2）使用部门的收支登记办法。备用金使用部门必须对支付备用金的所有原始凭证顺序编号，与库存现金一起妥善保管，并设立现金日记账，按原始凭证号码顺序逐笔反映备用金的收支情况。

（四）货币资金收支业务流程的设计

企业因经营特点和业务性质等的不同，货币资金业务的处理流程也不同，这里主要介绍几种常见的货币资金业务处理流程设计。

1. 出纳部门收现业务程序的设计

企业收取租金、押金、罚金、赔款和零星销售款等现金收入业务，可按开票、收款、记账三分离的原则，由出纳部门直接收取现金并按下列流程办理。

（1）由业务部门开出一式二联收款通知，经本部门负责人审核后交出纳部门。

（2）由出纳人员根据收款通知收取现金，编制一式三联的收据（或发票），其中，一联给客户，一联留存，一联用作记账，随同收款通知在登记库存现金日记账后送交财会部门登账。

（3）定期将收款通知单、库存现金日记账和相关明细账进行核对，以便发现是否有多收、少收或登账错误等问题。

2. 零星费用借款与核销程序的设计

零星业务报销付现流程主要适用于办理因出差、医疗、招待及日常零星支出等费用报销而支付现金的业务。该业务流程包括借款和核销两部分。

（1）业务经办人员根据实际需要填制借款单，经本部门签字同意后，送交总经理签字审批。

（2）经总经理审批同意后的借款单送交财会部门，并由会计主管签字审核。

（3）经会计主管签字审核后的借款单送交出纳人员，并根据审批的借款单付款。

（4）业务经办人员根据原始凭证（如车船票、住宿费发票和招待费发票等）填制报销凭证，经本部门主管审核后送交财会部门。

（5）经会计人员复核，交会计主管审核后送交总经理审批。

（6）经总经理审批后，送交出纳人员核销原有借款。报销金额大于借款金额的，差额支付给经办人员；报销金额小于借款金额的，差额由经办人员返还财会部门，以便核销其借款。

（7）出纳人员办理完报销或核销手续后，将报销凭证移交会计人员填制记账凭证。

（8）出纳人员根据记账凭证登记现金日记账或银行存款日记账。

3. 支票付款签发程序的设计

支票付款流程用于办理采用支票付款结算的业务，其业务流程如图 9-1 所示。

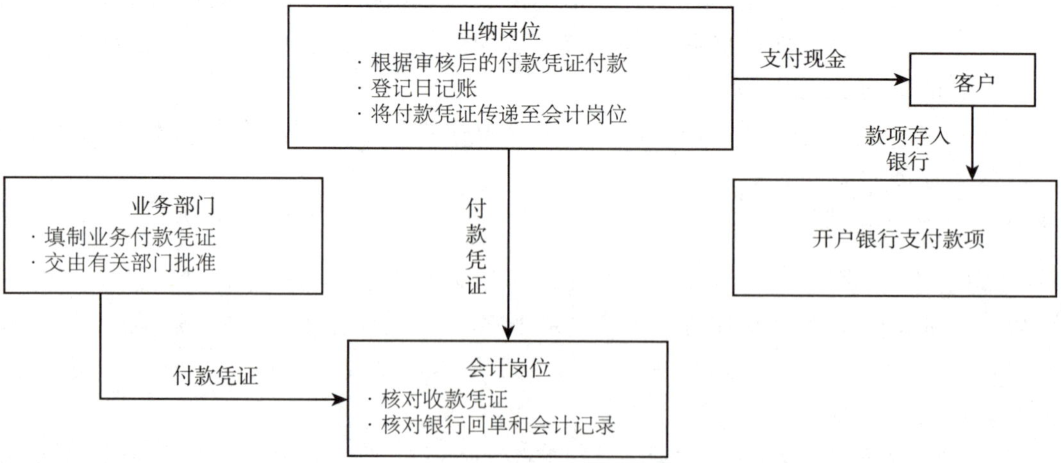

图 9-1　货币资金支出的控制程序

（1）业务部门将外单位收款通知或自制付款凭证经本部门负责人审核后，送交财会部门。

（2）经会计人员审核，交会计主管复核同意后，交出纳人员办理付款。

（3）出纳人员签发支票，送交相关会计人员审核、签章，再交会计主管复核、签章，并在支票登记簿上做好备查记录。

（4）出纳人员和会计人员根据支票回执分别登记银行存款日记账和其他有关账簿。

（五）货币资金内部报告设计

货币资金内部报告也称日常报告，是为管理当日企业货币资金的流动与结存情况，以便有效地调度货币资金而编制的。因此，货币资金内部报告的核心是如何使企业管理当局及时了解货币资金在本期的增加减少和期末结存情况，其项目设置应一目了然，具有严密的勾稽关系，编制方法应简便易行。企业货币资金内部报告的设计应全面反映各项货币资金的增减变动及结存情况，同时应尽可能详细地披露来源渠道和用途。设计时应突出以下四点。

（1）本日结存货币资金，并使连续时间的各表之间具有勾稽关系。

（2）表明货币资金存在的具体形式。

（3）披露其来源渠道和用途。

（4）能够反映明日可实际动用的最大额度。

一般在每日营业终了，由出纳人员负责编制“货币资金变动情况表”，其一般格式见表 9-2。

表 9-2　货币资金变动情况表

编制单位：　　　　　　　　　年　　月　　日　　　　　　　　　单位：元

项目	银行存款				其他货币资金			合计
	库存现金	账户	账户	……	银行汇票	银行本票	……	
一、上日账面余额								
本日增加额								
其中：营业收入								
融资收入								
账款回收								
其他收入								
本日减少额								
其中：营业支出								
偿还贷款								
归还投资								
投资支出								
内部借款								
其他支出								
二、本日账面余额								
未记账增加数								
未记账减少数								
三、本日实际数								
备注								

（六）货币资金监督检查制度的设计

企业为了明确监督检查机构或人员的职责权限，规范货币资金的用途和使用范围，杜绝营私舞弊和贪污行为的发生，应建立货币资金业务的监督检查制度，定期和不定期地进行检查。

货币资金监督检查的内容主要包括以下几点。

（1）相关岗位及人员的设置情况，重点检查是否存在不相容职务混岗的现象。

（2）授权审批制度的执行情况，重点检查货币资金支出的授权审批手续是否健全，是否存在越权审批行为。

（3）支付款项印章的保管情况，重点检查是否存在办理付款业务所需全部印章交由一人保管的现象。

（4）票据保管情况，重点检查票据的购买、领用和保管手续是否健全，票据保管是否存在漏洞等。

对监督检查中发现的薄弱环节或缺陷，企业应及时采取措施加以纠正和完善。

第二节 采购业务内部控制制度设计

在企业生产经营过程中，采购业务是企业取得外购材料、商品或劳务并支付价款的过程，是生产经营中的重要环节。采购业务与存货管理、生产、销售等活动紧密相关，业务发生频繁、交易金额大、运行环节多，容易产生管理漏洞。因此，采购业务处理程序及其内部控制制度的设计对于规范采购业务的处理、加强采购过程的成本核算与管理、防范错误和舞弊有着十分重要的意义。

一、采购业务的内部控制目标

为确保采购业务的合法、合规、有序、高效，采购业务的内部控制应实现如下目标。

（一）保证采购业务的合法、合规

采购业务必须符合国家法律法规和企业内部各项规章制度的要求，有效预防差错和舞弊行为的发生。

（二）保证采购业务中相关资产的安全、完整

要保证企业所购货物安全、完整、保质、保量地运达企业，保证应付账款的真实性和货款支付的严密性。

（三）保证采购业务的合理性

采购必须适应企业生产、销售和管理的需要，既要避免重复采购、盲目采购，也要避免发生采购不及时等情况而影响生产经营的正常进行。

（四）提高采购业务的效益性

在满足需要的前提下，尽量降低采购成本，减少采购资金的占用和采购环节的损失。

二、采购业务内部控制的要点和控制环节

（一）采购业务内部控制的要点

企业采购业务的内部控制要点包括以下几项。

（1）明确审批人对采购业务的授权批准方式、权限、程序、责任和相关控制措施，审批人应当在授权范围内进行审批，不得越权审批。

（2）规定经办人办理采购业务的职责范围和工作要求，经办人应当在职权范围内按照审批人的批准意见办理采购与付款业务。经办人有权拒绝办理，并及时向审批人的上级授权部门报告。

（3）对于重要和技术性很强的采购业务，应当实行集体决策和审批，必要时组织专家论证，防止出现决策失误而造成严重损失。

（4）除小额零星采购外，采购业务通常要经过请购、订货、验收、付款程序；重大采购业务必须在订货前报经有关部门或人员审批。物资的请购、订购、验收、付款和记账必须由不同的人员担任，并在各环节设置相关的记录，添置相应的凭证，建立完整的采购登记制度，加强请购手续、采购订单（合同）、验收证明、入库凭证、采购发票等文件和凭证的相互核对工作，严禁未经授权的机构和人员办理采购和付款业务。

（5）采购人员只能在批准的采购计划内进行采购，不得擅自改变采购的内容，严禁未经授权的机构和人员办理采购和付款业务。

（6）企业采购部门应尽可能与供货单位签订采购合同并按合同组织采购，会计部门应参加合同的签订工作，收货部门应严格按合同规定的品种、规格、数量和质量进行验收。

（7）财会部门只有在发票（或验收单）与采购合同核对相符、填制无误且凭证齐全后，才能付款；如有部分退货，应将其从发票金额中扣除后付款。

（8）除属于国家规定的现金结算范围内的支出可用现金支付外，其他支出必须通过银行转账结算。

（9）财会部门必须严格审核发票以外的各项采购费用和损失（如雇人看管费、装卸搬运费和在途损耗等），确保其合理、合规。

（10）物资存储量应以保证生产经营需要和节约使用资金为原则。

（11）定期进行应付账款的总账与其明细账的核对。

（二）采购业务的关键控制环节

采购业务主要包括编制需求计划和采购计划、请购、签订供销合约、外购物资验收入库和货款结算几个关键控制环节，它们分别由供应部门、保管部门和财会部门负责。每个关键控制环节彼此既相互独立又相互联系、相互制约，每一个环节都需要履行一系列必要的手续并严格贯彻内部控制制度的要求。

1. 编制需求计划和采购计划环节

采购业务从计划（或预算）开始，包括需求计划和采购计划。对于材料物资的正常需要，应严格按企业的材料物资采购预算或采购供应计划进行，一般由需求部门根据生产经营需要向采购部门提出物资需求计划，供应部门应会同其他业务部门和财会部门事先制定材料物资采购预算（或采购供应计划）；财会部门着重根据有关材料物资的增减变动情况和货币资金的调度计划进行必要的审核。

该环节的主要风险是：需求或采购计划不合理，不按实际需求安排采购或随意超计划采购，甚至与企业生产经营计划不协调等。

该环节的主要控制措施如下。

（1）生产、经营等部门应按照实际需求准确、及时地编制需求计划。需求部门提出需求计划时，不能指定或变相指定供应商。

（2）根据企业发展目标的实际需要，结合库存和在途情况，科学安排采购计划，防止采购过量或不足。

（3）采购计划应纳入预算管理。材料物资采购预算（或采购供应计划）应报企业预算管理委员会或企业领导批准后执行。

(4) 凡属于企业材料物资的临时（或超计划）需要，应由使用部门根据生产计划和使用需要（或由物资管理部门根据库存情况）填制“请购单”（一式二联，其中一联经主管领导审批后送供应部门，另一联留存），提出申请，并由供应部门会同财会部门进行协调，适当追加采购计划。

2. 请购环节

请购是指企业生产经营部门根据采购计划和实际需要提出的采购申请。该环节的主要风险是：缺乏采购申请制度，请购未经适当审批或超越授权审批，可能导致采购物资过量或不足，影响企业的正常生产经营。

该环节的主要控制措施如下。

(1) 建立采购申请制度，依据购买物资或接受劳务的类型，确定归口管理部门，授予相应的请购权，明确相关部门或人员的职责权限及相应的请购程序。企业可以根据实际需要设置专门的请购部门，对需求部门的采购需求进行审核，并进行归类汇总，统筹安排企业的采购计划。

(2) 具有请购权的部门对于预算内的采购项目，应当严格按照预算执行进度办理请购手续，并根据市场变化提出合理的采购申请。对于超预算或预算外采购项目，应先履行预算调整程序，由具备相应审批权限的部门或人员审批后，再行办理请购手续。

(3) 具备相应权限的部门或人员审批采购申请时，应重点关注采购申请的内容是否准确、完整，是否符合生产经营的需要，是否符合采购计划，是否在采购预算范围内等。对不符合规定的采购申请，应要求请购部门调整请购内容或拒绝批准。

3. 签订供销合约环节

在该环节，供应部门应根据企业的材料采购计划（或临时需要）选择供应商，确定采购渠道和采购价格，并与供货单位签订采购合同。这是企业采购业务流程中非常重要的环节。该环节的主要风险是：供应商选择不当，可能导致采购物资质次价高，甚至出现采购人员收受贿赂等舞弊行为；采购定价机制不科学，采购定价机制选择不当，缺乏对重要物资品种、价格的跟踪监控，导致采购价格不合理，可能造成企业资金损失；框架协议签订不当，可能导致物资采购不顺畅；未经授权对外订立采购合同，合同对方主体资格、履约能力等未达要求、合同内容存在重大疏漏和欺诈，可能导致企业合法权益受到侵害；等等。

该环节的主要控制措施如下。

(1) 建立科学的供应商评估和准入制度，对供应商资质和信誉情况的真实性和合法性进行审查，确定合格的供应商清单，健全企业统一的供应商网络。企业新增供应商的市场准入、供应商新增服务关系以及调整供应商物资目录，都要由采购部门根据需求提出申请，并按规定的权限和程序审核、批准后，纳入供应商网络。

(2) 采购部门应当按照公平、公正和竞争的原则，择优确定供应商，在切实防范舞弊风险的基础上，与供应商签订质量保证协议。

(3) 建立供应商管理信息系统和供应商淘汰制度，对供应商提供物资或劳务的质量、价格、交货及时性、供货条件及其资信、经营状况等进行实时管理和考核评价，根据考核评价结果，提出供应商淘汰和更换名单，经审批后对供应商进行合理的选择和调整，并在供应商管理系统中做相应记录。

(4) 健全采购定价机制，采取协议采购、招标采购、询比价采购、动态竞价采购等多种方式，科学、合理地确定采购价格。对标准化程度高、需求计划强、价格相对稳定的物资，通过招标、联合谈判等公开竞争方式签订框架协议。

(5) 采购部门应当定期研究大宗通用重要物资的成本构成与市场价格的变动趋势，确定重要物资品种的采购执行价格或参考价格。建立采购价格数据库，定期开展重要物资的市场供求形势及价格走势商情分析并加以合理利用。

（6）对已签订框架协议的供应商的主体资格、信用状况等进行风险评估；框架协议的签订应引入竞争制度，确保供应商具备履约能力。

（7）根据确定的供应商、采购方式、采购价格等拟订采购合同，准确描述合同条款，明确双方的权利、义务和违约责任，按照规定签署采购合同。对于影响重大、涉及较强专业技术或法律关系复杂的合同，应当组织法律、技术、财会等专业人员参与谈判，必要时可聘请外部专家参与相关工作。

（8）对重要物资验收量与合同量之间允许的差异，应当作出统一规定。

4. 货物验收入库环节

货物验收入库环节的基本程序和手续视货物交接方式的不同而有所不同。下面分别就发货制、送货制和提货制三种情况予以说明。

（1）发货制。它是由供货单位通过运输机构将货物发送给采购企业的货物交接方式。其基本程序为：供货单位按合同规定发货，交由运输机构（铁路、航运、航空和公路等）将货物运送到合同约定的交货地点；承运机构将货物运抵指定地点后，通知采购企业提货；采购企业的供应部门会同运输部门将货物从指定地点提出，运交本企业的仓储保管部门；企业的保管部门对货物进行验收，入库保管。

企业的供应或运输部门在指定地点提货时，如果发现差错、短少或毁坏等，应及时与销货单位交涉；保管部门在验收过程中如果发现上述问题，也应会同供应部门与销货单位交涉。同时，企业的供应部门（或保管部门）应及时根据交接结果（或验收结果）填制货物交接单（或验收入库单），并将其中一联（正联）及时交付企业财会部门，通知企业财会部门办理全部（或部分）拒付货款手续；如果没有发现任何差错，也应将其中的货物交接单（或验收入库单）正联交付企业财会部门，通知财会部门付款。

（2）送货制。它是销货单位将货物直接送抵采购企业的一种货物交接方式。在这种货物交接方式下，企业供应部门应及时会同保管部门对供货单位运送来的货物进行验收，根据验收结果及时填制验收入库单，并将其中的正联及时交付企业财会部门，财会部门核对相符后才能付款。

（3）提货制。它是由采购企业到销货单位仓库（或其他指定地点）提取货物的一种货物交接方式。其基本程序为：本企业（购货单位）直接到销货单位的销售部门提出购货要求，由销售单位填制销货发票（销货发票可一式五联，即销货单位的销售部门存根联、发票正联、销货单位记账联、提货联和销货单位门卫放行联。其中，存根联由销货单位的销售部门留存，其余四联交本企业采购人员）；本企业采购人员持销货发票（包括发票正联、销货单位记账联、提货联和销货单位门卫放行联）到销货单位的财会部门交款，并让其在销货发票上盖章后退回三联给采购人员（即发票正联、提货联和销货单位门卫放行联）；在约定的期限内，本企业的采购人员持提货联并会同运输部门到销货单位仓库（或合同指定地点）提货；销货单位的门卫根据采购人员所持的门卫放行联放行；货物运达企业后，企业仓库保管部门验收入库；仓库保管部门在验收时，如果发现差错，应按与“送货制”相类似的方式处理。

该环节的主要风险是：验收标准不明确、验收程序不规范、对验收中存在的异常情况不做处理，可能造成账实不符和采购物资损失。

该环节的主要控制措施如下。

第一，制定明确的采购验收标准，结合物资特性确定必检物资目录，规定此类物资出具质量检验报告后方可入库。

第二，验收机构或人员应当根据采购合同及质量检验部门出具的质量检验证明，重点关注采购合同、发票等原始单据与采购物资的数量、质量、规格型号等是否一致。对验收合格的物资，填制入库凭证，加盖物资“收讫”章，登记实物账，及时将入库凭证传递给财务部门。物资入库前，采购部门须检查质量保证书、商检证书或合格证等证明文件。验收时若涉及技术性强的、大宗的和新物资，还应进行专业测试，必要时可委托具有年检资质的机构或聘请外部专家协助验收。

第三，实行验收和入库责任追究制度。对于验收过程中发现的异常情况，如无采购合同或大额超采购合同的物资、损毁的物资等，验收机构或人员应立即向企业有权管理的相关机构报告，相关机构应当查明原因并及时处理。对于不合格物资，采购部门依据检验结果办理接收退货和索赔等事宜。对延迟交货造成生产建设损失的，采购部门要按照合同约定索赔。

5. 货款结算环节

结算付款是指企业在对采购预算、合同、相关单据和凭证、审批程序等内容审核无误后，按照采购合同的规定及时向供应商办理支付款项的过程。

该环节的主要风险是：付款审核不严格、付款方式不恰当、付款金额控制不严，可能导致企业资金损失或信用受损。结算方式不同，处理方法也不同。

企业应加强采购付款的管理，完善付款流程，明确付款审核人的责任和权力，严格审核采购预算、合同、相关单据和凭证、审批程序等内容，审核无误后按照合同规定，合理选择付款方式，及时办理付款。

该环节的主要控制措施如下。

(1) 严格审查采购发票等票据的真实性、合法性、有效性，判断采购款项是否确实应予支付，如审查发票填制的内容是否与发票种类相符合、发票加盖的印章是否与票据的种类相符合等。企业应重视采购付款过程的控制和跟踪管理，如发现异常，应当拒绝向供货商付款，避免出现资金损失和信用受损。

(2) 根据国家有关支付结算的相关规定和企业生产经营的实际，合理选择付款方式，并严格遵循合同规定，防范付款方式不当带来的法律风险，保证资金安全。除了不足转账起点金额的采购可以支付现金外，采购价款应通过银行办理转账。

(3) 加强预付账款和定金的管理。涉及大额或长期的预付账款，应当定期进行追踪核查，综合分析预付账款的期限、占用款项的合理性、不可收回风险等情况，发现有疑问的预付账款，应当及时采取措施，尽快收回款项。

6. 会计控制环节

会计控制主要是指采购业务会计系统控制。

该环节的主要风险是：缺乏有效的采购会计系统控制，未能全面、真实地记录和反映企业采购各环节的资金流和实物流情况，若相关会计记录与相关采购记录、仓储记录不一致，可能导致企业采购业务未能如实反映以及采购物资和资金受损。

该环节的主要控制措施如下。

(1) 企业应当加强对购买、验收、付款业务的会计系统控制，详细记录供应商的情况、采购申请、采购合同、采购通知、验收证明、入库凭证、退货情况、商业票据和款项支付等情况，做好采购业务各环节的记录，确保会计记录、采购记录与仓储记录核对一致。

(2) 指定专人通过函证等方式，定期向供应商寄发对账函，核对应付账款、应付票据和预付账款等往来款项，对供应商提出的异议应及时查明原因，报有权管理的部门或人员批准后，作出相应调整。

7. 采购业务的后评估环节

由于采购业务对企业的生存和发展有重要影响，因此，企业应当建立采购业务后评估制度。企业应当定期对物资需求计划、采购计划、采购渠道、采购价格、采购质量、采购成本、协议或合同签约与履行情况等物资采购供应活动进行专项评估和综合分析，及时发现采购业务的薄弱环节，优化采购程序；同时，将物资需求计划管理、供应商管理、储备管理等方面的关键指标纳入业绩考核体系，促进物资采购与生产、销售等环节的有效连接，不断防范采购风险，全面提高采购效能。

三、采购业务的主要凭证及其传递程序的设计

除销货方的发货单、提货单、运费单和银行结算凭证外，还要设计请购单、收料单、收料溢缺报告单和退货单等一系列内部核算凭证；同时，购货企业还应按采购业务的过程、特点和管理要求，明确规定各种凭证的传递程序和手续。

（一）采购业务主要内部自制凭证的设计

单据是实施内部控制的重要载体，表 9-3 按业务办理流程列示了采购与付款业务的主要单据及其相关部门。

表 9-3　采购与付款业务的主要单据及其相关部门

主要工作	对应单据	相关部门
编制需求计划	物资需求计划表	需求、采购、仓储
编制采购计划	采购计划表	采购、财务、仓储
请购	请购单	需求、仓储、采购、财务
选择供应商，确定采购价格	询价单	采购、财务
订立供销合同	采购合同	需求、仓储、采购、财务
下订单	采购订单	需求、仓储、采购、财务
验收	验收单	仓储、采购、财务
入库	入库单	仓储、采购、财务
确认支出及负债	发票	采购、财务
退货	退货单	需求、仓储、采购、财务
结算付款	付款凭证	采购、财务
会计控制	往来对账单	采购、财务

1. 物资需求计划表

物资需求计划表的格式见表 9-4。

表 9-4　物资需求计划表

序号	物资名称	规格型号	单位	数量		质量要求	需用日期
				需求	库存		

审批：　　　　仓储部门：　　　　需求部门：　　　　制表：

2. 请购单

请购单应由请购部门填制，送交供应部门，主要由供应部门会同财会部门在授权范围内批准增加（或修订）采购供应计划。其格式见表 9-5。

表 9-5 请购单

请购部门： 年 月 日 字第 号

请购	品名	规格型号	单位	数量	交货地点及方式	库存量	可用天数	需用日期
询价	厂商名称	单价	总价	品质要求	交货日期	付款条例		
审核	仓储部门					经办人		
	需求部门							
审批	采购部							
	财务部							
	分管总经理							
	总经理							

主管副总经理： 财务部： 仓储部： 供应部： 需求部门：

注：本单一式四联，需求、供应、仓储、财务部门各一联。

3. 收料单

收料单一般由保管部门于材料运达并验收入库时填制。收料单可以设置一式三联或一式四联（保管部门、供应部门、财会部门和供货单位各执一联），其格式见表 9-6。

表 9-6 收料单

供应单位： 凭证编号：

发票编号： 年 月 日 材料仓库：

类别	编号	名称	规格	单位	数量		实际成本			
					应收	实收	单价	金额	运费	合计

供应部主管： 材料核算： 仓库保管： 经办人：

为了简化登记总账的工作，采购频繁的企业可以按月根据“收料单”汇总编制“收料凭证汇总表”，其格式见表 9-7。

表 9-7　收料凭证汇总表

年　　月

<table>
<tr><th rowspan="3">会计科目</th><th colspan="7">原材料</th></tr>
<tr><th colspan="2">主要材料</th><th colspan="2">辅助材料</th><th colspan="3">合计</th></tr>
<tr><th>实际成本</th><th>计划成本</th><th>实际成本</th><th>计划成本</th><th>实际成本</th><th>计划成本</th><th>成本差异</th></tr>
<tr><td></td><td></td><td></td><td></td><td></td><td></td><td></td><td></td></tr>
<tr><td></td><td></td><td></td><td></td><td></td><td></td><td></td><td></td></tr>
<tr><td></td><td></td><td></td><td></td><td></td><td></td><td></td><td></td></tr>
<tr><td></td><td></td><td></td><td></td><td></td><td></td><td></td><td></td></tr>
<tr><td></td><td></td><td></td><td></td><td></td><td></td><td></td><td></td></tr>
</table>

财务部主管：　　　　供应部主管：　　　　材料核算：　　　　制表：

4. 收料溢缺报告单

它是用来反映企业验收结果与购货发票是否相符的一种原始凭证。验收部门和人员应认真填制"收料溢缺报告单"，并及时交付财务部门按规定处理。其格式见表 9-8。

表 9-8　收料溢缺报告单

收料单位：　　　　年　　月　　日　　　　凭证编号：

<table>
<tr><td>供应单位</td><td colspan="3"></td><td>合同号码</td><td></td><td>发货单号</td><td colspan="2"></td></tr>
<tr><td>车次、航班</td><td colspan="3"></td><td>提货单号</td><td></td><td>到货日期</td><td colspan="2"></td></tr>
<tr><th colspan="3">材料名称</th><th rowspan="2">计量单位</th><th rowspan="2">应收数量</th><th rowspan="2">实收数量</th><th rowspan="2">溢缺数量</th><th rowspan="2">单价</th><th rowspan="2">金额</th></tr>
<tr><th>编号</th><th>品名</th><th>规格</th></tr>
<tr><td></td><td></td><td></td><td></td><td></td><td></td><td></td><td></td><td></td></tr>
<tr><td></td><td></td><td></td><td></td><td></td><td></td><td></td><td></td><td></td></tr>
<tr><td></td><td></td><td></td><td></td><td></td><td></td><td></td><td></td><td></td></tr>
<tr><td></td><td></td><td></td><td></td><td></td><td></td><td></td><td></td><td></td></tr>
<tr><td colspan="4">合计</td><td></td><td></td><td></td><td></td><td></td></tr>
<tr><td colspan="4">附单据　　张</td><td>备注</td><td colspan="4"></td></tr>
<tr><td colspan="4">溢缺原因</td><td colspan="5"></td></tr>
<tr><td colspan="4">处理意见</td><td colspan="5"></td></tr>
</table>

供应部主管：　　　　材料核算：　　　　仓库保管员：　　　　制单：

5. 退货单

在验收过程中，如果发现所收材料与合同（或发货单）明显不符，或不符合本企业的需要，应及时办理退回手续，并填制"退货单"。"退货单"为一式多联套写，其各联的送交单位或部门主要有销货单位、仓库、供应部门和财会部门等。其格式见表 9-9（或直接采用"收料单"，用红字表示退货）。

表 9-9　退货单

供货单位：　　　　　　　　　　　　　　　　年　　月　　日

物品名称	物品号	数量	进货日期	退货原因	备注

供应部主管：　　　　　　　　　　采购员：　　　　　　　　　　仓库保管员：

（二）凭证传递程序的设计

设计各种凭证的传递程序时，应注意下列事项。

第一，指定专人填制有关凭证。通过传递程序的设计和实施，既要分清责任、加强管理与控制，又要有利于提高工作效率和有关业务的正常进行。例如，“请购单”必须由使用（或保管）材料物资部门指定的专人填制，不直接使用（或保管）材料物资的部门和人员无权填制“请购单”。

第二，不能由一个部门（或人员）完成凭证的所有必要手续。制证人员和审核人员应该分离，互相牵制；同一项业务如果涉及两个（或两个以上的）部门，应在凭证的适当位置表明意见并签章负责，其目的就是加强内部牵制，防止人为的错弊行为；同时，减少无意差错的出现。

第三，凭证的填制应与业务操作和相应责任结合起来，并与业务授权分离。例如，“收料单”一般由仓库保管员填制，而不应由保管部门主管一人包办全部程序。

第四，按凭证传递的及时性和有关部门归档保管的要求，将凭证设计成多联套写的形式，分送有关部门。例如，将“收料单”设计成一式多联，供货单位可以将其作为发货运达的有效证明，采购供应部门可以据以考核采购供应计划的实施情况，财会部门可以据以办理结算和进行会计处理，仓储保管部门可以据以作为库存材料增加的凭证，统计部门可以据以统计有关业务数据。“收料单”的填写应一次复写完成，有关部门各执一联，既简化手续、提高工作效率，又便于有关部门（单位）分析检查。

第五，凭证的传递程序应符合业务特点和内部会计控制的需要，既不能遗漏重要的手续，又要尽量简化。

（三）采购业务及付款流程的设计

企业应建立采购管理制度，对采购方式、询价谈判和供应商选择等作出明确规定，提高采购过程的透明度，确保所购商品在数量和质量方面符合采购要求。企业应对紧急和小额零星采购的处理作出明确规定。

采购业务一般涉及请购与审批、询价与采购、结算与付款等环节，主要有填制请购单并报相关部门及领导审批、编制采购计划、进行采购询价、确定供应商、签订采购合同、预付货款、组织验收货物、货款结算、应付账款记录及与供应商对账等作业流程。

1. 请购与审批控制

（1）采购业务的授权审批。企业应建立采购业务的授权和审批制度，对采购申请、采购计划、询价谈判、合同签订和结算付款等进行授权审批，明确授权审批的方式、权限、程序和责任的相关控制措施，规定经办人办理业务的职责范围和工作要求。

审批人员应根据授权审批制度，在授权范围内审批，不得越权审批。

经办人应在职责权限内，按审批人的批准意见办理采购业务。对审批人越权审批的事项，经办人有权拒绝办理，并及时向审批人的上级授权部门报告。严禁未经授权的机构或人员办理采购业务。

对重要的和技术性较强的采购业务，企业应组织专家论证，实行集体决策和审批，防止决策失误。信息化技术较为先进的企业，采购职责权限可相对集中，以提高采购效率，堵塞管理漏洞，降低成本和费用。

企业应按设定流程办理请购、审批、询价、采购、付款和对账等业务，并在采购业务各环节保持完整的记录、填制相关凭证，加强请购手续、采购订单或采购合同、验收证明、入库凭证、采购发票等文件和凭证的相互核对工作。

（2）请购与审批控制。企业应建立采购申请制度，依据购置商品或服务的类型，确定归口管理部门，授予相应的请购权，并明确相关部门或人员的职责权限及请购程序。

采购需求应与企业生产或销售计划相适应，考虑库存量水平，结合经济批量编制请购单。有条件的企业可设置专职请购部门，对需求部门提出的采购申请进行审核，归类汇总，统筹安排采购计划。请购单应明确采购类别、质量等级、规格、数量、相关要求和标准、到货时间等。请购单通常一式三联，经审批后，一联退请购部门以示答复，一联交财会部门筹备资金和备查，一联交采购部门作为编制采购计划和签订购销合同的依据。

企业应加强对采购业务的预算管理。对预算内的采购项目，具有请购权的部门应严格按预算执行进度办理请购手续；对超预算和预算外的采购项目，应明确审批权限，由审批人根据其职责、权限以及企业的实际需要对请购申请进行审批。设置请购部门的，应由请购部门对需求部门提出的申请进行审核后再办理请购手续。

2. 询价与采购控制

（1）企业应根据商品或服务的性质及其供应情况确定采购方式。大宗商品或服务的采购应采用招标方式并签订合同。购货合同应按采购权限的规定，由各级授权人审核同意。合同通常一式三份：一份交供应商请求发货；一份由采购部门专人保管，负责合同的执行；一份交财会部门以监督合同的执行。对采购比较频繁的货物，企业可用订单替代购货合同，但订单要素必须设计完整，一般一式三联并连续编号。

（2）明确采购价格形成机制。大宗商品或劳务的采购应采用招标方式确定采购价格，并明确招标的范围、标准、实施程序和评标规则。其他商品或劳务的采购，应根据市场行情制定最高采购限价，不得以高于采购限价的价格采购。以低于最高采购限价进行采购的可适当奖励。企业应根据市场行情的变化适时调整最高采购限价。委托中介机构进行招标的，应加强对中介机构的监督。

（3）一般物品或服务的采购可采用询价或定向采购的方式并签订合同；小额零星物品或服务的采购可采用直接购买等方式，以简化手续、加快进货速度。

（4）企业应充分掌握供应商信誉、供货能力、价格、质量、供货条件、装备技术水平和售后服务等方面的信息，由采购、使用等部门共同参与比质比价，并按规定的授权审批程序确定供应商。

3. 结算与付款控制

财会部门应参与商定对供应商结算和付款的条件。采购部门在办理结算和付款业务时，应对采购合同约定的付款条件以及采购发票、结算凭证、检验报告、计量报告和验收证明等相关凭证的真实性、完整性、合法性及合规性进行严格审核，并提交付款申请，财会部门依据合同和发票等对付款申请进行复核后，提交企业相关权限的机构或人员进行审批，办理付款。

企业应建立预付账款和定金的授权审批制度，加强对预付账款和定金的管理。对大额预付账款，企业应定期追踪核查。对预付账款的期限、占用款项的合理性及不可收回风险等进行判断；对有疑问的预付账款及时采取措施，尽量降低预付账款资金风险和形成损失的可能性。

企业应加强对应付账款和应付票据的管理，由专人按约定的付款日期和折扣条件等管理应付款项。应付账款和应付票据必须在发票等凭证经企业授权人审批后方可入账。货款到期后，应及时支付，以维持企业的良好信用。

企业应建立退货管理制度，对退货条件、退货手续、货物出库和退货货款回收等作出明确规定，及时收回退货货款，如图 9-2 所示。

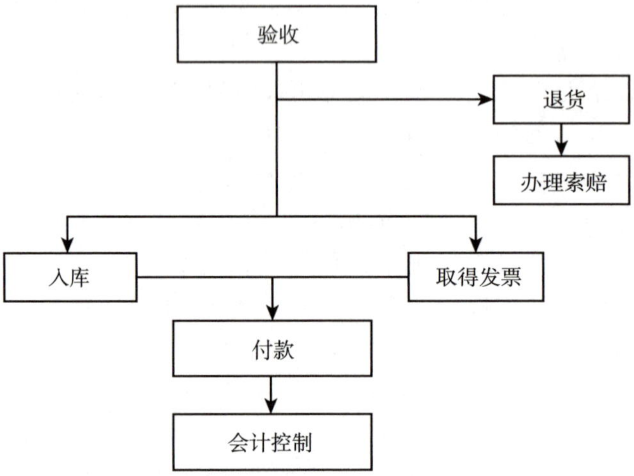

图 9-2　采购付款业务流程

企业应定期与供应商核对应付账款、应付票据和预付账款等往来款项；如有不符，应查明原因，分清责任，按有关规定及时处理。

4. 采购业务的监督检查

企业应建立对采购业务内部控制的监督检查制度，明确监督检查机构或人员的职责权限，定期或不定期地进行检查。

监督检查机构或人员应通过实施符合性测试和实质性测试，检查采购业务内部控制是否健全，各项规定是否得到有效执行。监督检查的内容主要包括以下几项。

（1）相关岗位及人员的设置情况，重点检查是否存在不相容职务混岗的现象。

（2）授权审批制度的执行情况，重点检查大宗采购业务的授权审批手续是否健全，是否存在越权审批的行为。

（3）应付账款和预付账款的管理，重点审查应付账款和预付账款支付的正确性、时效性和合法性。

（4）有关单据、凭证和文件的使用和保管情况，重点检查凭证的登记、领用、传递、保管和注销手续是否健全，使用和保管制度是否存在漏洞。

第三节　存货业务内部控制制度设计

存货是企业的一项重要流动资产，是企业利润产生的重要源泉，因此，在企业的日常管理中如何加强对存货的核算、管理与控制，如何恰当反映企业财务状况、正确计算企业经营成果，对于企业存货周转、考核存货的经济效益、确保企业资产的保值增值有着重要的作用。

一、存货业务内部控制的目标

存货业务内部控制的目标有以下几项。

（1）保证存货的安全与完整，合理确定存货的价值。

（2）提供存货的各种真实、可靠、有用的信息。

（3）有效控制存货的流动，加快存货的资金周转。

（4）监督、落实存货的经济责任。

（5）考核存货的经济效益。

二、存货内部控制的设计原则

在设计企业存货内部控制制度时，应遵循下列五项基本原则。

（一）职务分离原则

应明确各项存货业务的职责分工，实行职务分离控制。也就是说，存货的验收职责应与采购、付款职责相分离，存货的验收、保管职责应与记录职责相分离，存货的处置职责应与批准职责相分离。

（二）预算（或计划）控制原则

企业应根据其销售预算（或计划）和生产预算（或计划）等制订物资采购预算（或计划），并合理确定各项存货的定额储存量、最高储存量和最低储存量；同时，根据市场状况、行业特征和企业实际情况等因素，采用科学的方法确定各项存货的最优采购点和经济采购批量等。

（三）授权批准原则

存货的采购、领用、仓储、保管和报废等必须经过适当的授权后才能办理，并必须办理相关手续。只有经授权批准的人员才能进入存货仓库，非授权人员不得进入。

（四）专人保管原则

对存货的存放和保管应指定专人负责。存货入库时必须办理验收手续，发出存货应由领用人员和仓库保管人员双方签字。仓储部门应定期对存货进行系统清查，及时了解各项存货的质量和使用情况；应建立最低库存量预警系统，及时反映各项存货的增减变化及结存情况，确保再订购的及时性，防止存货的超储积压或存量不足。

（五）会计系统控制原则

财务部门应科学设计存货的会计核算方法和岗位职责，明确有关凭证的传递程序、入库存货和发出存货的计价方法、存货清查的方法和要求、相关会计事项的处理程序和要求等。期末，应按规定对存货的可变现净值进行全面、合理的估算。如果可变现净值低于账面成本，应当报请有关部门批准，提取存货跌价准备。

三、存货业务内部控制的要点和内容

（一）存货业务内部控制的要点

存货业务涉及验收、存储和发货等环节，控制点较多，企业至少应强化对下列要点的控制。

(1) 职责分工、权限范围和审批程序应明确、规范，机构设置和人员配备应科学、合理。

(2) 存货的验收、存储和发出流程应清晰、严密，存货管理制度及程序应明确、规范。

(3) 通过限制未经授权人员直接接触存货、定期盘点、财产记录、账实核对、财产保险和分析考核等多种措施，确保存货的安全、完整。

(4) 仓储部门应与采购部门、销售部门和生产部门密切配合，努力降低存货持有总成本，在保证生产和销售需要的前提下，尽量减少存货资金的占用，加速资金流转，提高资金效益。

(5) 存货的确认、计量和报告应符合会计准则的规定。

(二) 存货业务内部控制的内容

1. 落实保管责任制度

存货保管责任制度包括授权控制和职责分工两个部分。授权控制是指对各种存货的收、发根据其重要程度指定有关的负责人审核批准，严格把关，确保存货的安全、完整和合理使用，使存货的保管责任与使用责任分离。职责分工是指对于存货的请购、采购、验收、记账、保管、请领、审批和发放必须由不同的人员担任，不能由一人包办，要实行钱、账、物分管，以便相互牵制、相互制约或减少差错。例如，企业设置专职仓库保管人员，明确其职责范围，落实存货保管的经济责任。采购部门购货后不得由购货部门接收保管，而必须由仓库保管人员检验收货。

仓库保管部门应根据购货订单上的数量和质量要求独立地检验收到的货物。每一项收到的货物必须在检验以后填制包括供应商名称、收货日期、货物名称、数量和质量、运货人名称以及原购货订单编号等内容的收货报告单。该单应及时报送物资供应部门和财会部门，以防止少记应付账款或成本以及存货。为了便于财会部门的处理和收货的登记，收货报告单应事先做好存货编号。验收合格的货物经统一安排交由适当的场所存储，已经仓库保管确认的收货记录成为储存业务部门的业绩考核起点，仓库保管员对已经确认的存货数量和质量负有相应的保管责任。

2. 建立严格的存货计量、记录和管理制度

(1) 存货的分类和编号。企业的存货品种较多、收发频繁，为了便于管理和核算，需要对存货进行一定的分类。存货的特征因企业性质的不同而不同，存货类别的划分必须符合企业管理与核算的需要。

工业企业通常将存货划分为以下几个大类：①原料及主要材料，包括经过加工后构成产品主要实体的各种原料和材料；②辅助材料，包括直接用于生产的、有助于产品形成或便于生产进行的各种材料；③燃料，包括在生产过程中用来燃烧发热或创造正常劳动条件的各种燃料；④周转材料，包括包装物、低值易耗品以及企业（建造承包商）的钢模板、木模板和脚手架等；⑤半成品，包括仍处于加工过程之中、尚未完工的产品和完成加工过程、有待装配的产品零部件。⑥产成品，包括完成生产过程并已验收入库，可按合同规定送交订货单位或可作为商品对外销售的产品。

商业企业对存货的划分则主要是根据商品的物理特征，如护肤用品类、服装类、家用电器类和日用品类等。这些对存货的分类既是企业的保管部门对其进行分拣、归类和摆放的依据，也是会计部门对存货进行明细核算的依据。

在上述分类的基础上，为了加强对各类存货的科学管理，还应对各类存货进行编号。编号不仅有助于存货的整理和及时取放，而且可以更好地满足现代物流管理的要求，是实现企业现代化仓储保管的基本技术手段。

常用的编号方法有两种。一种是按存货的性能、技术特征和规格标准编号。例如，在机械制造

企业中，原料及主要材料可分为黑色金属和有色金属等大类，黑色金属又可分为钢材和生铁等小类，钢材还可分为钢板、圆钢和钢管等品种，钢板还可细分为不同的规格。于是对某一金属进行编号时，可按“类－大类－小类－品种－规格”顺序组合编号，各顺序类文字一般用字母或数字表示。另一种是按存货的存放地点和位置标准编号，该方法又称“四号定位”法，即按材料物资存放的仓库号、料架号、层号和位号（料场则是区号、点号、排号和位号）数组合编号。例如，某一材料存放于 2 号仓库 3 号料架第 6 层第 8 号位，则该材料编号为“2-3-6-8”。这种编号便于发料。

由于企业存货种类较多，为了保证存货名称在使用时一致，避免相互混淆，应编制存货目录，采购部门、生产部门、会计部门和仓储部门可以统一使用编号，并且采用计算机进行管理。

（2）存货的计量与记录。企业应设置精确的计量工具对收入、发出的存货进行精确计量。

一旦存货经过单据核对和计量验收入库，仓库保管员为了加强对存货的保管，就会对仓库中的每种材料设置材料吊卡（也称料牌，悬挂在料架上的卡片）记录各种物资的收、发和结存数量。当物资发生收发时，仓库保管员就要在吊卡上进行记录。并要对吊卡上的结存数量与实物进行核对，强化管理。材料吊卡并不是账簿，但它是保管和核算材料时的重要资料。

（3）存货的计划和管理。存货的保管包括存货计划和具体管理制度，其控制要点包括以下几项。

①要求各种存货的收入和发出必须根据有关规定办理相关手续。仓库保管员只有根据经过被授权的责任人批准的领料单、限额领料单和销货单等有关凭证才能发料，领料人和发料人均应在领、发料凭证上签字。如需超过限额领料，领用部门应说明原因，并经生产技术部门和供应部门的责任人审核同意，才能补发追加材料。

②对各种存货要实行计划控制，由财会部门、供应部门和仓储部门在年初拟订生产销售计划时规定合理的储存定额；在本年经营过程中，由仓库保管员随时对照年初拟订的储存定额，掌握存货的最高与最低储备量，及时向有关部门反映，提出调整建议，原则上不得随便偏离计划，以保证生产的正常进行和避免存货的超储积压。

③各种存货应妥善保管，按品种、规格和编号定位堆放并悬挂材料吊卡，以便随时核对。

④库存物资的任何变动都应有一定的凭证手续作为依据，管理人员和任何人员都不得在没有手续的情况下动用库存货物，不得发出、变卖和赠送存货，或用一种存货交换另一种存货。

⑤对于委托外单位加工的存货，仓库保管员应根据计划部门填写的“委托外加工发料通知单”发料，财会部门据以记账。仓库保管员同时应在备查登记簿中予以登记，加工完成验收入库时再注销原记录。

⑥建立存货的稽核制度。其具体内容包括仓库保管员负责稽核所保管的存货数量与材料吊卡是否相符；采购部门负责稽核存货账、卡与实物数量是否相符；财会部门负责稽核存货的总分类账与明细分类账的金额是否相符，并定期或不定期抽查采购部门的账、卡和实物数量，看其是否相符。

3. 采用永续盘存制，加强会计对各项存货的控制

永续盘存制通过设置详细的存货明细分类账，逐日逐笔记录存货收入的数量、金额和发出的数量，能够随时结出结余存货的数量，从账面求出期末结存金额。其具体做法是，在会计部门设总分类账，仓库部门设明细分类账。在货物收、发、存业务中，所有手续凭证都应有一联送交会计部门，由会计部门进行记录。同时，仓库部门登记明细分类账，对各种材料和商品的数量和金额分别核算。各种存货每一次收入和支出之后，都要计算出结存数。结存数又可分为实物数量、金额和既有实物数量又有金额三种不同方式。设计时应当考虑企业对于存货的计价方法和管理上的不同要求来决定，一般是仓库采用数量永续盘存制，明细分类账则采用数量、金额并用的永续盘存制。

永续盘存制可以随时反映各种物资的库存余额，并能反映其变化的原因。仓库明细分类账与总分类账结合起来，形成一个完整的仓库内部控制体系。在总分类账中，盘存账户实际上是一个总仓库，起到在金额上控制的作用，反映众多明细盘存账户的详细汇总情况。明细账逐笔登记，而总账则汇总登记，明细账虽然是由仓库人员登记的，但会计部门总账已对其发生控制作用，可以通过稽核的方式发现错误和防止舞弊。

4. 健全实地盘点制度

盘点控制是指通过对企业的资产实施定期盘点清查，并将盘点结果与会计记录进行比较以确定其是否相符，进而发挥控制作用的一种控制方式。企业应根据自身的特点建立资产盘点制度，主要包括以下几项。

（1）定期盘点。针对不同的资产，盘点的时间间隔有所不同，一般而言，重要的、增减过程中容易发生错误和舞弊的资产，其盘点时间间隔应短一些；反之则可以长一些。

（2）盘点人员组成。针对不同的组成，确定盘点人员的具体构成。一般来讲，资产保管人员、记录人员、内部审计人员、单位或得到授权的部门的负责人共同组成盘点小组，以确保盘点结果的客观和准确。

（3）盘点手续。盘点前应做好各项准备工作，包括盘点表和盘点器具的准备，盘点具体时间的安排等。在盘点过程中，应合理确定哪些人员动手点数、哪些人员监视、哪些人员复查等。

（4）盘点结果的处理。首先，应通过对盘点结果的抽查，确保盘点结果的相对准确；然后，对盘点所查明的问题应在得到有关部门的核准后进行调整处理，如调账等。

采用实地盘点制度，目的是防止并及时揭示出现的差错或舞弊行为，保证账实相符。无论是采取永续盘存制还是实地盘存制的企业，都应该重视并健全企业的实地盘点制度。盘点制度应该经常化、规范化和制度化。盘点工作应由专人负责，成立专门的盘点小组，不得由实物保管人员独自进行，以保证盘点结果的客观、公正。

5. 实施存货保险制度

在存货分类、目录设置以及编号的基础上，由存货管理部门根据企业存货的性质和重要程度以及历史数据，对存货进行价值等级测算，统计各类存货的损失率、库存时间和跌价损失，算出企业存货的储存机会成本，然后与向保险公司投保发生的保险费用进行比较，决定是否投保以及为哪些存货建立保险制度，以降低存货发生意外损失的风险。

6. 建立库存存货质量管理制度

库存存货质量的管理包括两个方面：一是存货的残损变质，二是存货的积压呆滞。无论属于哪一种情况，都必须结合存货的盘点及时发现并采取措施进行处理，以保证存货质量的良好，减少发生的损失，并保证存货会计核算资料的真实、可靠。

对于经仓库保管部门盘点确认已经确实不能继续使用和盘亏的存货，应编制“存货报废审批单”，该单由存货管理部门填制，经财务、存货部门负责人及企业领导审批后方可作报废账务处理。

7. 确定恰当的存货明细分类账分户方法

由于材料和商品等存货的种类、规格繁多，存货的明细核算既可以按其品种、规格和等级分户，也可以按其品种、规格、等级和进货单价等其他方法分户。不同的分户方法直接导致发出或销售存货价值计算结果的不同和库存价值的不同。因此，无论采用哪种分户方法，都必须结合企业自身的经营管理特点，综合考虑设账的繁简程度与成本计算准确程度的关系，选择恰当的分户方法，为准确计算材料发出成本和库存商品销售成本提供必要的资料。

8. 健全存货明细账设置

商品储存指标有业务部门的“可调库存”、仓库部门的“保管库存”和财会部门的“会计库存”三种口径，企业应结合设定的材料和库存商品明细分类账分户方法，分别按三种口径组织存货的明细核算，以充分利用所能提供的各项资料，促进企业改善业务经营，提高存货乃至整个企业的经营管理水平。三种口径的存货明细分类账一方面使各个部门可以随时掌握存货的变动与结存，有利于下一期间的工作进行；另一方面，不同的部门分别设置不同的存货明细账可以健全企业的内部控制，是保证内部稽核工作顺利进行的基础条件。

四、存货业务内部控制处理程序的设计

（一）存货验收入库

企业应制定存货验收入库管理制度，保持完整的验收入库记录。与验收入库有关的单证包括收料单、退料单、自制材料交库单、产品入库单和收料汇总表等。

1. 外购存货的验收入库

企业应根据存货验收制度和经审批的订单、合同等采购文件，对外购存货或劳务进行验收。验收小组应包括专门验收部门或人员、采购部门、仓储部门、请购部门及供应商等有关方面的代表。验收小组应对所购物品或劳务的品种、规格、数量、质量和技术标准等进行验收，出具检验报告、计量报告和验收证明。

对验收过程中发现的异常情况，应立即向有关部门报告。有关部门应查明原因，及时处理。

验收小组一般应实施下列验收程序。

（1）检查订货合同、入库通知单、供应商提供的材质证明、合格证、运单和提货通知单等原始单据与待检验货物是否相符。

（2）对拟入库存货的交货期进行检验，确定外购货物的实际交货期与订单交货期是否一致。

（3）对待验货物进行数量复核和质量检验，必要时可聘请外部专家协助进行。

（4）对数量相符、质量合格的货物办理入库手续，对验收不符合要求的货物应及时办理退货、换货或索赔。

（5）对不经仓储直接投入生产或使用的存货，应采取适当方法进行检验。

外购商品入库单的一般格式见表 9-10。

表 9-10　外购商品入库单

供货单位：　　　　　　　　　　年　　月　　日　　　　　　　　　　收货部门：

商品编号	等级	规格品名	购进价				零售价				商品进销差价
			单位	数量	单价	金额	单位	数量	单价	金额	

检验员：　　　　　　　　仓库验收人：　　　　　　　　采购保管员：　　　　　　　　制表人：

2. 自制存货的验收入库

拟入库的自制存货一般由生产部门组织专人检验，只有检验合格的产成品才可作为存货办理入库手续。由生产车间发出至客户、实物不入库的产成品，应采取适当的方法办理出入库手续。

对已售商品退货的入库，仓储部门应根据销售部门填写的退货凭证办理入库手续，经批准后，对拟入库商品进行验收。因产品质量问题而发生的退货，应分清责任，妥善处理。对劣质产品，可选择修复、报废等措施。

3. 存货验收入库记录

仓储保管人员根据验收单点收所购货物的数量和质量，并填写入库单，注明供应商名称、收货日期、物品名称、数量和质量等内容。入库单一式三联：一联留存登记仓库台账，一联交财会部门办理结算，一联退回采购部门与购销合同、请购单核对后归档备查。

（二）存储保管控制

企业应建立存货保管制度，综合运用限制未经授权人员对财产的直接接触、财产记录、定期盘点和账实核对等措施，确保存货的安全、完整。

(1) 存放和管理应指定专人负责并进行分类编目，严格限制其他无关人员接触存货。入库存货应及时登记，并详细标明存放地点。

(2) 应按仓储物资所要求的存储条件存储，并建立健全防火、防潮、防鼠、防盗和防变质等措施。

(3) 贵重物品、生产用关键备件、精密仪器和危险品的存储，应实行严格的审批制度。

(4) 重视生产现场的材料、低值易耗品和半成品等物资的管理，防止浪费、被盗和流失。

(5) 对于因业务需要而分设仓库的情形，应对不同仓库间的存货流动办理出入库手续。

(6) 仓储部门应建立存货台账，详细登记存货类别、编号、名称、规格型号、数量和计量单位等，并定期与财会部门就存货品种、数量和金额等进行核对。存货台账的登记依据有入库单、退库单、领料单、发货单、出库单和销售凭证等单证。台账记录不得随意修改，如确需修改入库记录，应经有效授权审批。

企业应定期对存货保管情况进行检查。

（三）领用发出控制

企业应建立严格的存货发出流程和制度，保持完整的发货记录。与发货有关的单证包括领料单、销售材料发料单、委托加工发料单、发料汇总表、产品出库单和盘盈盘亏报告表等。

发出存货需经授权审批，大批商品、贵重商品或危险品的发出应得到特别授权。为保证存货的发出准确无误，仓储保管人员要审核领料单，确认手续齐全，双方要检查存货品名、规格、型号、数量和质量，并签字或盖章。

生产用原材料可采用定额制，由相关部门核定消耗定额，生产部门根据定额填制限额领料单，向仓储部门领料。材料发出后，保管人员要按计划或实际价格在领料单上标明金额，登记材料台账，并转材料明细账记账员记账后，随发料汇总表定期送往财会部门。

为保证存货安全、记录正确，企业应建立内部稽核制度。财会部门应加强对仓储部门的经常性审核，定期进行账证、账账、账实核对。

（四）存货的盘点和处置

企业应制定适当的存货盘点制度，明确盘点范围、方法、人员、频率和时间等，确保及时发现存货丢失、损坏和变质等情况。企业应制订详细的盘点计划，合理安排人员，有序摆放存货，保持盘点记录的完整，及时处理盘盈、盘亏。对特殊存货，可聘请专家采用特定方法进行盘点。

存货盘点应及时编制盘点表，对于盘盈和盘亏情况要分析原因，提出处理意见，经相关部门审批后，在期末结账前处理完毕。

仓储部门应通过盘点、清查等方式全面掌握存货状况，及时发现存货的残、次、冷、背等情况。对残、次、冷、背存货，应选择合理的处置方式，经相关部门审批后及时处置。

仓储部门与财会部门应结合盘点结果对存货进行库龄分析，确定是否需要计提存货跌价准备，经相关部门审批后，方可进行会计处理，并附有关书面记录材料。

（五）存货核算制度的设计

存货核算制度的设计必须符合企业会计准则的要求。

1. 确定存货盘存制度

存货盘存制度有永续盘存制和实地盘存制两种。

（1）永续盘存制。永续盘存制又称账面盘存制。要求按存货类别和品种设置数量金额式明细账，逐笔记录存货的收入和发出，并随时算出账面结存数。在永续盘存制下，存货的期初结存数、本期增加数、本期减少数和动态结存数都能从账簿记录中得出。因此，永续盘存制便于加强对存货的账面管理和控制。相关人员能从账簿记录中随时了解存货收、发、存的动态，以便及时调整和处理，提高资金的使用效率。在永续盘存制下，企业也要定期或不定期地进行实地盘点，以核对账存数与实存数是否相符。

在手工核算形式下，永续盘存制使存货明细账的登记工作量大大增加，但这一缺点正随着计算机和网络技术的普遍使用而被克服。在实施会计电算化的企业，应把尽可能多的存货类别按永续盘存制管理。

（2）实地盘存制。实地盘存制又称定期盘存制、以存计销制和以存计耗制。这种盘存制度要求平时只在账簿中记录存货的增加数，不记录减少数，期末通过实地盘点来确定存货的实有数，并据以倒挤出存货减少数。在实地盘存制下，存货的期初结存数和本期增加数可从账簿记录中得出，而期末结存数则要根据实地盘点结果确定。本期减少数的确定公式为：

本期减少数＝期初结存数＋本期增加数－期末结存数

实地盘存制虽然简化了存货的日常记录和核算程序，但无法随时提供存货发出和结存的详细信息，只能在实地盘点结束后才能得到。同时，存货发出数通过倒挤计算，容易将丢失、毁损等管理不善原因造成的存货损失计入销售成本或生产成本。因此，这种盘存制度不利于存货的日常管理和控制。在实际操作中，对一些量大价低、收发频繁的不重要存货，可采用实地盘存制进行管理。

2. 设计存货计价政策

企业应根据存货实物的流转方式、管理要求和性质等，合理确定发出存货的成本计算方法。发出存货的计价方式可选择先进先出法、加权平均法和个别计价法，不得采用后进先出法。性质和用途相似的存货，应采用相同的计价方法。存货计价政策一经确定，未经审批，不得随意变更。

在资产负债表日，存货应按成本与可变现净值孰低计量。存货成本高于其可变现净值的，应计提存货跌价准备，计入当期损益。

对收发频繁的重要存货，可采用计划成本法进行日常核算。存货的收、发、存均按计划成本计价；同时，另设成本差异科目，作为计划成本和实际成本联系的纽带，用来登记实际成本与计划成本的差额。计划成本法下存货的总分类和明细分类核算均按计划成本计价，期末计算出成本差异率，将发出存货应分摊的成本差异计入成本费用，从而将发出存货的成本调整为实际成本计价。

第四节 固定资产业务内部控制制度设计

固定资产是企业生产经营的主要劳动资料，直接影响企业的可持续发展能力。其数量和质量在一定程度上反映企业生产规模的大小和技术装备水平的高低，对企业生产经营的发展具有十分重要的意义。因此，企业应根据固定资产的特点，分析、归纳和设计合理的业务流程，抓住控制要点，健全风险控制措施，保证固定资产的安全、完整与高效运行。

一、固定资产业务内部控制的目标

企业应根据其固定资产业务的特点和管理要求，建立和健全企业固定资产业务的内部会计控制制度。企业固定资产业务内部会计控制的目标是：监督固定资产业务核算的合规性和恰当性，确保固定资产投资预算的有效执行，保护固定资产的安全与完整，及时发现和纠正固定资产业务中可能出现的错弊，提高固定资产的使用效果和效率。

二、固定资产业务内部控制的控制要点

企业设计固定资产业务会计处理程序时，应注意以下内部控制要点。

第一，固定资产的采购、保管、记账和付款职务应进行适当分离。

第二，固定资产的验收、内部转移、出售、出租、报废清理等必须办理有关手续，并经过有关部门的审核批准。

第三，及时记录和反映固定资产的增减变化情况，并按规定对增加的固定资产计价入账。

第四，系统建立固定资产目录、明细账和卡片，做到账、卡、物相符。

第五，对未使用、不需用的固定资产及时办理封存和申报手续；对多余、闲置或使用不当的固定资产，应及时向有关部门反映。

第六，及时记录固定资产的报废清理残值并妥善保管和及时处理。

第七，建立和实施固定资产的定期清查制度，及时查明固定资产盘盈、盘亏和毁损原因，明确其责任。

第八，按规定正确计算各项固定资产折旧并及时进行固定资产折旧费用的分配核算。

三、固定资产业务内部会计控制设计的原则

设计企业固定资产业务内部会计控制制度时，应遵循以下三项基本原则。

（一）预算控制原则

企业应当对固定资产的购建和处置实行预算管理。应由固定资产管理部门或使用部门根据企业发展需要提出固定资产购建要求；由管理部门会同财务部门等对固定资产投资进行可行性研究，并根据决策结果编制投资预算草案；企业负责人应会同有关部门（如财务部门、审计部门等）对预算草案进行审核并提出修改意见；最后由企业预算管理委员会（或财务部门、总经理及董事会）审核批准。财务部门和审计部门应按照预算管理的要求对固定资产投资预算的执行情况进行有效监督和必要调整。

（二）分工及授权批准控制原则

企业要明确相关部门和岗位的职责权限，确保不相容职务（如请购、审批与验收，日常保管与记账等）相互分离。对固定资产业务应建立严格的授权批准制度，严禁未经授权的机构或人员办理固定资产业务。

（三）内部监督检查原则

企业应当建立对固定资产业务的监督检查制度，明确监督检查机构或人员的职责权限，定期和不定期地进行固定资产清查。会计部门依据会计准则、制度和管理的要求，制定适当的会计核算制度，对固定资产业务进行全面、系统、连续的核算，及时提供有关固定资产资金运动、使用效果和投资效率等方面的会计信息。

四、固定资产业务内部控制制度的内容

（一）固定资产业务凭证的设计

为了保证固定资产各项管理制度的有效运行，必须首先设计出符合企业机构设置和人员分工等特点的固定资产业务处理程序，并建立规范的业务凭证和表格，这是保证落实固定资产各项管理制度和核算制度的前提。由于固定资产的购建、调拨、报废、折旧和修理等业务的处理程序在前面已经涉及（如固定资产的采购与存货的购进基本相同），因而这里不再详述，只说明有关业务凭证的设计。

1. 固定资产目录的设计

由于企业的经营性质不同、经营规模各异，因此，对固定资产的确认标准也不完全相同，各企业可根据会计准则的规定并结合自身经营管理的需要编制固定资产目录，以明确固定资产的核算范围，作为固定资产核算的依据。固定资产目录的一般格式见表 9-11。

表 9-11　固定资产目录

编号	名称	规格型号	单位	原始价值	估计使用年限或工作量	残值率	年折旧率	年折旧额	备注

2. 固定资产登记簿的设计

企业的固定资产种类繁多、规格不一，为加强管理和便于组织会计核算，有必要对其进行科学、合理的分类。根据不同的管理需要与核算要求，对固定资产可以进行不同的分类。常见的分类方法主要有以下几种。

（1）按固定资产的经济用途不同，可分为经营用固定资产和非经营用固定资产。

（2）按固定资产的使用情况不同，可分为使用中的固定资产、未使用固定资产和不需用固定资产。

（3）按固定资产的所有权不同，可分为自有固定资产和租入固定资产。租入固定资产又分为经营租入固定资产和融资租入固定资产。

（4）按固定资产的经济用途和使用情况综合分析，可分为生产经营用固定资产、非生产经营用固定资产、租出固定资产、不需用固定资产、未使用固定资产、土地和融资租入固定资产。

固定资产登记簿是按固定资产类别开设的、用以记录各类固定资产增减变化和结余情况的账簿，它相当于固定资产二级账。

3. 固定资产卡片的设计

固定资产卡片是为反映、监督每项固定资产而开设的固定资产专用明细账，它相当于固定资产三级账。固定资产卡片一式三联：一联由管理部门留存，一联由使用部门留存，一联交财务部门。其一般格式见表 9-12。

表 9-12　固定资产登记卡

（正面）

总账科目：　　　　　　　　　　本卡编号：

明细科目：　　　　　　　　　　财产编号：

<table>
<tr><td>中文名称</td><td></td><td rowspan="10">抵押设备权解除及保险记录</td><td>抵押行库</td><td></td></tr>
<tr><td>英文名称</td><td></td><td>设定日期</td><td></td></tr>
<tr><td>规格型号</td><td></td><td>解除日期</td><td></td></tr>
<tr><td>厂牌号码</td><td></td><td>险别</td><td></td></tr>
<tr><td>购置日期</td><td></td><td>承包公司</td><td></td></tr>
<tr><td>购置金额</td><td></td><td>保单号码</td><td></td></tr>
<tr><td>存放地点</td><td></td><td>投保日期</td><td></td></tr>
<tr><td>耐用年限</td><td></td><td>费率</td><td></td></tr>
<tr><td rowspan="2">附属设备</td><td rowspan="2"></td><td>保险费</td><td></td></tr>
<tr><td>备 注</td><td></td></tr>
</table>

调拨转移情况

年	月	日	使用部门	用途	保管员	年	月	日	使用部门	用途	保管员

续表

（反面）

固定资产维修情况	年	月	日	
				填卡注意事项： （1）本卡适用于机械设备、运输设备和机电设备，新卡由管理部门填制。 （2）本卡的编号由保管卡部门自编。 （3）因管理需要需另行设计表格者，须把新设计的表格送管理部门备查。 （4）“折旧提取情况”栏：日期写开始日期，以后年度为 1 月 1 日；本期提取数为本年度提取数。

折旧提取情况	年	月	日	原值	残值	已提累计折旧	本期计提折旧	累计折旧	净值	备注

4. 固定资产增加单的设计

固定资产增置验收后，使用部门应立即填写“固定资产增加单”一式三联，经管理部门签章后送会计部门，第一联送管理部门记入“固定资产卡片”，第二联由会计部门记账使用，第三联送使用部门留存。“固定资产增加单”是记录固定资产增加的主要内部单据。其一般格式见表 9-13。其中，“固定资产成本记录”应填写成本科目，如内购、外购、关税和运费等。

表 9-13　固定资产增加单

会计科目：　　　　　　　　　　　　　　　年　　月　　日

中文名称		取得日期		固定资产成本记录		
				设备内容	数量	取得成本
外文名称		数量				
规格型号		取得金额				
厂牌号码		使用年限				
存放地点		月折旧额				
附属设备				合　计		
备注						

总经理：　　　　财务部门：　　　　管理部门：　　　　使用部门：　　　　经办人：

5. 固定资产减损单的设计

固定资产因减损而报废的，应由使用部门填制“固定资产减损单”一式四联，注明报废原因，送交管理部门及会计部门，经审核批准后，第一联送管理部门，第二联送会计部门，第三联由使用部门留存，第四联交拆除部门。

6. 固定资产调拨单的设计

固定资产在公司内部相互调拨时，应由调出部门填写“固定资产调拨单”一式四联，经管理部门签章后送交调出部门签章。第一联由管理部门留存，第二联送会计部门，第三联送调入部门，第四联送调出部门。

7. 固定资产折旧表的设计

固定资产折旧计算分配表是编制固定资产折旧记账凭证的原始凭证。在计算出每月各部门应负担的固定资产折旧额后，确定固定资产的账面价值。“固定资产折旧表”的一般格式见表 9-14。

表 9-14 固定资产折旧表

年 月

应借账户	部门	本月计提折旧	累计已提折旧	折旧方法	备注
制造费用	第一车间				
	第二车间				
	小计				
辅助生产成本	机修车间				
	动力车间				
	小计				
营业费用	销售部 1				
	销售部 2				
	小计				
管理费用	行政部门				
其他业务支出	出租				
	附属部门				
合计					

8. 固定资产盘点表的设计

在固定资产使用过程中，由于客观或人为原因会出现固定资产账实不符，为保证固定资产的安全和提供会计信息的准确，应定期或不定期地对固定资产进行清查。在清查前，会计人员和固定资产管理人员应将各自负责的有关固定资产的账簿记录核对准确。固定资产的清查方法是实地盘点，即将固定资产卡片与实物相核对。盘点后，首先将盘点结果详细填写“固定资产盘存单”，作为盘点结果的依据，并据此与固定资产卡片相核对，对账实不符的编制“固定资产盘盈、盘亏表”，作为固定资产清查的账务处理依据。有的企业为简化原始凭证的填制工作，也可以把“固定资产盘存单”和“固定资产盘盈、盘亏表”合并为一张原始凭证。

（二）固定资产管理制度内容的设计

1. 固定资产业务的职责分工和授权审批

企业应建立固定资产业务的岗位责任制，明确相关部门和岗位的职责、权限，确保不相容岗位相互分离、制约和监督。同一部门或个人不得办理固定资产业务的全过程。固定资产业务的不相容岗位至少包括固定资产投资预算的编制、审批与执行，固定资产的采购、验收与款项支付，固定资产投保的申请与审批，固定资产处置的申请、审批与执行，固定资产取得与处置业务的执行和相关会计记录。

企业应配备合格人员办理固定资产业务，合格人员应具备良好的业务素质和职业道德。

企业应对固定资产业务建立严格的授权审批制度，明确授权审批的方式、权限、程序、责任和相关控制措施，规定经办人的职责范围和工作要求。严禁未经授权的机构或人员办理固定资产业务。

审批人应在授权范围内审批，不得越权审批。经办人在职责范围内，应按审批人的批准意见办理。对审批人越权审批的情况，经办人有权拒绝办理并及时向上级部门报告。

2. 固定资产的日常管理

（1）固定资产按类别归口管理。企业在满足内部管理需要的同时，可根据固定资产的特点和类别等分部门管理。一般情况下，土地、房屋及建筑物、运输设备、事务性设备由总部行政管理部门负责管理；机械、马达、仪表和机电性设备由设备管理部门负责，但得视实际需要，归性质相关的部门管理；工具由物资仓库负责管理。

（2）固定资产编号。固定资产取得后即归管理部门管理，并会同会计部门，依其类别及会计科目的统驭关系予以分类编号并粘贴标签。

（3）固定资产增减报告。企业会计部门应对本月增加和减少的固定资产进行统计，并于次月10日前就土地、房屋及建筑物、运输设备、机械设备和机电性设备等项目编制“固定资产增减表”一式三联送管理部门核对，并填列异常或更正内容后，第一联由管理部门留存，第二联由会计部门留存，第三联送使用部门留存，采用计算机处理报表的企业可用电算报表替代。

（4）固定资产盘点制度。固定资产管理部门应会同会计部门每年盘点一次；另外，每季就固定资产的项目，根据登记卡册，每一类别至少抽查十项，抽查后应填制“固定资产盘存单”一式三联，注明盈亏原因，第一联由管理部门留存，第二联报送总经理，由会计部门留存，第三联送总经理处或总管理处备查。管理部门对于盘盈或盘亏应查明原因并上报，同时依据固定资产增加或减少的规定办理手续。

（5）固定资产估价。固定资产因其他公司拨入、接受捐赠、盘盈而增加，应填明金额，如原价无法查到或根本无原价的，会计部门应会同管理部门予以估价并办理手续。

（6）固定资产移交。当人员调转、停职情况发生时，应该依据有关管理规定进行固定资产移交，并办理相应手续，主要是指固定资产移交的手续制度。

（7）固定资产内部调拨。企业固定资产在企业内部相互调拨时，应由调出部门填写“固定资产调拨单”一式四联，经管理部门签章后，送交调出部门签章。第一联由管理部门留存，第二联送会计部门，第三联送调入部门，第四联送调出部门。如果出入厂区，应填写“调拨转运单”一式六联：第一联由托运部门自存；第二联由托运部门转交会计部门暂存；第三联至第六联出厂时经守卫签注时间和车重后，由守卫留存，并于次日转交会计部门。第四联、第五联和第六联由托运部门随同固定资产出厂，在经调入部门厂门时经守卫签注入厂时间和车重后入厂，经点收后，第四联由调入部门留存；第五联由托运部门暂存并凭此申请运费；第六联由守卫暂存，于次日送交调入部门的会计部门。

（8）固定资产报废处理。企业固定资产因减损而报废的，应由使用部门填制“固定资产减损单”

一式四联，注明报废原因，送交管理部门及会计部门签注处理意见后呈报总经理，经审核批准后，第一联送管理部门，第二联和第三联随同残料送交仓库签收，然后将第二联送交会计部门据以向主管机关办理抵押权变更及解除保险等手续，第三联由使用部门留存；如果存在拆除报废固定资产，则第四联交拆除部门。

（9）对闲置固定资产的处理。固定资产管理部门至少应每 3 个月将经营上认为无利用价值的闲置固定资产予以整理，填制“闲置固定资产明细表”，拟定处理意见后呈报总经理，经核定后进行处理。

五、固定资产业务处理程序的设计

（一）固定资产的取得与验收

企业应建立并严格执行固定资产预算管理制度。对预算内的固定资产投资，应严格按预算执行进度办理相关手续；对超预算或预算外的固定资产投资，应由相关部门提出申请，经严格审批后办理。

企业应根据使用情况、生产经营和发展战略等因素拟定固定资产投资项目，进行可行性研究，并按规定程序审批，确保固定资产投资决策科学、合理。重大固定资产投资项目可组织独立第三方进行可行性研究与评价，并由企业实行集体决策和审批，防止出现决策失误而造成严重损失。

企业应建立外购固定资产请购与审批制度，明确请购部门和审批人员的职责权限及请购与审批程序。固定资产采购过程应规范、透明。一般固定资产采购应由物资供应部门充分掌握供应商情况，采取比质、比价的办法确定供应商；重大固定资产采购应采取招投标方式。

企业应按会计准则的要求，区分融资租赁和经营租赁，并根据风险和报酬转移情况，明确固定资产租赁业务的审批和控制程序。

企业应建立严格的固定资产交付验收制度，确保数量、质量等符合使用要求。验收工作由固定资产管理部门、使用部门及相关部门共同实施。外购固定资产应根据合同和供应商发货单等对所购固定资产的品种、规格、数量、质量和技术要求等进行验收，出具验收单或验收报告，验收合格后方可投入使用。自行建造的固定资产应由制造部门、管理部门和使用部门共同填制固定资产移交使用验收单，移交使用部门使用。对尚未及时办理竣工验收手续，但已达到预定可使用状态的固定资产，应及时按暂估价将“在建工程”转为“固定资产”核算。以投资者投入、接受捐赠、债务重组、企业合并或非货币性资产交换等方式取得的固定资产均应办理验收手续。对经营租赁、借用和代管的固定资产应设立登记簿记录备查，避免与本企业财产混淆。验收合格的固定资产应及时办理入库、编号、建卡和分配等手续。需要办理产权登记手续的固定资产，应及时到相关部门办理。

固定资产取得和验收业务的具体程序如下。

第一，资产管理部门的固定资产管理员根据固定资产购置计划拟订固定资产购置方案一式两份，交资产管理部经理审核。

第二，资产管理部审核后，资产管理部固定资产管理员根据购置方案选货，填制借款凭证并交资产管理部经理和财务部经理审核、签字，经主管总经理审批后购置。

第三，固定资产管理员持借据到财务部出纳员处借支支票。

第四，财务部出纳员对借据进行认真审核，无异议后签发支票，并依据支票存根登记银行存款日记账。

第五，固定资产管理员按固定资产购置方案购置固定资产，购置后填制“固定资产增加单”一式三联。如果没有专门的管理部门，则由资产管理部门的综合管理员填制“固定资产卡片”一式三联，交总务部综合管理员验收。

第六，综合管理员验收后在固定资产卡片上签字，留存一联后将另外两联分送使用部门和财务部门。

固定资产购置业务的处理程序如图 9-3 所示。

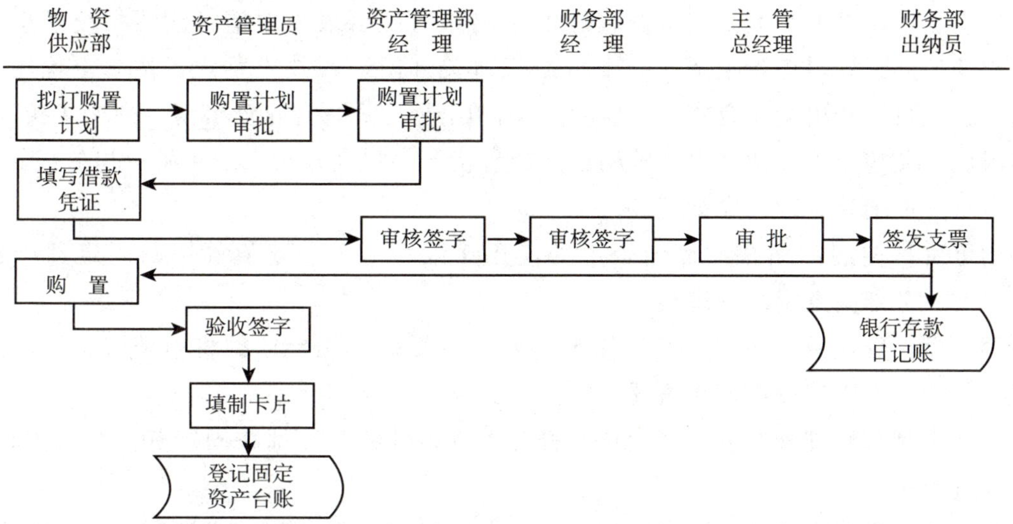

图 9-3　固定资产购置业务处理程序

（二）固定资产的使用与维护

企业应加强对固定资产的日常管理工作，授权具体部门或人员负责固定资产的日常使用与维护，保证资产的安全与完整。固定资产的移动应得到授权。

企业应根据国家及行业的有关要求和自身经营管理的需要，确定固定资产分类标准和管理要求，并编制固定资产目录。企业应依据会计准则，结合企业实际，确定计提折旧的固定资产范围、方法、年限和净残值率等。折旧政策一经确定，除符合会计准则规定的情况外，未经审批，不得随意变更。

企业应建立固定资产维修和保养制度，保证固定资产正常运行，提高使用效率。使用部门应负责固定资产的日常维修和保养，定期检查，及时消除风险。大修理应由使用部门提出申请，按规定程序报批后安排。技术改造应组织相关部门进行可行性论证，经审批通过后实施。

企业应确定固定资产投保范围和政策，由管理部门提出投保申请，按规定程序审批后办理投保手续；必要时，可采取招标方式确定保险公司。已投保固定资产因增减、转移及处置等原因而发生变动时，应提出变更申请，经授权人员审批后办理投保、转移或解除等保险手续。

企业应定期对固定资产进行盘点。盘点前，应保证管理部门、使用部门和财会部门进行固定资产账簿记录的核对，保证账账相符。根据盘点结果填写固定资产盘点表，并与账簿记录核对。如有账实不符，应编制固定资产盘盈、盘亏表。固定资产的盘盈、盘亏，应由使用部门和管理部门逐笔查明原因，共同编制盘盈、盘亏处理意见，经授权人员审批后由财会部门及时调整账簿记录。

管理部门和使用部门对未使用、不需用或使用不当的固定资产应及时提出处理措施，报授权人员审批后实施。对封存固定资产，应指定专人负责日常管理，定期检查，确保资产完整。

企业应至少在每年年末由管理部门和财会部门对固定资产进行检查和分析。固定资产存在减值迹象的，应进行减值测试；可收回金额低于账面价值的，应计提减值准备，确认减值损失。

（三）固定资产的处置

企业应建立固定资产处置制度，确定固定资产处置的范围、标准、程序和审批权限等，确保固定资产的合理利用。企业应区分固定资产的不同处置方式，采取相应控制措施。对使用期满、正常报废的固定资产，应由使用部门或管理部门填制固定资产报废单，经授权人员审批后进行报废清理。对使用期限未满、非正常报废的固定资产，应由使用部门提出报废申请，注明报废理由；估计清理费用、可回收残值和预计出售价值等。企业应组织有关部门进行技术鉴定，按规定程序审批后进行处置。对拟出售或投资转出的固定资产，应由有关部门或人员提出处置申请，列明原价、已提折旧、预计使用年限、已使用年限、预计出售价格或转让价格等，报经授权人员审批后出售或转让。

固定资产报废的会计处理程序如下。

第一，固定资产使用部门根据固定资产的使用年限、折旧和残值等填制固定资产报废申请表（一式四份），交总务部固定资产管理员。

第二，固定资产管理员对固定资产报废申请表进行复核，无异议的将申请表交资产管理部经理和财务部经理等联合对固定资产使用情况进行鉴定。

第三，资产管理部经理和财务部经理认为符合报废条件的，分别在固定资产报废申请表上签字，交企业主管经理审批。

第四，经主管总经理审批后，资产管理部固定资产管理员留存相应申请表（一式两份），一份交固定资产使用部门，一份交财务部凭证复核员。

第五，资产管理部固定资产管理员根据报废申请表注销固定资产卡片。

第六，固定资产使用部门根据报废申请表注销固定资产卡片。

第七，财务部凭证复核员收到固定资产报废申请表后审核，无异议的交财务部数据录入员。

第八，财务部数据录入员根据固定资产报废申请表进行数据录入，打印记账凭证交财务部复核员。

第九，财务部复核员根据记账凭证对录入数据进行复核，无异议的进行账务处理（登记固定资产账、累计折旧账、固定资产清理账、营业外收支账、银行存款账或现金账）。

固定资产处置应由独立于使用部门和管理部门的其他部门或人员办理。固定资产处置价格应选择合理的方式，经授权人员审批后确定；如有必要，可委托中介机构进行资产评估。重大固定资产处置，应采取集体合议审批制度，并记录集体审批过程。固定资产处置涉及产权变更的，应及时办理产权变更手续。

出租、出借固定资产应由管理部门会同财会部门按规定报经审批后办理并签订合同，对固定资产出租、出借期间的维护保养、税赋责任、租金和归还期限等进行约定。对固定资产处置及出租、出借收入和发生的相关费用及时入账，保持完整的记录。

固定资产内部调拨应填制内部调拨单，明确调拨时间、调拨地点、编号、名称、规格和型号等，经有关负责人审批通过后，及时办理调拨手续。固定资产调拨的价值应由财会部门审批。

第五节 无形资产业务内部控制制度设计

无形资产是企业拥有或控制的没有实物形态的可辨认非货币性资产，包括专利权、非专利技术、商标权、特许权和土地使用权等。企业应加强对无形资产的管理与控制，落实管理责任制，建立健全分类管理制度，保护无形资产的安全，提高无形资产的使用效率，充分发挥无形资产对提升创新能力和核心竞争力的作用。

一、无形资产业务内部控制的要点

企业在建立与实施无形资产内部控制的过程中，应强化对下列关键点的控制。

第一，职责分工、权限范围和审批程序应明确、规范，机构设置和人员配备应科学、合理。

企业应建立无形资产业务的岗位责任制，明确相关部门和岗位的职责与权限，确保不相容岗位相互分离、制约和监督。同一部门或个人不得办理无形资产业务的全过程。无形资产业务的不相容岗位至少包括无形资产投资预算的编制、审批与执行，无形资产的取得、验收与款项支付，无形资产处置的审批与执行，无形资产取得及处置业务的执行与相关会计记录，无形资产的使用、保管与会计处理。

企业应配备合格人员办理无形资产业务。合格人员应具备良好的业务素质和职业道德。

企业应建立无形资产业务授权审批制度，明确授权批准的方式、权限、程序、责任和相关控制措施，规定经办人的职责范围和工作要求。严禁未经授权的机构或人员办理无形资产业务。审批人应在授权范围内进行审批，不得越权审批。经办人在职责范围内按审批人的批准意见办理无形资产业务。对审批人越权审批的情况，经办人有权拒绝办理并及时向上级部门报告。

第二，无形资产的取得依据应充分、适当，决策过程应科学、规范。

第三，无形资产的取得、验收、使用、保护、评估、技术升级和处置等环节的控制流程应清晰、严密。

第四，无形资产的会计处理应符合会计准则的规定。

企业应制定无形资产业务流程，明确无形资产投资预算编制、研发预算编制、取得与验收、使用与保全、处置和转移等环节的控制要求，并设置相应的记录或凭证，如实记载各环节业务的开展情况，及时传递相关信息，确保无形资产业务的全过程得到有效控制。

二、无形资产内部控制制度的设计

无形资产的内部控制制度主要包括职务分离与相应责任控制制度、投资管理控制制度、取得与处置控制制度等若干方面。这里着重结合无形资产的特点强调以下几个方面。

（一）支出预算控制制度

企业的无形资产有外购的，也有自行研制、开发取得的，但无论通过哪种方式获取都要花费一定的代价。同时，由于它具有提供未来经济效益的不确定性，因此在购置或自创无形资产时，必须经过认真调查研究，反复论证其可行性，并与相应的生产经营策略统筹安排，编制支出预算，以防止盲目投资造成意外风险。

（二）审核入账控制制度

企业的无形资产，无论是专利权、商标权还是专有技术，往往都是企业自创的，其中，有的在正式形成无形资产之前（如专利权和专有技术）发生的大量研究开发费用都已作为期间费用入账，正式取得时花费的直接费用反而很少；有的（如商标权）在正式取得时花费很少，一般作为期间费用入账，但随着企业的持续经营，其价值反而迅速提高。这些无形资产确认和计量的复杂性都要求其会计核算必须按会计准则和制度的规范，结合企业自身的特点，建立一套严格、规范的无形资产审核入账控制制度，正确划分资本性支出与收益性支出的界限，以保证可靠地提供企业财务信息，正确计算经营成果。

（三）保密控制制度

专有技术是一种技术秘密，不受法律保护；专利权虽然与专有技术不同，法律保护其在有效年限内享有专利的独占权，但有时仍然会发生侵权行为。因此，企业必须根据拥有的专有技术和专利权的自身特征，实施有效的包括人事控制、资料保密、配方垄断和法律相关保护等一系列有效措施，防止泄密和侵权。由于保密控制制度直接影响会计核算的准确性和提供财务信息的可靠性，因此也是会计管理与核算非常关注的一项内部控制制度。

（四）无形资产摊销控制制度

无论是专利权、土地使用权、经营特许权还是专有技术或商标权等，都会以各种方式表现出时效性，但这种时效性的表现又极其复杂；与此同时，对时效性长短的判断又决定了无形资产在各个期间的费用分摊金额，直接影响各个期间提供的财务状况和经营成果信息。因此，与无形资产审核入账的控制制度一样，企业必须按会计准则和制度的规定，结合企业各种无形资产的特点，建立一套严格、规范的无形资产摊销控制制度，以确保可靠地提供企业财务信息，正确计算经营成果。

三、无形资产内部控制处理程序的设计

（一）无形资产的取得与验收控制

企业应建立无形资产预算管理制度，根据使用效果、生产经营和发展目标等拟定无形资产投资项目，进行可行性研究，编制无形资产投资预算，并按规定程序审批，确保相关决策科学、合理。

对重大无形资产投资项目，应考虑聘请独立第三方进行可行性研究与评价，并实行集体决策和审批，防止因决策失误而造成严重损失。

企业应严格执行无形资产投资预算。对预算内的无形资产投资项目，有关部门应严格按预算执行进度办理相关手续；对超预算或预算外的无形资产投资项目，应由相关责任部门提出申请，经审批后办理相关手续。

外购无形资产应建立请购与审批制度，明确请购部门和审批人员的职责权限及相应的请购与审批程序。无形资产采购过程应规范、透明。对一般无形资产采购，应由采购部门充分掌握供应商情况，采取比质、比价的办法确定供应商；对重大无形资产采购，应采取招标方式进行；对非专有技术等非公开性无形资产，还应注意采购过程中的保密、保全措施。

企业应建立严格的无形资产交付验收制度，确保无形资产符合使用要求。验收工作由无形资产管理部门、使用部门及相关部门共同实施。外购无形资产必须取得有效的所有权证明文件，仔细审核合同等，必要时应听取专业人员或法律顾问的意见。

自行开发的无形资产，应由研发部门、管理部门和使用部门共同填制无形资产验收单，移交使用部门使用。购入或以支付土地出让金方式取得的土地使用权，必须有取得土地使用权的有效证明文件。除已经确认为投资性房地产外，在尚未开发或建造自用项目前，应根据合同和土地使用权证办理无形资产验收手续。对通过投资者投入、接受捐赠、债务重组、政府补助、企业合并和非货币性资产交换等方式取得的无形资产，均应办理验收手续。

对验收合格的无形资产应及时办理编号、建卡和调配等手续，对需要办理产权登记手续的无形资产，应及时到相关部门办理。

（二）无形资产的使用与保全控制

企业应加强对无形资产的日常管理工作，授权具体部门或人员负责日常使用与保全管理，保证无形资产的安全与完整。

企业应根据国家及行业有关要求和经营管理需要，确定无形资产的分类标准和管理要求，并建立无形资产目录。企业应依据会计准则，结合企业实际，确定无形资产的摊销范围、摊销年限、摊销方法和残值等。摊销方法一经确定，不得随意变更；确需变更的，应遵循会计准则，按规定程序审批。

企业应根据无形资产的性质确定无形资产的保全范围和政策。保全范围和政策应足以应对无形资产因各种原因而发生损失的风险。应限制未经授权人员直接接触技术资料等无形资产，对技术资料等的保管及接触应保有记录，重要无形资产应及时申请法律保护。

企业应定期或至少在每年年末由无形资产管理部门和财会部门对无形资产进行检查和分析。存在减值迹象的，应计算可收回金额；可收回金额低于账面价值的，应计提减值准备，确认减值损失。

（三）无形资产的处置与转移控制

企业应建立无形资产处置和转移制度，确定处置与转移的范围、标准、程序和审批权限等。

企业应区分无形资产的不同处置方式，采取相应控制措施。使用期满、正常报废的无形资产，应由使用部门或管理部门填制无形资产报废单，经授权部门或人员批准后进行报废清理。使用期限未满、非正常报废的无形资产，应由使用部门提出报废申请，列明报废理由、估计清理费用、可回收残值和预计出售价值等，组织有关部门进行技术鉴定，按规定程序审批后进行报废清理。拟出售或投资转出的无形资产，应由有关部门或人员提出处置申请，列明原价、已提摊销、预计使用年限、已使用年限、预计出售价格或转让价格等，报经授权部门或人员批准后出售或转让。对于重大无形资产的处置，处置价格应委托中介机构进行资产评估，同时采取集体合议审批，并建立集体审批记录机制。

无形资产的处置应由独立于管理部门和使用部门的其他部门或人员办理，涉及产权变更的，应及时办理产权变更手续。

企业出租、出借无形资产，应由管理部门会同财会部门按规定报经批准后办理并签订合同，对出租、出借期间所发生的维护保全、税赋责任、租金以及归还期限等进行约定。

对无形资产处置及出租、出借收入和相关费用，应及时入账，保持完整的记录。

无形资产内部调拨应填制内部调拨单，明确无形资产的名称、编号和调拨时间等，经有关负责人审批通过后，及时办理调拨手续。无形资产的调拨价值应由财会部门审核批准。

（四）无形资产业务流程的设计

无形资产的业务流程包括无形资产的取得、验收并落实权属、自用或授权其他单位使用、安全防范、技术升级与更新换代、处置与转移等环节。其主要作业有编制无形资产投资预算、拟订研发方案、进行可行性论证、确定权属关系、进行所有权登记、签订技术保密协议、进行技术适用性评估、技术升级和无形资产处置等。

第六节 销售业务内部控制制度设计

一、销售业务内部控制的目标

（一）保证销售业务的合法合规

销售业务必须符合国家法律法规和企业内部各项规章制度的要求，有效预防差错和舞弊行为的发生。

（二）保障商品和货款的安全与完整

商品是企业对外销售的基础，货款是企业经济利益流入的体现，商品和货款的安全与完整是企业销售业务内部控制的基本目标。

（三）保证销售业务的合理性和有效性

企业应综合运用内部控制的多种方法，加强对市场推广、订单处理、信用评估、合同签订、客户服务、开票发货、货款结算和账款回收等的控制与管理，确保销售各环节有序、高效，避免重大差错、舞弊、欺诈和诉讼等情况的出现。

（四）提高销售业务的效益性

企业应采取积极的销售和收款政策，努力扩大销售，不断提高市场占有率，同时注意控制营销费用，积极催收货款，争取将营业收入尽快转变为现金流量。

（五）维持良好的客户关系

企业应积极主动地与客户沟通，针对自身业务流程及特点，寻找影响客户满意度的因素，通过客户关系的维持，努力与客户建立长期友好的合作伙伴关系。

二、销售业务的内部控制要点

企业在建立与实施销售业务内部控制的过程中，至少应强化对下列关键点的控制。

第一，职责分工、权限范围和审批程序应明确、规范，机构设置和人员配备应科学、合理。

第二，销售政策和信用管理应科学、合理，销售与发货控制流程应规范、严密。

第三，应收账款应有效管理，及时催收；往来款项应定期核对，如有差错，及时改正。

第四，销售业务的会计处理应符合会计准则的规定。

三、销售业务内部控制制度的内容

销售与收款业务内部控制的设计主要是建立严格的审批制度、科学的分工制度和系统的核算制度。

（一）职务分离制度

企业应建立销售业务岗位责任制，明确相关部门和岗位的职责权限，确保不相容岗位相互分离、制约和监督。销售业务的不相容岗位至少应包括客户信用管理与销售合同的审批、签订，销售合同的审批、签订与办理发货，销售货款的确认、回收与相关会计记录，销售退回货品的验收、处置与相关会计记录，销售业务经办与发票的开具、管理，坏账准备的计提与审批以及坏账的核销与审批。

企业应将办理销售、发货和收款三项业务的部门分设。销售部门主要负责处理订单、签订合同、执行销售政策和信用政策、催收货款。发货部门主要负责审核发货单据是否齐全并办理发货的具体事宜。财会部门主要负责销售款项的结算和记录、监督货款的回收。任何一个部门或岗位不得办理销售业务的全过程。

企业应建立销售业务授权制度和审批制度，明确授权审批的方式、权限、程序、责任和相关控制措施。审批人应在授权范围内审批，不得越权审批。经办人应在职责范围内按审批人的批准意见办理销售业务。对审批人越权审批的事项，经办人员有权拒绝办理并及时向上级授权部门报告。严禁未经授权的机构和人员经办销售业务。对超过企业既定销售政策和信用政策范围的特殊销售业务，应集体决策，防止决策失误而造成严重损失。

企业应配备合格人员办理销售业务，合格人员应具备良好的业务素质和职业道德。企业应根据具体情况对办理销售业务的人员进行岗位轮换或管区、管户调整。

销货业务需要办理的主要事项有制定商业折扣标准、接受客户订单、核准付款条件、填制销货通知、发出商品、开具发票、核准销售折扣、确定销售折让或退货条件并办理退款或接受退货、收取货款以及各环节相应的会计记录等。在这些事项中，需要进行职务分离的有以下几项。

（1）接受客户订单的人员不能同时负责核准付款条件和客户信用调查的工作。

（2）填制销货通知的人员不能同时负责发出商品的工作。

（3）开具发票的人员不能同时负责发票的审核工作。

（4）办理各项业务的人员不能同时负责该项业务的审核批准工作。

（5）记录应收账款的人员不能同时负责货款的收取和退款工作。

（6）会计人员不能同时负责销售业务各环节的工作。

（二）订单控制制度

企业商品的销售一般是从接受客户的订单开始的。建立订单控制制度是销售业务控制的重要环节。订单控制制度包括以下几个方面。

（1）根据不同的客户和销售形式设计多种订单格式，以满足企业内部各个部门协调工作、相互制约的经营管理需要。

（2）规定订单在企业内部各环节的流转程序，并规定相应的授权批准程序。

(3) 实行订单顺序编号法，对已执行的订单和尚未执行的订单分别进行管理和控制，以便随时检查订单的执行情况和每一订单的处理过程。

(三) 销售价格政策控制制度

商品的销售价格一方面直接影响商品的销售市场，另一方面也影响企业当期利润指标的实现，因此，企业必须制定良好的销售价格政策控制制度。这项制度至少包括以下两个方面：一是制定统一的产品销售价格目录；二是规定灵活的商业折扣和现金折扣标准，并建立相应的授权批准权限。

(四) 销售发票控制制度

商品发出后向客户开具销售发票既是企业销售成立的标志，也是向客户收取货款的依据。如果在向客户开出销售发票和账单时缺乏有效的控制，不但会导致营私舞弊行为的发生，还会使会计的营业收入记录不真实。销售发票控制制度主要包括以下几项。

(1) 指定专人负责发票的保管和使用，明确发票管理制度。

(2) 发票使用人领用发票时应签字注明所领用发票的起讫号。

(3) 发票使用人所开具的发票必须以发货通知单等有关凭证上载明的客户名称、日期、数量、单价和金额等为依据如实填列各项内容。

(4) 财会部门必须指定独立于发票使用人的专人定期或不定期地对所有使用过的发票与会计记录和有关凭证进行核对、检查。

(五) 收款业务控制制度

根据订单的规定期限和结算方式收取销售款项是销售业务的最终环节，它直接影响企业的财务状况，保证足额、安全地收取款项是收款业务控制制度的根本目标。关于现款销售控制制度已在货币资金的内部控制制度中做了详细描述，这里只就应收账款控制问题进行研究。

对应收账款的控制主要体现在以下几个方面。

1. 客户信用审查

收到客户订单后，首先应由负责客户信用调查的部门进行客户信用审查，然后才能决定是否接受订单。

2. 现金折扣政策

确定切实可行的现金折扣政策，鼓励客户及早付款。

3. 应收账款记录

会计部门的应收账款记录必须严格地以销售部门销售业务的原始凭证为依据，防止应收账款的虚计；应收账款的总分类账记录和明细分类账记录应由不同的会计人员负责。

4. 对账制度

会计部门应与客户建立定期或不定期对账制度，及时了解客户的财务状况，并将对账结果和对客户财务状况的了解情况通报销售部门和客户信用部门，以便及时采取有效措施，减少坏账损失。

5. 账龄分析

客户信用部门应定期编制应收账款账龄分析表，对账龄较长的客户重点采取措施。

（六）退货业务控制制度

企业发生的销货退回相对于正常销售来说是少量的、不经常发生的业务，但由于其直接影响企业的信誉、销售收入和应收账款的确认，直接抵减企业的经济效益，也可能产生舞弊行为，因此，建立退货业务控制制度依然是至关重要的。

退货业务的控制制度主要有以下几个方面。

1. 建立退货损失惩罚制度

在整个销售控制制度中明确每一个环节的责任人，当发生退货业务时能够找到承担损失的责任人，并给予相应的处罚，以加强生产和销售等各环节业务人员的责任意识，减少不必要的退货损失。

2. 设立独立于销售部门的销货争议处理机构

当客户验收商品发现问题并通知企业时，销货争议处理机构能够立即展开调查，积极与客户协调，确认责任方。对由于本企业责任而造成客户争议的，应拿出双方都能接受的解决方案。

3. 建立销售折让优先制度

对确认为本企业责任的，第一解决方案是给予客户销售折让，以减少可能发生的退货损失。

4. 理顺销售折让和销售退回的凭证流转程序

它可使会计记录所使用的原始凭证真实、可靠，从而保证相应会计记录的客观性。

5. 建立退货、索赔和销售折让审批制度

任何退货、索赔及销售折让的执行，必须有授权领导的批准。

6. 建立退货验收制度和退款审查制度

这个制度的具体内容与进货验收制度和付款制度基本相同。

（七）售后服务控制制度

在激烈的市场竞争中，企业为树立信誉、扩大销路，必须对售出商品进行质量担保。既要在规定的质量担保范围内为客户提供良好的服务，又要将保修费用降到最低，这是售后服务控制制度的核心。为此，企业必须根据自身商品的特点，对服务对象、服务时间、服务标准、服务单位和服务业务的手续等建立相应的内部控制制度。

四、销售业务内部控制处理程序的设计

（一）销售与发货控制

企业应制定销售目标，建立销售管理责任制，明确有关部门或岗位在订单处理、信用评估、签订合同、开票发货和客户服务等作业中的职责权限，确保销售和发货业务按规定程序办理。

1. 接受订单，授权审批

销售部门收到客户订单后，应依据授权范围决定是否接受订单。销售授权可分别设置一般授权和特别授权。一般授权是对常规业务的制度性授权。例如，金额在 5 000 元以下的销售可由销售部门自行决定是否同意客户赊销或给予折扣与折让。特别授权是针对非常规业务或超过一般授权限制的常规业务，销售部门不能自行决定，而需特别报请经理办公会议或董事会决定是否同意客户赊销或

给予折扣与折让。销售部门对已受理订单应填制销售通知单，并要求顾客在收款部门办理款项预付及结算手续。对没有受理的订单，销售部门应及时向客户说明原因。

2. 评估信用，确定政策

企业应充分了解和考虑客户的信用和财务状况等，加强赊销管理。赊销业务应遵循规定的销售政策、信用政策及程序。有条件的企业可设立专职信用管理部门或岗位，负责制定信用政策，评估客户信用等级，确定客户信用政策，监督各部门信用政策的执行情况。信用政策应明确规定定期（至少每年一次）对客户的资信情况进行评估，明确不同客户的信用额度、回款期限、折扣标准及违约情况下应采取的应对措施等。信用管理应利用先进的科学技术，不断收集、健全客户信用资料，建立客户信用档案或数据库。有条件的企业可运用计算机网络集成分、子公司或业务分部的销售发货信息与授信情况，防止向未经信用授权的客户发出商品，并防止客户以较低的信用条件同时与两个或多个分、子公司进行交易而损害企业利益。有条件的企业还可利用国家政策性出口信用保险机构的政策支持以防范风险。

3. 协商谈判，订立合同

企业应建立销售定价控制制度，制定价目表、折扣政策和收款政策，定期审阅并严格执行。在销售合同订立前，应指定专人就销售价格、信用政策、发货及收款方式等具体事项与客户谈判。谈判人员应有两人以上，并与合同订立人员分离。谈判中涉及的重要事项应有书面记录。企业应授权有关人员与客户签订销售合同，重大合同应征询法律顾问或专家的意见。企业应建立健全销售合同审批制度。审批人员应对销售价格、信用政策、发货及收款方式等严格把关。

4. 通知销售，组织发货

销售部门根据经审批的销售合同编制销售计划，向发货部门下达销售通知并编制销售发票通知单，经审批后传达给财会部门，由财会部门或经授权的有关部门在开具销售发票前对客户信用及实际出库记录凭证审查无误后向客户开出销售发票。编制销售发票通知单的人员与开具销售发票的人员应分离。

发货部门应对销售发货单据进行审核，严格按销售通知单所列货物品种、规格、数量、时间、发货方式和接货地点等组织发货，并建立货物出库和发运等环节的岗位责任制，确保货物安全发运。

5. 保持记录，定期核对

企业应做好销售与发货各环节的相关记录，并加强销售订单、销售合同、销售计划、销售通知单、发货凭证、运货凭证和销售发票等文件和凭证的相互核对工作。销售部门应设置销售台账，及时反映各种商品、劳务等销售的开单、发货和收款情况，并指定专人对销售合同的执行情况进行定期跟踪审阅。销售台账应附有客户订单、销售合同和客户签收回执等单据。

（二）收款控制

1. 货款结算与收款管理

企业应及时办理货款结算和收款业务。对以银行转账方式办理的销售收款，应通过企业核定的账户进行结算。销售收入应及时入账，不得账外设账，不得坐支现金。应避免销售人员直接接触销售货款。

2. 应收账款管理

企业应建立应收账款账龄分析制度和逾期催收制度。销售部门应负责应收账款的催收。催收记录（包括往来函电）要妥善保存，财会部门应督促销售部门加紧催收。催收无效的逾期账款可通过法律程序解决。应收账款应分类管理，针对不同性质的应收款项采取不同方法和程序。严格区分并明确收款责任，建立合理的清收奖励、责任追究和处罚制度，及时清理欠款，提高应收账款周转效率。企业应按客户设置应收账款台账，及时登记并评估每一客户的应收账款余额变动和信用额度使用情况。

3. 呆账与坏账管理

呆账是可能成为坏账的应收账款，企业应按会计准则的规定计提坏账准备，并按权限范围和审批程序进行审批。发生坏账损失应查明原因，明确责任。并在履行审批程序后进行会计处理。已核销坏账应进行备查登记，做到账销案存。已核销坏账又收回时应及时入账，防止形成账外款。

4. 应收票据管理

企业应结合销售政策和信用政策，明确应收票据的受理范围和管理措施。企业应加强对应收票据合法性和真实性的审查，防止票据欺诈。应收票据贴现必须经授权人员审批。企业应由专人保管应收票据，对即将到期的应收票据应及时向付款人提示付款。已贴现但仍承担收款风险的票据应在备查账簿中登记，以便日后追踪管理。企业应制定逾期票据追索监控和冲销管理制度。

5. 保持记录，定期核对

企业应定期抽查、核对销售业务记录和收款记录等，及时发现并处理收款业务中存在的问题。企业应定期与客户通过函证等方式核对应收账款、应收票据和预收账款等往来款项，如有不符，应查明原因，及时处理。

（三）销售退回与折让控制

企业应建立销售退回与折让管理制度。销售退回与折让必须经授权审批后方可执行。销售退回的货物应由质检部门检验和仓储部门清点后方可入库。质检部门应对客户退回的货物进行检验并出具检验证明；仓储部门应填制退货接收报告单，注明退回货物的品种、数量、金额和退货原因等；财会部门应对检验证明、退货接收报告单及退货方出具的退货凭证等进行审核后办理相应的退款事宜。企业应对退货原因进行分析并明确有关部门和人员的责任。

（四）销售业务的流程设计

销售业务一般涉及销售、发货、结算和收款等环节，主要作业有接受订单、信用调查、签订合同、预收货款、开票发货、货款结算、账款回收、应收账款管理和坏账处理等。

（五）销售业务内部控制的监督检查

企业应建立对销售业务内部控制的监督检查制度，明确监督检查机构或人员的职责权限，定期或不定期地进行检查。监督检查机构或人员应通过实施符合性测试和实质性测试检查销售业务内部控制制度是否健全，各项规定是否得到有效执行。

销售业务内部控制监督检查的内容主要包括以下几项。

（1）相关岗位及人员的设置情况，重点检查是否存在不相容职务混岗的现象。

（2）授权审批制度的执行情况，重点检查授权审批手续是否健全，是否存在越权审批行为。

（3）销售管理情况，重点检查信用政策、销售政策的执行是否符合规定。

（4）收款管理情况，重点检查销售收入是否及时入账，应收账款的催收是否有效，坏账核销和应收票据的管理是否符合规定。

（5）销售退回与折让的管理情况，重点检查销售退回与折让手续是否齐全以及退回货物是否及时入库。

第七节 投资业务内部控制制度设计

企业对外投资就是将企业的资金投放于企业外部以取得投资收益；或者为了影响或控制其他企业的经营与财务政策，以保障本企业正常经营业务的顺利进行和扩大；或者通过积累巨额资金为满足未来特定用途的需要做准备等，而将企业的现金、实物资产或无形资产、固定资产等对外投出，从而形成企业的各种投资。

一、企业对外投资会计制度设计的目的与原则

（一）投资业务会计制度设计的目的

1. 优化资源配置，提高资产利用效率

资产是企业拥有或控制的经济资源。企业的生产经营活动就是运用资产取得收益以使资本不断增值的过程。因此，企业必须利用现有的资产，提高其利用效率以增加企业的收益。但企业在经营过程中，由于市场的变化或者企业管理的原因，有时会出现资产闲置或资产报酬率下降甚至亏损的情况，在这种情况下，企业就可以考虑利用现有的资产对外投资，进行资产的重新组合，以优化资源配置，增加企业收益。

2. 优化投资组合，降低经营风险

有时企业并不是因为出现了闲置资产或资产报酬率下降才进行对外投资的，而是出于降低经营风险的考虑。企业在经营过程中，由于经营领域单一，可能会产生较大的经营风险，一旦市场发生变化，会给企业造成重大的经济损失。在这种情况下，企业就可以考虑将一部分资产投放于企业外部，以优化投资组合，降低经营风险。

3. 保护企业资产的安全与完整

各种行之有效的投资管理制度能使企业的各项投资活动在一种有条不紊和高效率的方式下运转。如果没有有效的对外投资管理制度，企业的各项投资资产就可能被盗窃、受损或被滥用，有关的会计凭证、账簿记录和统计计量等非实物资产也可能遭到破坏和毁损，导致各种贪污、舞弊行为的发生。所以，完善的投资制度可以在一定程度上保证财产物资及相关记录的安全与完整。

4. 强化企业管理，提高经济效益

加强企业管理是企业永恒的主题。管理的重心在决策，决策的科学性则离不开正确、可靠的管理制度。对于管理者来说，科学、合理的管理制度能为管理者提供准确的信息，从而做出正确的决策，并能提高企业的经济效益；否则，决策失误会给企业带来各种投资风险，使企业蒙受各种损失。

（二）对外投资会计制度设计的原则

1. 成本效益原则

企业在设计对外投资各项制度的过程中，贯彻成本效益原则就是要运用科学化的经营管理方法以降低其成本、提高经济效益，力争以最小的控制或管理成本获取最大的经济利益，即实施各项投资管理制度所花费的代价不能超过因此所获得的收益。

在设计对外投资会计制度时要坚持成本效益原则，要有选择地控制，要精心设计控制点，太多则不经济，太少则会失去控制的有效性。尽量精简机构和人员，改进控制方法和手段，减少过繁的手续和程序，避免重复劳动，使企业能因工作简化、效率提高而节省费用。花费少而控制效率高才是有效的控制系统。

2. 安全性原则

企业的对外投资通常都会面临许多风险，一般来说，风险越大，报酬率越高；风险越小，报酬率越低。因此，企业必须在投资报酬与风险之间权衡利弊，寻找一种能够按期收回本金并能获得投资收益的安全的会计制度。因为企业的各种财产物资，特别是货币资金和有价证券等变现性较强的资产很容易被挪用或盗窃，对于这些资产，只有经过适当授权，方可接触或处理，以保证资产的安全与完整。另外，在设计投资会计制度时，应建立实存资产与账面资产定期核对控制制度，使其相互牵制，有助于核实实物资产的完整性，当两者产生差异时，管理者可以及时采取措施，防微杜渐，确保账账相符、账实相符。

3. 权责明确、奖惩结合原则

企业在设计对外投资会计制度的过程中，坚持权责明确原则就是根据各岗位和部门的职能与性质，明确各部门及人员应承担的责任范围，赋予其相应的权限，规定操作规程和处理手续，确定追究责任的措施与奖惩办法等，做到事事有人管、事事有人干、办事有标准，使权有所属、责有所归、利有所享，避免发生越权、争权夺利或互相推诿的现象。同时，应定期对各部门的业绩进行考核与评价，并与其切身利益紧密挂钩，做到奖惩分明。

4. 信息反馈原则

按照系统论的观点，对于一个控制系统来说，不仅控制主体作用于受控系统，而且受控系统也会反作用于控制主体，即具有反馈功能。对外投资信息的反馈是否及时，直接关系到会计制度设计的有效性。因此，坚持信息反馈原则就是要根据信息反馈过程及各阶段的特征，在企业内部设置严密的记录和报告等信息反馈系统，使各控制主体能够及时了解控制措施的执行情况，不失时机地行使权力、履行责任、调整投资活动，有效实现企业目标。

二、投资业务的内部控制目标

针对上述风险，为规范投资行为、防范投资风险、保证投资安全、提高投资效益，投资业务的内部控制应实现如下目标。

（1）防范投资决策风险，确保企业投资活动符合企业发展战略。

（2）控制合规性风险，投资活动要遵循国家法律法规，符合国家产业政策和宏观调控趋势。

（3）堵塞漏洞，防止舞弊，保护投资资产的安全。

（4）合理安排与投资活动有关的资产结构，控制流动性风险。

（5）投资及投资收益的确认、计量和报告符合会计准则的要求。

三、投资业务的内部控制要点

企业在建立和实施投资业务内部控制的过程中，控制要点有以下几个方面。

第一，职责分工、权限范围和审批程序应明确、规范，机构设置和人员配备应科学、合理。

企业应建立投资业务岗位责任制，明确相关部门和岗位在投资论证、授权、执行、记录、资产保管等方面的职责权限，确保不相容职务相互分离、制约和监督。投资业务中的不相容职务至少应包括：投资计划的编制、可行性研究与投资项目评估，投资审批与执行，投资处置环节的申请、执行与审批，投资绩效评估与执行，投资执行与会计记录，投资执行与有价证券的保管，会计记录与有价证券的保管，等等。

企业应配备合格人员办理对外投资业务。合格人员应具备良好的职业道德，掌握金融、投资、财会和法律等方面的专业知识。

企业应建立投资授权和审批制度并按规定的权限和程序办理投资业务。

企业应根据投资类型制定业务流程，明确投资业务中各环节的责任人、风险点和控制措施等。

第二，投资项目建议书和可行性研究报告的内容应真实、可靠，支持投资建议和可行性论证的依据应充分、恰当，投资合同的签订应征求法律顾问的意见。

第三，投资实施方案应科学、完整，对投资项目的跟踪管理应全面、及时，对投资收益的确认应符合会计准则，对投资权益证书的管理应严格、有效，计提投资减值准备的依据应充分、恰当。

第四，投资处置的方式和程序应明确、规范，与投资处置有关的文件资料和凭证记录应真实、完整。

企业应保持完整的记录和凭证，如实记载投资业务各环节的开展情况。明确与投资业务相关文件资料的取得、归档、保管和调阅等各个环节的管理规定及相关人员的职责权限。

四、投资业务内部控制制度的内容

投资活动与其他经营业务活动相比，在各个企业之间具有较大的相同性，因而可以对投资环节的内部控制制度加以更加正规的组织。具体而言，投资业务内部控制制度主要包括职务分离制度，财务分析制度，投资调查审批制度，投资取得、保管和处置控制制度以及投资核算控制制度。

（一）职务分离制度

投资业务的职务分离制度主要体现在以下几个方面。

（1）投资计划的编制人员与审批人员相分离，以保证审批人员客观地分析投资的可行性和合理性。

（2）投资业务的操作人员与会计人员相分离，以保证业务运行和会计记录的相互核对与控制关系。

（3）有价证券的保管人员与会计记账人员相分离，以保证会计账簿对有价证券的安全性进行有效控制。

（4）参与投资交易活动的人员不能同时负责有价证券的盘点工作。

（5）投资红利和利息的经办人员与会计核算人员相分离，以保证红利和利息所获现金的全款入账。

（二）财务分析制度

财务分析制度贯穿于投资的提出、立项、调查、审批、跟踪和处理过程，应由负责投资的部门和财务部门定期或不定期地对被投资企业的财务状况和证券市场行情等进行分析，并据此编制财务分析报告，递交企业最高管理当局或董事会。当企业自己无能力进行某些分析活动或者自己进行分析活动不经济时，应聘请证券分析专家、市场分析专家或其他投资咨询公司来进行，以便掌握投资的运行状态，及时采取相应对策，规避投资风险。

（三）投资调查审批制度

由于投资活动存在巨大风险，在投资前必须进行充分的调查研究，并以财务分析的结果为依据编制投资计划，详细说明准备投资的对象、投资理由、投资品种、投资数量、投资期限、投资组合方案、影响投资收益的潜在利益和风险等，经决策部门审查批准后方可执行。所有投资决策都应当用书面文件予以记录。这些书面文件应进行编号控制，以便于日后追查经济责任。

（四）投资取得、保管和处置控制制度

对各种间接投资取得的有价证券和直接投资的合同、章程等需协调专门机构（专人）妥善保管，无论有价证券是由银行或其他独立机构代为保管还是由企业自行保管，证券保管人都必须设置证券登记簿，根据经复核和批准的原始凭单，详细登记存取证券的名称、号码、数量、面值、存放和取出日期及经手人等内容。该登记簿与会计部门的投资明细账应定期由专门人员进行核对，以保证投资资产的安全。

对各项投资的出售和收回等处置，也需有相应的部门主管授权批准，并将处置的各项原始凭证及获取的款项交财会部门入账。如果投资资产的处置为不同证券之间的转移，则该业务应同时置于证券取得和处置的控制制度之下。如果处置的结果是收回现金，还应结合现金收入的控制方法对投资资产的处置进行控制。

（五）投资核算控制制度

投资的会计核算控制制度包括投资的发生、期末计价、利息和股利的收取以及投资的收回等投资业务全过程的会计核算控制制度，通过相应的账户设置和会计核算方法的选定，对各项投资业务进行真实、完整和系统的会计核算。

五、投资业务内部控制处理程序的设计

（一）投资可行性研究、评估与决策控制

企业应加强对投资可行性研究、评估与决策环节的控制，对投资项目建议书的提出、可行性研究、评估和决策等做出明确规定，确保投资决策合法、科学、合理。企业因发展战略的需要，在原投资基础上追加投资的，仍应严格履行控制程序。

企业应编制投资项目建议书，由相关部门或人员对投资项目进行分析与论证，对被投资方的资信情况进行尽职调查或实地考察，并关注被投资方管理层或实际控制人的能力和资信等情况。投资项目如有其他投资者，应根据情况对其他投资者的资信情况进行了解或调查。对交易性投资项目，还应对投资品种、投资理由、投资数量、投资期限、投资组合以及影响收益的潜在因素等进行调研和论证。

企业应由相关部门、人员或委托具有相应资质的专业机构对投资项目进行可行性研究，编制可行性研究报告，重点对投资目标、投资规模、投资方式、潜在风险与收益等做出评价。企业应对可行性研究报告进行独立评估，形成评估报告。重大投资项目必须委托有资质的专业机构对可行性研究报告进行独立评估。

投资计划必须进行严格的审批。根据经股东大会（或类似权力机构）批准的年度投资计划，按职责分工和审批权限，对投资项目进行决策审批。重大投资项目应根据公司章程及相应权限报经股东大会和董事会（或类似决策机构）批准。交易性投资项目可由董事会授权一位高级职员来负责审批。

企业可设立投资审查委员会或类似机构，对达到一定标准的投资项目进行初审。只有初审通过的投资项目才能提交上一级管理机构和人员进行审批。初审应审查下列内容。

（1）拟投资项目是否符合国家有关法律法规和相关调控政策，是否符合企业主业发展方向和投资的总体要求，是否有利于企业的长远发展。

（2）拟订的投资方案是否可行，主要风险是否可控，是否采取了相应的防范措施。

（3）企业是否具有相应的资金能力和项目监管能力。

（4）拟投资项目的预计经营目标和收益目标等是否能实现，企业的投资利益能否确保，所投入的资金能否按时收回。

（二）投资执行控制

企业应拟订投资实施方案，明确出资时间、出资金额、出资方式及责任人员等内容。投资实施方案及方案的变更应重新履行审批程序。对交易性投资项目，企业可委托证券经纪人从事证券投资。经纪人应按委托合同及委托人的指令在授权范围内操作。证券买卖成交后，经纪人应填写成交通知书，列明成交编号、投资指令号、证券名称、证券数量、证券面值、实际成交价格、佣金和税金等。企业应授权相关人员对成交通知书进行审核，并作为记账依据之一。

企业应指定专职部门或人员对投资项目进行跟踪管理，掌握被投资方的财务状况、经营情况和现金流量，定期组织投资质量分析，发现异常应及时报告，以便采取相应措施。

企业可根据管理需要和有关规定向被投资方派出董事、监事、财务负责人或其他管理人员。对派驻被投资方的人员应建立适时报告、业绩考评与轮岗制度。

投资账户调整和投资收益计算应按会计准则进行。被投资方以股票形式发放股利，应及时更新账面股份数。按公允价值核算的投资项目，期末应将投资账户余额调整为公允价值并记录公允价值变动。按成本核算的投资项目，在有减值迹象时应进行减值测试，确认是否发生减值损失。

企业应指定专职部门或人员保管投资资产，并保持详细记录。未经授权的人员不得接触投资资产。企业也可委托银行、证券公司、信托投资公司等机构代为保管投资资产。财会部门应定期或不定期地对投资资产进行账实核对。同时，企业应设置投资备查登记簿，记载被投资单位的基本情况、动态信息、取得投资时被投资方各项资产及负债的公允价值、关联交易情况和发放股利情况等。

企业应定期或不定期地与被投资方核对有关投资账目，以保证投资的安全、完整。

（三）投资处置控制

企业应对投资收回、转让、核销等的决策和授权审批程序做出明确规定。投资收回、转让与核销应按规定权限和程序审批并履行相关审批手续。

对应收回的投资资产要及时、足额收取。转让投资应由相关机构或人员合理确定转让价格，并报授权审批部门审批，必要时可委托具有相应资质的专门机构进行评估。核销投资应取得因被投资方破产等原因而不能收回投资的法律文书和证明文件。

企业应认真审核与投资处置有关的审批文件、会议记录和资产回收清单等相关资料，确保资产处置真实、合法。

企业应建立投资项目后续跟踪评价管理制度，对企业的重要投资项目和所属企业超过一定标准的投资项目有重点地开展后续跟踪评价工作，并作为进行投资奖励和责任追究的基本依据。

（四）投资业务的监督检查

企业应加强对投资业务内部控制的监督检查，明确监督检查机构或人员的职责权限，定期或不定期地进行检查。

投资业务内部控制监督检查的内容包括以下几项。

（1）相关岗位设置及人员配备情况，重点检查岗位设置是否科学、合理，是否存在不相容职务混岗现象及人员配备是否合理。

（2）授权审批制度的执行情况，重点检查分级授权是否合理，对外投资的授权审批手续是否健全，是否存在越权审批等违规行为。

（3）投资业务决策情况，重点检查对外投资决策过程是否符合规定的程序。

（4）投资业务执行情况，重点检查各项资产是否按投资方案投出，投资期间获得的投资收益是否及时进行会计处理以及对外投资权益证书和有关凭证的保管与记录情况。

（5）投资处置情况，重点检查投资资产的处置是否经过决策并符合授权审批程序，资产的回收是否完整、及时，资产的作价是否合理。

（6）投资业务会计处理情况，重点检查会计记录是否真实、完整，是否符合会计准则的要求。

（五）投资评价

投资评价是指定期或不定期地对已实施的投资（或投资项目）从立项、决策、实施到结果（包括企业的经济效益和社会效益）等进行综合评价，以便总结经验，及时发现问题或错弊，提出相关对策、建议等。对外投资项目评价的时间安排包括：投资项目前期工作的评价、项目实施一定时期后的评价和证券投资后的评价等。投资评价的程序及方法可以根据企业的具体情况确定，如一些企业采取三个步骤进行投资评价，即项目单位进行自我评价并编制投资评价报告、主管部门或企业内部审计部门对投资评价报告进行初步审查并提出评价意见、企业最高管理层对投资评价报告进行复审并提出评价意见。

投资项目评价完成后，企业应根据评价结果，按其奖惩办法对有关业务部门、投资项目负责人和其他有关人员实行奖励或惩罚，以起到激励作用。

第八节 筹资业务内部控制制度设计

一、筹资业务内部控制的目标

筹资是指企业根据其生产经营活动的资金需要，通过一定的渠道，采取适当的方式获取所需资金的行为。企业可采取多种筹资方式筹措其生产经营活动所需资金，如发行股票（包括普通股和优先股）、发行债券、借款、吸收直接投资、商业信用和融资租赁等。企业筹资业务内部会计控制的目标是合理确定筹资规模和筹资结构，合理选择筹资渠道和筹资方式以及防范和控制财务风险。

二、筹资业务内部会计控制要点

企业设计筹资业务会计处理程序时，应注意以下内部会计控制要点。

第一，筹资计划的编制人员与审批人员分离，以便审批人员能独立衡量其合理性。

第二，负责筹资业务的人员与会计记录人员分离，负责证券出售和发行的人员不能同时担任相关会计工作。

第三，负责利息（或股利）计算和会计记录的人员应与支付利息（或股利）的人员分离，并尽可能由独立的金融机构代理支付。

第四，企业筹资时应编制筹资计划，并在正式执行前组织或聘请有关人员、专家分析、审核其可行性和合理性。

第五，加强对有价证券的保管。企业尚未发售的有价证券，一般应委托金融机构代管。企业自行保管时，应将有价证券存入专用的保险箱内，并规定只有被授权人员才能接触；打开保险箱时，应有两位负责保管的人员同时在场，并在登记簿中记录开箱时间和原因，保管人员应共同在上面签名。无论委托代管或自行保管，都应由与筹资业务无关的人员定期对证券进行核对（或实地盘点）。

第六，加强利息和股利的支付控制。负责利息支付的人员，应根据面值和票面利率计算应付利息，在其他人员复核和负责人审核批准后，才能支付利息，企业可以将到期的利息开出单张支票委托金融机构代为发放。股利的发放控制制度与利息相似。

第七，加强筹资的会计记录控制。应按规定和要求设置相关明细账户，加强明细核算；及时记录筹资业务的发生和完成情况，明确有关经办人员的责任；定期进行有关总账与其明细账的核对，分月编制债券利息调整摊销表等。

三、筹资业务内部会计控制的设计原则

设计企业筹资业务的内部会计控制制度时，应遵循以下五项基本原则。

（一）职责分离原则

筹资预算的编制人与审批人适当分离，会计记录人员与负责收、付款的人员相分离。同时，经办人员不能接触会计记录，并按规定由独立的机构代理发行债券和股票。

（二）授权审批原则

通常，由董事会或总会计师授权财务经理负责组织编制筹资计划，并交由董事会或其他类似权

力机构审批。通过适当授权及审批，可以提高筹资活动的效率，降低筹资风险，防止由于缺乏授权、审批而出现的一系列舞弊现象。

（三）委托收付款项原则

如果采取发行股票或债券筹集资金且筹资金额大，应按规定委托独立的代理机构代为发行，防止以筹资为名进行不正当的活动。企业也可以委托有关代理机构代理支付利息或股利，并定期核对利息支付清单和开出的支票总额。

（四）及时、详细地备查记录原则

企业应设立有关筹资登记簿，及时且详细地登记已发行债券的签发日期、债券面值、发行价格、债券利率、债券到期日、债券本息支付方式或股票种类、签发日期、股票面值和发行价格等；同时，应对不同的筹资项目进行编号。如果是增资配股，可以通过备注形式予以充分、详细的说明。

（五）及时核算和监督检查原则

财务部必须按规定进行筹资业务的账务处理，保证金额正确、入账及时、披露充分。对债券的溢折价，应选用适当方法及时进行摊销。同时，企业应当建立健全筹资业务的监督检查制度，明确监督检查机构或人员的职责权限，定期或不定期地进行检查。

四、筹资业务处理程序的设计

企业采用的筹资方式不同，筹资业务的具体处理程序也有所不同。下面着重说明发行股票筹资、发行债券筹资和银行借款筹资业务处理程序以及股利分配业务处理程序的设计。

（一）发行股票筹资业务处理程序的设计

公司发行股票包括设立发行始发股和增资发行新股两种情况。

1. 设立发行始发股筹资

当公司采用设立发行始发股筹资时，其业务处理程序和要求的设计主要包括以下内容。

（1）发行人确定公司注册资本并认缴股款。如果采取发起设立方式，应由发起人认购公司应发行的全部股份。发起人可以用货币资金出资，也可以用实物、工业产权、非专利技术和土地使用权作价出资。发起人交付全部出资后，应当选举产生董事会和监事会，由董事会办理申请登记事项。

如果采取募集设立方式，应由发起人认购公司应发行的一部分股份（不少于股份总数的35%），其余股份向社会公开募集。

（2）提出发行股票的申请。发起人向社会公开募集股份时，必须向国务院证券管理部门递交募股申请报告。办理申请时，应报送批准公司设立的文件、公司章程、财务报告、审计报告、资产评估报告、经营估算书、发起人认股情况、验资证明和招股说明书等文件。

（3）公告招股说明书，制作认股书，签订承销协议。在募股申请报告批准之后，发起人应在规定期限内公告招股说明书并制作认股书。招股说明书应附有发起人制定的公司章程，载明发起人认购的股份数、每股面额和发行价格、无记名股票的发行总数、认股人的权利和义务等。确定股票发行价格时，应综合考虑当时股票市场的价格水平、同行业上市公司的股票价格水平、股票发行量和公司知名度等。

公司发行股票应委托证券公司或有权承销证券业务的其他金融机构承销并签订承销协议。按我国有关规定，股票发行必须由证券公司承销（不允许自销）。承销又分为包销与代销两种，其中，包销比代销的费用高，但风险较小，因此发起人应综合考虑相关因素后加以选择。

（4）招认股份，缴纳股款，交割股票。认购者认购股份时，应在认股书上填写认购股数、认购金额和认购者地址并签名、盖章。认购者一旦填写了认股书，就承担了按认股书记载的金额缴纳股款的义务。认股人应在规定的期限内向承销商（代收股款的银行）缴纳股款，同时交付认股书；承销商应向缴纳股款的认购人出具由公司签名、盖章的股款缴纳收据，并负责向有关部门出具收缴股款的证明。承销商销售股票结束后，应将股东交款单和股东名册送交公司证券部门（或财会部门等）。

公司财会部门收到交款清单和银行收账通知，经审核后编制收款凭证、登记银行存款日记账，并应在规定的期限内向认股人交付所售出的股票；否则，发行公司及其代理机构应负违约责任。股款缴足后，公司应委托具有法定验资资格的机构验资并出具验资报告。同时，在股东登记簿（股票登记簿）中，应详细记录股东姓名、持股份额、股票面值和股票发行日等，并按照会计准则的要求正确核算其筹资费用，包括承销费、审计费、评估费和律师费等。

验资之后，发起人应在规定的期限内主持召开由认股人组成的公司创立大会。由公司创立大会通过公司章程选举产生董事会和监事会，然后由董事会办理申请公司成立的登记手续。

2. 增资发行新股筹资

若公司采用增资发行新股筹资的，其业务处理程序和要求的设计内容主要包括以下几项。

（1）由股东大会（或董事会）做出发行新股的决议（或决定）。公司应根据其生产经营的资金需要，提出发行新股计划，并提交股东大会讨论通过（在授权限额内发行新股可以交董事会研究决定）。股东大会做出发行新股决议的内容包括新股的种类和数量、向原有股东发行新股的种类和数量、新股发行价格和新股发行的起讫日期等。公司可以根据其历年市盈率、每股净资产、行业前景、公司在同行业中的地位、证券市场供求状况和股利水平等因素来确定作价方案。在具体作价时，可以按市价或面额发行，也可以根据情况按市价与面额的中间价发行。

（2）提出发行新股的申请。根据我国公司法的规定，新股发行必须具备以下条件：具备健全且运行良好的组织机构；具有持续盈利能力，财务状况良好；公司在最近 3 年内财务会计文件无虚假记载，并无其他重大违法行为；经国务院批准的国务院证券监管机构规定的其他条件。股东大会作出发行新股的决议后，应向国务院证券监管机构提出申请，并经其核准。

（3）公告招股说明书，制作认股书，签订承销协议。

（4）招认股份，缴纳股款，交割股票。

公司募足股款后应立即召开股东大会，改选董事会和监事会，向公司登记机关办理变更登记并向社会公告。

不论是设立发行始发股还是增资发行新股，股票筹资业务处理程序的控制要点大致相同，主要包括以下几项。

（1）股票的发行、收款和记录职务应分离。

（2）核对股票交款单合计和银行收款通知金额合计。

（3）核对股东名册持有数合计与会计报表列示的发行股数合计。

（二）发行债券筹资业务处理程序的设计

企业采取债券筹资方式时，按其发售债券的过程可分为直接募集（即自销）和间接募集（即承销）两种。直接募集是指由债券发行者直接在债券市场上经办一切发行业务，承办债券发行具体手续的一种债券筹资方式；间接募集是指通过银行或其他证券经营机构发行债券。由他们包销或代销全部债券的一种债券筹资方式。按其募集对象可分为私募发行和公募发行两种方式。私募发行是指以特定的少数投资者为对象发行债券的一种债券筹资方式，公募发行是指在债券市场上以非特定的广大投资者为对象公开发行债券的一种债券筹资方式。我国企业发行债券，应当由证券经营机构承销，并须通过公开发行的形式进行。

企业采用发行债券筹资时，其业务处理程序和要求的设计主要包括以下内容。

1. 股东大会或其他有关权力机构做出发行债券的决议

企业采用发行债券筹资时，应先由企业董事会拟订债券筹资方案，然后报股东大会或其他有关权力机构审核批准并做出发行债券的决议。在债券筹资方案中，应明确债券发行面值总额、利率、发行的起讫日期、发行价格（或定价方法）、资金用途和预计经济效益等；同时，还应进行债券筹资的可行性分析和评价。

2. 提出发行债券的申请

股东大会或其他有关权力机构做出发行债券的决议后，应按规定程序报请国务院证券管理委员会审批。在办理申请时，应提交公司登记证明、公司章程、债券募集方法、资产评估报告和验资报告等。根据我国公司法的规定，企业发行债券必须具备以下条件。

（1）如果发行企业是股份有限公司，其净资产不得少于人民币 3 000 万元；如果发行企业是有限责任公司，其净资产不得少于人民币 6 000 万元。

（2）累计债券总额不超过公司净资产的 40%。

（3）最近 3 年平均可分配利润足以支付公司债券 1 年的利息。

（4）筹集资金的投向符合国家产业政策。

（5）债券的利率不得超过国务院限定的利率水平。

（6）国务院规定的其他条件。

3. 公告企业债券筹集方法并委托证券经营机构承销，签订承销合同

获得国务院证券管理委员会批准后，企业应向社会公告债券募集办法。在企业公告的债券募集办法中，应载明债券总额、票面金额、利率、期限、还本付息方式、发行的起讫日期、企业净资产、企业已发行但尚未到期的债券总额和债券承销机构等。在企业印制债券后，应建立和登记债券发行登记簿，并与承销机构签订承销合同。

4. 发售债券，收缴债券款

发售债券时通常不需要填写认购证，而是由债券购买人直接向承销机构付款购买；然后，承销机构与企业进行结算，并向企业汇缴债券款。同时，企业应建立严格的未发行债券保管制度，指定专人保管和委托独立机构（如银行等）代为保管，并应设立库存债券登记簿，详细记录未发行债券的动用情况。

5. 对债券的处理

企业应及时对债券的发行和各期利息进行账务处理，并按实际利率法合理摊销债券利息调整。

6. 债券的到期处理

债券到期时，企业应按规定及时还本付息，并进行相应的账务处理。

（三）银行借款筹资业务处理程序的设计

企业向银行办理长期借款和短期借款的程序基本相同，只是长期借款更复杂些，银行控制得更

为严格。企业采用银行借款筹资时，其业务处理程序和要求的设计主要包括以下内容。

1. 向银行提出借款申请

企业第一次向银行申请长期借款时，应先向银行提出书面申请，经银行对企业偿债能力、信用状况和借款理由初审同意后，再填写正式的借款申请书。已办理过长期借款的企业通常不必先提交书面申请，可直接填写正式借款申请书。正式银行借款申请书的内容主要包括借款金额、用途、还款计划、使用借款项目的预计经济效益、借款的抵押品和担保单位等。

企业申请短期借款时，应在流动资金定额（或计划占用额）范围内，按生产经营的需要，逐笔向银行提出申请。企业在借款申请书中应注明借款种类、数额、用途、原因和还款日期等；同时，应附上企业的流动资产定额（或计划占用额）、预计销售额和销售收入资金率等有关资料。

企业应当在能够满足其资金需要的前提下，选择适合自身条件的筹资成本较低的贷款方式、还款方式（到期一次偿还或贷款期内等额偿还）、利息支付方式和借款期限等。

2. 经银行审核同意后，签订借款合同或协议书

对于企业长期借款申请书，银行信贷人员审查后应签署审查意见并交银行行长或其他授权人员审批。通常，银行对企业的长期借款申请书进行审查的主要内容包括以下几项。

（1）借款企业的基本情况。审查的重点是企业的生产经营状况、产品质量、技术水平、竞争能力、市场占有率和盈利能力等，并将其作为评价企业投资项目可行性的基础。

（2）投资项目技术、经济的可行性。审查的重点是是否符合国家产业政策和长期规划，是否符合市场需要，所需各项投入品（如设备、材料、能源、技术等）是否能够得到充分保证，生产工艺是否先进、合理，投资项目的投资回收期、净现值、投资报酬率和还本付息能力是否具有社会经济效益等。

对于企业短期借款申请书，银行审查的重点主要包括：借款的用途和原因，以便决定是否给予贷款；企业产品（或劳务）的市场供求情况、市场竞争能力和贷款的物资保证程度，以便决定贷款的数额；企业的资金周转情况和物资耗用情况，以便决定贷款的期限。

银行审查同意后就可签订借款合同（即借款契约），明确借贷双方的权利、义务和经济责任等。借款合同按其是否有担保或抵押品，可分为担保借款合同、抵押借款合同和信用借款合同等形式。借款合同的主要内容包括借款单位、借款用途、借款金额、借款日期、还款日期和还款计划等。

为了进一步明确借贷双方、担保和公证单位的权利、义务和经济责任等，往往在签订借款合同之外再签订借款协议书（包括担保借款协议书、抵押借款协议书和信用借款协议书等）。借款协议书一般一式四份，借贷双方各持一份、担保单位一份、公证单位一份（如果没有担保，就一式三份）。其主要内容包括分期借款和还款计划、利息计算方法、借款延期手续、借款方抵押品情况、担保人责任和借贷双方违约责任等。借款协议书必须由借贷双方、担保单位和公证单位共同加盖公章并由其主要负责人签字、盖章。

3. 支取和使用借款

一般情况下，签署长期借款合同后，企业应按固定资产投资计划，在合同确定的借款总额范围内编制年度分季用款计划并报送经办银行（同时，还应按期报送其会计报表和其他有关资料）。企业需用资金时，在核定的贷款指标内，按借款合同规定的用途和时间支用借款。

签署短期借款合同后，银行应按合同规定的时间和金额向借款人提供贷款，企业即可按计划支取和使用所借款项。

4. 按期还本付息

企业应按借款合同规定的期限还本付息。如果因故不能按期支付本息，应在借款到期之前的3～5天内提出展期申请。如果展期理由合理、正当，经银行审查同意后，通常可以展期一次。逾期不能归还借款本息的，银行可以依法按合同规定没收（或变卖）抵押品，或要求担保单位偿还。

银行借款筹资业务处理程序的控制要点主要包括以下内容。

(1) 银行借款筹资决策、具体经办借款业务和会计记录职务分离。

(2) 指定专人严格审核借款合同，审核通过后交由企业法人代表在合同上签章。

(3) 核对银行收款通知和借款合同，确保两者相符。

(四) 股利分配业务程序的设计

企业采用留存收益筹资时，其业务处理程序主要体现于企业股利分配业务程序中。企业股利分配业务程序主要包括审批、记账和付款等业务环节。因此，其业务处理程序和要求的设计主要包括以下内容。

(1) 企业财务部门（或财务人员）根据董事会通过的现金股利分配方案或股东大会通过的股票股利分配方案，登记股利登记簿，编制股利分配清单（对于现金股利，可设计一式三份：一份自留，一份为会计人员记账联，一份为出纳付款联；对于股票股利，可设计一式二联：一份自留，一份为会计人员记账联）并交有关人员审核；然后，将记账联和出纳联全部交财务部门（或会计人员）。

(2) 财务部门（或会计人员）收到审核过的股利分配清单后，根据其中的记账联填制股利分配的转账凭证（借记"利润分配——应付普通股股利"或"利润分配——应付优先股股利"科目，贷记"应付股利"科目；或借记"利润分配——未分配利润"科目，贷记"股本""资本公积——股票溢价"科目）并登记有关总账和明细账。

(3) 发放现金股利时，财务部门（或会计人员）应根据股利分配清单的出纳联，填制银行存款付款凭证（借记"应付股利"科目，贷记"银行存款""库存现金"科目），经审核后将付款凭证和股利分配清单出纳联一并交给出纳人员，由出纳人员签发支票并到银行办理有关转账手续或委托银行向投资者支付现金股利手续；同时，登记银行存款日记账或现金日记账；然后，将付款凭证和支票存根交回会计人员。

(4) 会计人员根据出纳人员转来的付款凭证和支票存根登记有关总账和应付股利明细账，并通知财务部门（或财务人员）登记股利登记簿。

(5) 会计人员定期进行有关账账核对工作，保证账账相符。

第九节　工程项目内部控制制度设计

工程项目是企业自行或委托其他单位进行的建造和安装活动。重大工程项目往往体现企业发展战略，对提升企业再生产能力和支撑保障能力、促进企业可持续发展具有关键作用。由于工程项目投入资源多、占用资金大、建设工期长、涉及环节多、利益关系错综复杂，因此是构成经济犯罪和腐败问题的“高危区”。企业应全面梳理工程立项、设计、招标、建设和竣工验收等流程，找出各环节的主要风险并实施相应的管控措施。

一、工程项目投资存在的主要风险

工程项目通常涉及立项、设计、招标、建设、验收和评价等环节。控制的内容主要包括流程控制、投资控制、质量与安全控制、进度控制以及预决算控制等。工程项目管控的风险主要有以下几个方面。

第一，立项缺乏可行性研究或可行性研究流于形式、决策不当、盲目上马，可能导致难以实现预期效益或项目失败。

第二，项目招标暗箱操作、存在商业贿赂，可能导致中标人实质上难以承担工程项目、中标价格失实及相关人员涉案。

第三，工程造价信息不对称、技术方案不落实、概预算脱离实际，可能导致项目投资失控。

第四，工程物资质次价高、监理不到位、资金不落实，可能导致工程质量低劣、进度延迟或中断。

第五，竣工验收不规范、最终把关不严，可能导致工程交付使用后存在重大隐患。

针对上述风险，企业应制定和完善各项政策及制度，采取相应的风险管控措施，特别是岗位责任制的建立。企业应明确相关部门和岗位的职责和权限，做到可行性研究与决策、概预算编制与审核、项目实施与价款支付、竣工决算与审计等不相容职务相分离，强化对工程建设全过程的监控，确保工程项目质量、进度和资金的安全。

二、工程项目内部控制制度的内容

根据工程项目的特殊性，内部控制制度的内容主要有授权审批和职责分工制度、工程项目投资分析制度、工程项目招投标管理制度、工程物资管理制度、工程质量与安全管理制度、工程项目概预算制度、工程项目施工管理制度、工程项目竣工验收管理制度、工程项目竣工决算与审计制度等。

三、工程项目内部控制处理程序的设计

（一）工程立项内部控制处理程序的设计

工程项目通常涉及立项、设计、招标、建设、验收和评价等环节，管理工作包括流程控制、投资控制、质量控制和进度控制等。

工程立项属于决策过程，是对拟建项目的必要性和可行性进行技术和经济论证，对不同方案进行技术和经济比较并做出判断和决定的过程。立项决策的正确与否直接关系到项目建设的成败。工程立项阶段的主要工作包括编制项目建议书、可行性研究、项目评审与决策。

1. 项目建议书

项目建议书是企业根据工程投资意向，综合考虑产业政策、发展战略和经营计划等提出的建设工程项目的建议文件，是对拟建项目提出的框架性总体设想。对非重大项目，也可不编制项目建议书，但仍需开展可行性研究。

2. 可行性研究

企业应根据经批准的项目建议书开展可行性研究，编制可行性研究报告。项目建议书和可行性

研究报告中的投资估算是项目立项的重要依据，也是分析项目投资效果的重要条件。可行性研究报告一经批准，投资估算就是项目投资的最高限额，其误差一般应控制在10%以内。

企业应根据国家和行业的有关规定及企业的实际情况，确定可行性研究报告的内容和格式，明确编制要求。委托专业机构进行可行性研究的，应制定专业机构的选择标准，确保可行性研究科学、准确、公正，切实做到投资质量和进度控制的有机统一，即技术先进性和经济可行性要有机结合。建设标准要符合企业财力和物力的实际情况，技术要先进、适用。

3. 项目评审与决策

企业应组织有关部门或委托专业机构，对可行性研究报告进行全面审核和评价，提出评审意见。项目评审组成员不得参与可行性研究。委托专业机构进行评审的，该专业机构不得参与项目的可行性研究。评审组成员要对其出具的评审意见承担责任。

企业应按规定的权限和程序对工程项目进行决策。决策过程必须有完整的书面记录并实行决策责任追究制度。重大工程项目应报经董事会或类似决策机构集体审议批准，任何个人不得单独决策或擅自改变集体决策意见。

在工程项目立项后至正式施工前，应依法取得建设用地、城市规划、环境保护、安全和施工等方面的许可。

（二）工程设计内部控制处理程序的设计

项目立项后，能否保证工程质量、加快建设进度、节省工程投资，设计工作十分重要。根据国家规定，一般工程项目设计可按初步设计和施工图设计两个阶段进行，对技术复杂的工程，可按初步设计、技术设计和施工图设计三个阶段进行。对大型建设项目，如大型矿区和油田等的设计，除上述三个阶段外，还应进行总体规划设计；小型工程项目也可简化为施工图设计。

企业可自行完成工程设计或委托其他单位进行。企业应引入竞争机制，尽量采用招标方式确定设计单位。企业应建立严格的概预算编制与审核制度。通过严格的复核和专家评议等制度，层层把关，确保评审工作的质量。

企业应严格控制设计变更，避免设计与施工脱节，减少设计变更的发生。对确需进行的变更，应尽量将其控制在设计阶段，采用层层审批等方法，有效控制工程投资。因设计单位的过失而造成设计变更的，应由设计单位承担责任。企业应严格按相关要求执行各项设计报批手续，上一环节尚未批准的，不得进入下一环节，杜绝出现边勘察、边设计、边施工的现象。必要时可引入设计监理以提高设计质量。

（三）工程招标内部控制处理程序的设计

工程招标是项目立项之后、发包之前，依照法定程序，以公开招标或邀请招标等方式，鼓励潜在投标人依据招标文件参与竞争，通过评标择优选定中标人的一种经济活动。招投标是提高工程项目建设公开性、公平性、公正性和透明度的重要安排，是防范和遏制工程领域商业贿赂的有效举措。

工程招标流程一般包括招标、投标、开标、评标和定标五个环节。企业应本着公开、公正、平等竞争的原则，建立健全招投标管理制度，明确应进行招标的工程项目范围、招标方式、招标程序及投标、开标、评标、定标等各环节的管理要求。

1. 招标

招标的主要工作包括招标前期准备和招标公告、资格预审公告的编制与发布。招标前期准备工作包括确定招标方式（自行招标、委托招标）和招标形式（公开招标、邀请招标）等。招标公告和资格预审公告可由招标人自行编制，也可委托专业招标机构编制。招标公告要公开、透明，严格根据项目特点确定投标人资格要求，不得根据“意向中标人”的实际情况确定投标人资格要求。不具备自行招标能力的，应委托招标机构代理招标。企业应根据项目特点决定是否编制标底；需要编制标底的，标底应严格保密。

2. 投标

投标的主要工作包括项目现场考察、投标预备会、投标文件的编制和递交。对投标人信息应严格保密，防止投标人之间串通舞弊。严格按招标公告或资格预审文件中确定的投标人资格条件对投标人进行实质审查，确定投标人的实际资质，预防假资质中标。企业应履行完备的标书签收、登记和保管手续。签收人要记录投标文件签收日期、地点和密封状况，签收标书后应将投标文件存放在安全、保密的地方，任何人不得在开标前开启投标文件。

3. 开标、评标和定标

开标时间和地点应在招标文件中预先确定。评标由招标人依法组建的评标委员会负责。评标委员会成员应具有较高的职业道德水平，并具备招标项目的专业知识和丰富的经验。成员名单在中标结果确定前应严格保密。评标委员会成员和评标工作人员不得私下接触投标人，不得收受商业贿赂。评标委员会应按招标文件确定的评标标准和方法对投标文件进行评审和比较，推荐合格中标候选人。评标报告应详细说明每位成员的评价意见及集体评审结果，对中标候选人和落标人要分别陈述具体理由。每位成员应对其出具的评审意见承担责任。企业应按规定权限和程序从中标候选人中确定中标人，向中标人发出中标通知书。中标候选人为多个时，评标委员会应排序，由决策机构审议决定中标人。

4. 签订合同

中标人确定后，企业应在规定期限内与中标人订立书面合同。企业应制定工程合同管理制度，明确各部门在工程合同管理和履行中的职责，严格按合同行使权力和履行义务。工程施工合同、各类分包合同和工程项目施工内部承包合同应按国家或本企业制定的范本填写，清楚列明质量、进度、资金和安全等具体标准；有施工图纸的，施工图纸是合同的重要附件，与合同具有同等法律效力。企业应建立合同执行台账，记录合同的实际履约情况，并随时督促对方当事人及时履行其义务。对建设单位的履约情况也应及时做好记录并经对方确认。

（四）工程建设内部控制处理程序的设计

这一阶段的风险控制主要包括工程建设质量、施工进度、安全问题、物资采购、价款结算和工程变更等。

1. 施工质量、进度和安全控制

企业应实行工程监理制度，委托经过招标确定的监理单位监理，对施工质量、工期、进度、安全和资金使用等方面实施监督。财会部门应加强与承包单位的沟通，准确掌握工程进度。

2. 工程物资采购控制

按合同约定，企业自行采购工程物资的，应按采购业务的内部控制要求组织工程物资采购、验收和付款；由承包单位采购工程物资的，企业应加强监督，确保工程物资采购符合设计标准和合同要求。严禁不合格工程物资投入工程项目建设。重大设备和大宗材料应招标采购。

3. 工程价款结算控制

工程价款结算是对合同价款进行约定和依据合同约定进行工程预付款、工程进度款、工程竣工价款结算的活动。企业应建立完善的工程价款结算制度，明确工作流程和职责权限，并切实遵照执行。

4. 工程设计变更控制

企业应严格控制工程变更；确需变更的，应按规定权限和程序审批。因工程变更等原因造成价款支付方式及金额发生变动的，应提供完整的书面文件和相关资料，并对工程变更价款的支付进行严格审核。

（五）工程验收内部控制处理程序的设计

竣工验收是指工程项目竣工后由企业会同设计、施工、监理单位及工程质量监督部门等，对该项目是否符合规划设计要求、建筑施工和设备安装质量等进行全面检验的过程。竣工验收是全面检验建设项目质量和投资使用情况的重要环节，除对工程质量进行验收外，还有竣工结算和竣工决算两项重要工作。

工程竣工结算是承包单位按合同内容全部完成所承包的工程，经验收质量合格并符合合同要求之后，与企业进行的最终工程价款结算。竣工结算由承包单位编制，企业可直接审查，也可委托具有相应资质的工程造价咨询机构审查。竣工结算办理完毕，企业应根据确认的竣工结算书在合同约定的时间内向承包单位支付工程竣工结算价款。

竣工决算是以实物数量和货币指标为计量单位，综合反映竣工项目从筹建到竣工交付使用为止的全部建设费用、财务情况和投资效果的总结性文件。企业应在收到工程竣工验收报告后，及时编制竣工决算。竣工决算是办理固定资产交付使用手续的依据。

企业应健全竣工验收的各项管理制度，明确竣工验收的条件、标准、程序、组织管理和责任追究等。企业应加强对工程竣工决算的审核，先自行审核，再委托具有相应资质的中介机构实施审计；未经审计的，不得办理竣工验收手续。工程竣工后，企业对各种节约的材料、设备、施工机械工具等，要清理、核实并妥善处理。企业应按相关规定及时收集、整理工程建设各环节的文件资料，建立工程项目档案。需报政府有关部门备案的，应及时备案。

工程项目后期评估是在建设项目已完成并运行一段时间后，对项目目的、执行过程、效益、作用和影响进行系统、客观分析和总结的一种技术活动。企业要严格落实工程项目决策并执行相关环节的责任追究制度，项目的后期评估结果应作为绩效考核和责任追究的依据。

思考题

1. 如何做好现金和银行存款的日常管理与控制工作？
2. 货币资金业务中应予以分离的不相容职务有哪些？
3. 从内部控制角度分析，采购业务的主要风险有哪些？
4. 如何防范采购定价中的舞弊风险？
5. 存货管理中常见的风险有哪些？存货业务中应予以分离的不相容职务有哪些？
6. 如何防范存货出库过程中的舞弊行为？
7. 固定资产管理中常见的风险有哪些？固定资产购进与报废业务的处理流程如何设计？

8. 销售业务中的内部控制要点有哪些？赊销业务中的内部控制要点有哪些？
9. 如何为应收账款业务控制设计账龄分析表？
10. 筹资业务管理中常见的风险有哪些？如何防范债券融资过程中的各种风险？
11. 投资业务管理中常见的风险有哪些？投资业务中应予以分离的不相容职务有哪些？
12. 如何防范股票发行过程中的各种风险？
13. 工程立项中的风险有哪些？应予以分离的不相容职务有哪些？
14. 如何设计工程进度款支付的业务流程？

案例分析

哈尔滨市某会计师事务所接受×股份有限公司董事会委托，对×公司 2020 年 6 月 30 日与会计报表相关的内部控制的有效性的认定进行审核。A 和 B 两位注册会计师接受指派实施该项审核，于 2020 年 8 月 15 日完成审核工作。在审核过程中，A 和 B 注册会计师了解了×公司内部控制的设计，评价了内部控制设计的合理性，测试和评价了内部控制执行的有效性，并编制了相关审核工作底稿。审核工作底稿中记载的有关×公司内部控制设计和运行的部分内容摘录如下：

（1）为加强对货币资金支付的管理，货币资金支付审批实行分级管理办法：单笔付款金额在 10 万元以下的，由财务部经理审批；单笔付款金额在 10 万元以上 50 万元以下的，由财务总监审批；单笔付款金额在 50 万元以上的，由总经理审批。

（2）为统一财务管理、提高会计核算水平，设置内部审计部，与财务部一并由财务总监分管。内部审计部的主要职责是对公司内部控制的健全、有效，会计及相关信息的真实、合法、完整，资产的安全、完整，经营绩效以及经营合规性进行检查、监督和评价。

（3）为保证公司投资业务的不相容岗位相互分离、制约和监督，投资业务分别由不同部门或不同职员负责，其中，投资部的甲职员负责对外投资预算的编制，投资部的乙职员负责对外投资项目的分析论证及评估，财务部的丙职员负责对外投资业务的相关会计记录。

（4）在发出原材料过程中，仓库部门根据生产部门开出的领料单发出原材料。领料单必须列明所需原材料的数量和种类，以及领料部门的名称。领料单可以一料一单，也可以多料一单，通常需一式二联，仓库部门发出原材料后，其中一联连同原材料交还领料部门，另一联留仓库部门据以登记原材料明细账。

（5）为加强对在建工程项目的管理，要求审批人根据工程项目相关业务授权批准制度的规定，在授权范围内进行审批，不得超越审批权限。经办人在职责范围内按照审批人的批准意见办理工程项目业务。对于审批人超越授权范围审批的工程项目业务，经办人虽无权拒绝办理，但在办理后应及时向审批人的上级授权部门报告。

（6）丙职员在核对商品装运凭证和相应经批准的销售单后，开具销售发票。具体程序为：根据已授权批准的商品价目表填写销售发票的金额；根据商品装运凭证上的数量填写销售发票的数量。销售发票的其中一联交财务部职员据以登记与销售业务相关的总账和明细账。

要求：根据上述资料，请分析×公司内部控制在设计与运行方面的缺陷并简要说明理由。

第十章

会计电算化制度设计

学习目标

1. 了解电算化会计核算系统设计的内容。

2. 理解会计科目、会计凭证、会计账簿、会计报表的设计和电算化会计系统安全控制制度的设计。

3. 掌握电算化会计系统组织结构及岗位责任制的设计。

开篇案例

浅议施工企业会计制度设计与NC系统二次开发

一、精心选择ERP系统，便于企业后期深度开发

由于×公司属于大型施工企业，实行二级管理三级核算，承包施工的工程遍及省内外，子公司、分公司、项目公司众多，管理难度较大，因此×公司宜选择功能强大且齐全的系统软件，便于企业后期深度开发和软件升级。经过充分的比较和正规的竞标程序，×公司最终选择国内知名ERP软件A——能够提供财务会计（NC）、资产管理、资金管理、合并报表、管理会计、供应链采购管理、预算管理、工程项目管理、分销、分析决策、人力资源管理（HR）、办公系统（OA）等完整的企业管理解决方案。其中，NC系统软件以其出色的高安全性、高可扩展性、大吞吐量计算、高可靠性和绿色节能等强大优势从竞争者中脱颖而出。NC系统作为中国大型企业集团管理软件系统，具备系统自动化、动态自我管理和自我修复的功能，支持超大数据量和高并发，能够实现集团总部集中管理，对下级单位数据集中远程监控，为企业做出运营决策提供丰富的数据分析支持。特别是其中的项目成本管理系统以项目管理为核心，为构建先进、开放的集团企业云计算应用平台提供了强有力的支持，为集团企业提供了建模、开发、集成、运行、管理一体化的全面信息化解决方案，便于企业进行系统二次开发。

二、制度先行，精心筹划NC系统二次开发，预留后续扩展空间

（一）精心筹划，制度先行

在引进NC系统之初，×公司深入调查研究，多次召集会计骨干人员讨论，形成企业《会计核算办法》和《企业会计准则账户计划》初稿，再广泛收集意见进行深入修订，依据《会计核算办法》和《企业会计准则账户计划》的相关条例对NC系统进行二次开发。例如，制订统一账户计划，根据需要实行辅助核算，精确设定报表项目，实现会计科目数据自动归集生成会计报表，包括企业内部管理的八种报表全部实现一次生成。这在很大程度上减轻了会计工作量，提高了会计工作效率，报表数据更加精确，会计信息质量明显提高。同时，基于NC系统高扩展性的特点，注意预留后续扩展空间。

（二）结合公司管理与核算的特点，设计适合公司管理要求的NC核算与账户体系

会计科目根据公司实际经营情况可设置到三级或四级，如其他应收款、固定资产、累计折旧、递延所得税资产、管理费用、制造费用、应付职工薪酬、应交税费、其他业务收入等科目设置到三级或四级进行明细核算。对银行存款、其他货币资金、应收账款、预付账款、应付账款、预收账款、原材料类、工程施工、工程结算、非流动资产类等科目设置“银行账户辅助核算”“客商辅助核算”“客商辅助核算＋在建工程辅助核算”“客商辅助核算＋租赁项目辅助核算”“在建工程＋人员档案”“在建工程辅助核算”“项目辅助核算”等辅助核算类型，从而大大方便数据归集和分析，发挥NC系统强大的效能和作用。

（三）发挥NC系统特点，科学修订会计核算方案

×公司NC系统上线时“营改增”只在少数行业试行，建筑业的营改增工作尚未全面开展，为此公司预留了后续扩展空间。2016年我国全面施行“营改增”，×公司根据《关于全面推开营业税改征增值税试点的通知》（财税〔2016〕36号）和“营改增”后《增值税会计处理规定》（财会〔2016〕

22号），依据自身特点制定了增值税会计核算补充规定以顺应政策要求，同时对NC系统的相关账户设置进行了相应修改。例如，在“应交税费——预交增值税”科目下增设“待抵扣进项税额”“待认证进项税额”“待转销进项税额”“预交增值税”“增值税留抵税额”“简易计税”等三级科目，均实行项目辅助核算。×公司要求对增值税销项税额和进项税额均核算到工程项目，实行工程项目辅助核算，可以实现对工程项目从开工到竣工所有数据的实时采集，以及对工程项目涉及的增值税进行实时监控。对一般计税项目设置“应交税费——应交增值税——销项税额（××工程项目辅助）”科目进行项目辅助核算；对简易计税项目则设置“应交税费——简易计税（××工程项目辅助）”科目进行项目辅助核算。对购入的原材料设置“应交税费——预交增值税——待认证进项税额（××工程项目辅助）”科目进行核算，在增值税专用发票经过认证可以抵扣后，则从“应交税费——预交增值税——待认证进项税额（××工程项目辅助）”科目转入“应交税费——应交增值税——进项税额（××工程项目辅助）”科目。

问题：

1. 什么是NC系统？什么是ERP系统？两者有何关系？
2. NC系统有何特点？

第一节 电算化会计系统概述

会计是最早应用电子计算机技术的领域之一。随着电子计算机技术和信息技术等的快速发展，各种综合的大型管理软件不断地被开发和运用，电算化会计已由利用计算机处理某些会计数据的初期阶段向会计数据的系统处理、会计信息的综合运用等更高级阶段不断发展。网络技术更有助于实现会计数据的分散输入、集中处理以及会计信息的远程访问和资源共享等。

由于会计数据的电算化处理与手工处理在处理方式和流程等诸多方面有所不同，因此，电算化会计系统的设计与手工会计系统的设计有不同之处。电算化会计系统的设计包括三个方面：一是电算化会计信息系统设计，二是电算化会计组织系统设计，三是电算化会计控制系统设计。电算化会计对于促进会计核算手段的变革，提高会计核算的工作效率，促进会计核算工作的规范化，防范人为差错和舞弊，提高会计信息质量和会计信息利用水平，更好地发挥会计人员的控制和管理职能等具有十分重要的意义。

一、电算化会计系统的特点及对会计制度设计的要求

（一）电算化会计系统的特点

电算化会计系统是利用现代信息技术，运用电子计算机及其外部设备处理会计业务的一个系统。现代信息技术极大地扩展了会计系统的资料处理和信息生成能力。与手工会计系统相比较，电算化

会计系统主要有以下特点。

1. 继承了传统会计的基本目标和原则，进一步加强了会计的基本职能

科学技术的发展会促进会计进步，会计利用先进的信息技术可以更好地实现其目标、发挥其职能。计算机应用于会计，改变的只是其操作技术，电算化会计系统仍然要遵循会计的基本原则，遵守会计法律法规和会计准则的规定。计算机具有快速、准确地处理数据的特性，其运算精度高、存储容量大，将其应用于会计工作极大地增强了会计系统的数据处理能力，使会计对于经济业务的反映和监督职能得到加强。计算机技术的应用提高了会计信息处理的时效性，也扩展了会计提供管理信息和参与决策的能力。

2. 会计数据处理方式及流程发生变化，处理速度加快，处理成本降低

电算化会计将手工会计对数据分散收集、分散处理、重复记录的操作方式改变成集中收集、统一处理、数据共享的操作方式。整个电算化会计数据处理流程也相应分为输入、处理和输出三个环节。每个环节的处理方式与手工会计相比都有一定的变化。

（1）数据收集与输入。电算化会计系统可同时接收不同来源的多种交易数据，而不仅限于会计人员的人工确认与填制记账凭证，如销售人员可直接把客户订单上的相关资料转录入原始凭证，整理、汇总后输入计算机系统或辅助设备。仓库保管人员也可在验收或发出物品时，把有关存货增减变动的种类、数量与价值等资料直接输入电算化会计系统。数据输入需利用不同方式或一些特殊设备，书面记录将减少。

（2）数据处理。输入的交易数据将由计算机集中化、自动化地应用各种程序进行处理，包括对交易数据的读取、分类、汇总与逻辑运算，以及对有关交易数据文档的更新、储存。需要的任何中间资料也可通过查询得到。因此，电算化会计系统使数据处理业务呈现一体化的倾向，消除了手工会计中不同经济规模和业务特点的企业采用不同账务处理程序的状况。

（3）信息输出。交易数据及其处理结果均储存于计算机内部或外部存储媒介中，可根据使用者的特定需要，通过计算机随时读取和组合成不同种类的会计报表等基本会计信息，并由与计算机相连接的输出设备输出。

由于电算化会计系统数据处理的集中化、自动化和一体化，避免了手工处理中的重复转抄及处理环节多的弱点，并且由于计算机本身存储容量大、运算速度快等特性，从而电算化会计系统能迅速地进行大容量的数据处理，相对于手工会计系统可显著地减少会计处理费用。

3. 数据存储载体磁性介质化，账簿外表形式发生变化

电算化会计系统中，用于记录会计数据的材料采用软盘、U 盘、硬盘以及光盘等磁性介质。这种磁性载体具有存储材料体积小、存储密度大、易于传递和易于管理等优点，大量减少了书面记录。账簿可直接由计算机屏幕显示输出，供各级使用者及时获得有用的信息而无须纸张。账簿在需要时也可打印输出，但输出的是卷带状的，可装订成活页式账簿；到一定时期，再装订成订本式账册，作为会计资料保管。

4. 会计工作组织体制及人员构成发生变化，内部控制需求转移

电算化会计系统的数据处理方式及流程发生变化，会计工作组织体制也将发生变化。电算化会计工作组织体制将以数据处理阶段作为主要划分依据。在电算化会计系统中，通常划分如下专业组：

数据（信息）收集组、凭证编码组、数据处理组、信息分析组和系统维护组等。这些专业组的人员除会计人员外，还应有计算机操作和系统维护人员。对于会计人员，不但应精通会计专业知识，还要能够熟练操作计算机和网络技术。

在电算化会计系统中，内部控制将由人工控制转为人机控制。由于计算机系统在平时不存在可视性审计脉络，大量应用程序和交易数据储存于不可视的磁性媒介中，且计算机设备虽可高效运行，但也较为复杂和脆弱，因而控制的要求将更为严格，范围也更广。

（二）电算化对会计制度设计的要求

电算化对会计制度设计提出了一些新要求，主要有以下几个方面。

1. 充分利用计算机技术优势，强化会计管理工作

在设计会计制度时，应充分利用计算机运算速度快、计算准确、使用方便等优势，从而更好地发挥会计的职能作用。例如，在手工账务处理时要定期结账，而后利用账簿记录并编制报表对外提供会计信息；而运用计算机后，尤其是在计算机网络中，就不一定要等到期末才结账，可根据实际需要随时结账，随时提供会计信息，加强信息的及时性和相关性。

2. 计算机的数据处理程序要符合会计基本原理和会计准则的要求

实行会计电算化以后，其数据处理方式有所不同，但会计基本原理仍然有用，仍然要遵循会计准则的要求。例如，复式记账和借贷平衡原理仍是会计电算化的理论基础，是进行计算机内部控制制度的理论依据。

3. 要建立适合电算化会计系统工作的内部控制机制，防止发生舞弊

电算化系统的特点表明，实行电算化以后，有些风险减少了，但同时也增加了许多在手工系统中较小的或不曾有的风险。例如，在电算化会计系统中，一旦发生错误和舞弊，不易被发现，因为所有数据处理都在机内自动完成，无须平衡登记和对账，使得某些手工方式下行之有效的内部控制方法失去作用。因此，在设计会计制度时，必须针对出现的新问题，建立适合电算化会计系统工作的内部控制机制，采取各种有效的控制方法，确保电算化会计系统的正常运行，防止发生贪污、舞弊行为，保证会计信息的安全、可靠。

二、电算化会计系统设计的内容

电算化会计系统设计科学与否直接关系到会计职能在电算化条件下能否有效发挥。由于电算化会计系统在会计数据处理方式、业务办理流程和存储媒介等方面的变化，手工会计方式下原有的一些制度将失去作用或难以发挥其效能。因此，需要对电算化会计系统进行设计，以保证其有效运行。电算化会计系统设计的内容包括以下两个方面。

（一）电算化会计系统建立及更新时的会计制度设计

会计电算化并不是简单地将会计和计算机相加，而是一项将电子计算机技术应用于现代会计实务的系统工程。系统工程是从系统的整体性观念出发，把工程对象作为一个系统对待，运用系统论的思想、方法和程序等，使工程及工程对象从总体上达到效率最优的目标。电算化会计系统的建立或更新不仅仅是以计算机为技术手段的问题，而是一项系统工程，必须运用系统观念将会计系统分

解为若干组成部分，将技术手段、原理、方法和工作过程等加以系统化，这样才能保证整个电算化会计系统达到最优效能。系统开发是建立并有效运行电算化会计系统的前提。系统开发一般包括系统分析、系统设计、系统实施、系统维护及评估等阶段。在系统开发过程中，融入会计和管理控制方面的要求、遵循会计准则和相关法规是设计的一项重要内容，直接关系到电算化会计系统的合法性。

（二）电算化会计系统中管理制度的设计

任何系统的有效运行都离不开健全的管理制度。计算机引入会计工作，虽然大大提高了会计信息处理的时效性，但也带来一些新问题。例如，硬件损坏和病毒侵入可能引发计算机故障；又如，电算化会计系统中大量数据存储于磁性介质中，它们可被方便地复制和修改，而复制没有正副本的区别，修改也很少留下痕迹，并且难以实现像签章那样的证据化操作，从而给盗窃企业经济情报、篡改甚至破坏磁盘数据等行为留下可乘之机；再如，电算化会计系统不存在类似手工的对账操作，因此，一旦输入错误数据，系统将无法纠正，并且由于电算化系统“数出同门”（都从输入凭证上来）和“数据共享”（同时产生日记账、总分类账、明细分类账和报表等）而致使错误一直延续到信息的输出，造成输出信息失真。所以，电算化会计系统管理制度的设计对保证计算机系统正常运行至关重要。电算化会计系统管理制度的设计涉及硬件管理、软件开发、系统维护、操作规程和数据安全等内容。

另外，就制度本身而言，电算化会计系统设计也可分为会计信息系统设计、会计组织系统设计和会计控制系统设计三个方面。

三、电算化会计系统设计的原则

（一）合法性原则

电算化会计系统的建立和运行除遵循会计相关法规和会计准则的要求外，还必须遵循《会计电算化管理办法》、《会计核算软件基本功能规范》、《会计电算化工作规范》和《信息技术会计核算软件数据接口》等特殊规章的规定。在进行电算化会计系统设计时应密切关注国家有关财经方针政策、法律法规及会计准则的变动。

（二）效益性原则

实施电算化会计系统有重要意义和诸多好处。建立和运行电算化会计系统涉及设备购置、软件开发、系统维护、人员培训和安全管理等费用支出，企业应协调好两者之间的关系，尽量以经济适用的花费取得理想的运行效果。很多企业花费上千万元，甚至几千万元的大价钱建立的 ERP 系统却由于种种原因，运行效果并不理想，无法实现预期目标。

（三）民主性原则

电算化会计系统在设计和运行过程中涉及面众多，不仅有会计人员，还需要有计算机和网络设备等硬件建设人员、软件开发人员、系统维护人员、安全管理人员、企业管理和内部控制方面的人员等。要集中那么多方面的专业人员在一起工作，需要建立良好的沟通和协调机制，发扬民主，积极听取各方意见，充分发挥他们的专业优势，形成各方支持与协作的合力，从而为整个系统的良好运行打下基础。

第二节 电算化会计信息系统制度设计

电算化会计是以电子计算机为主，将当代电子技术和信息技术应用到会计实务中的简称，是用电子计算机代替人工记账、算账和报账，并替代部分由人脑完成的对会计数据及会计信息进行分析和判断的行为，是将计算机技术、网络技术、信息技术和管理控制理论等用于财务会计工作的过程。目前，电算化会计已成为一门集计算机科学、管理科学、信息科学和会计科学于一体的边缘学科，其主要任务是研究如何在会计实务中应用电子计算机，以提高会计核算和管理控制的水平。

一、电算化会计信息系统的基本结构和原理

电算化会计信息系统是一个由计算机硬件、软件、从业人员和规程等构成的，组织处理会计数据，为企业外部信息用户提供会计信息，并服务于内部经营管理的人机系统。如图 10-1 所示，电算化会计信息系统一般包括三个子系统：管理子系统，如成本的管理控制、采购的管理控制和资金的管理控制等；决策支持子系统，如经营预测系统、经营决策系统和预算编制系统等；账务处理子系统，以制造企业为例，一般包括存货核算系统、固定资产核算系统、工资核算系统、采购核算系统、销售核算系统、成本核算系统、其他核算系统和总账报表系统等。各系统之间既相互独立，又彼此联系。

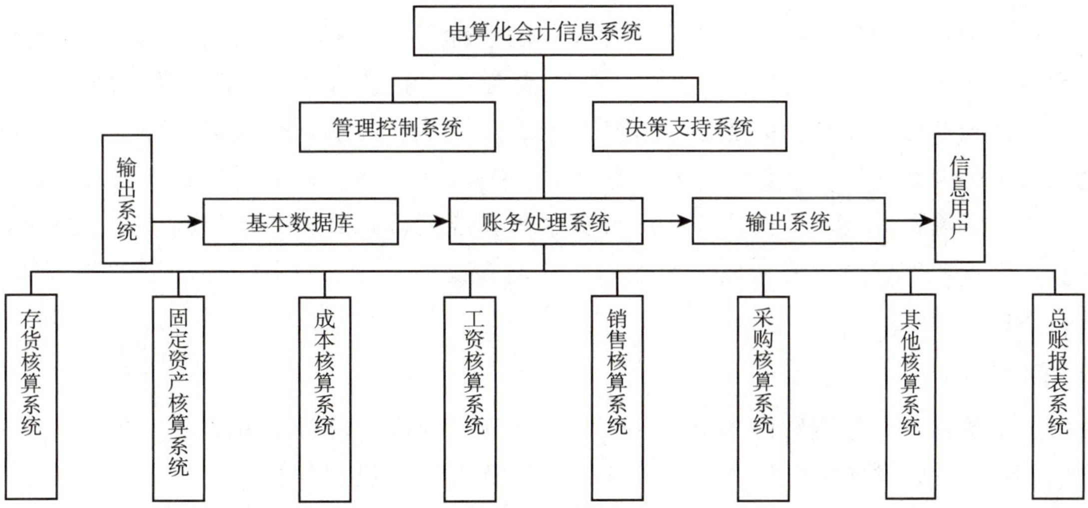

图 10-1　电算化会计信息系统的基本结构

账务处理系统的基本工作流程是：经过输入系统，各种凭证数据首先送到基本数据库储存；账务处理子系统按记账要求，从基本数据库中调取会计数据进行加工处理，并为其他子系统提供核算资料；各账务子系统核算的结果不仅与基本数据库联通，而且与会计报表子系统联通，经报表子系统处理后，通过输出系统（如显示输出、打印输出和软盘输出等方式）向信息用户输出各种数据处

理结果。

在电算化会计信息系统的整个处理过程中，账务处理子系统起到了联系其他各子系统的纽带作用，为管理控制子系统和决策支持子系统提供信息支持。设立基本数据库是为了集中管理基本数据，减少各级账户的数据保存量，以便于其他管理信息子系统共享。

如图 10-2 所示，电算化会计信息系统数据处理的基本流程包括整理原始凭证、送主管人员审核、编制记账凭证、送复核人员复核、输入计算机、计算机进行处理、形成各种电子账簿和报表。如果需要打印输出数据处理结果，则通过输出系统形成会计报表和其他文件等，从而结束一个会计循环；如果不需要打印输出，账务处理工作即可结束。

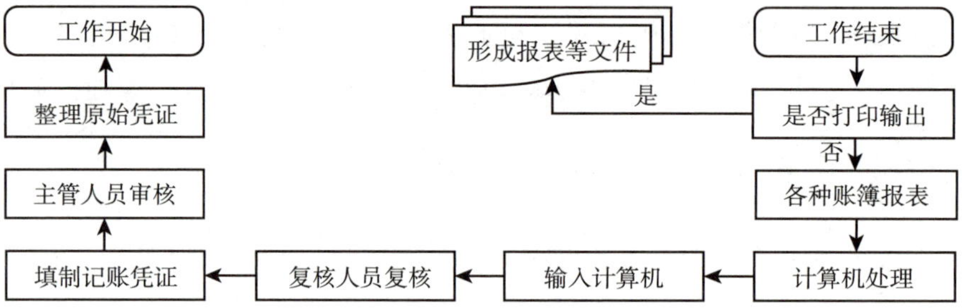

图 10-2　电算化会计信息系统数据处理的基本流程

二、电算化会计信息系统的物理组成

电算化会计信息系统一般由计算机硬件、软件、从业人员和规程等构成。

（一）硬件

硬件一般是指构成计算机物质实体的各种装置的总称，是电算化会计的基础，主要包括输入设备、存储设备、输出设备和处理器四个部分。输入设备是将会计数据输入计算机内的各种设备，如键盘、鼠标和扫描仪等。存储设备是用于储存会计数据的各种设备，分内存和外存两种。输出设备是将存储设备中的会计数据和会计信息进行输出的各种设备，如显示器、打印机等。处理器包括运算器和控制器。运算器对输入的代码信息进行算术运算或逻辑运算，并在控制器的控制下与存储器交换信息。控制器产生各种信号，以控制计算机的输入设备、输出设备、存储设备和运算器，指挥整个计算机协调工作。

（二）软件

软件包括系统软件和应用软件。系统软件是介于硬件与应用软件之间的程序集合，主要作用是便于用户使用该软件开发应用软件，并在该软件的支持下运行应用软件，从而有效地利用计算机的各种资源。应用软件是利用系统软件设计，目的在于解决各种实际应用问题的软件。会计软件就是一种应用软件，专门用于解决会计领域的各种应用问题。会计软件是实现电算化会计的目的、完成电算化会计任务的重要技术手段和工具，是电算化会计的核心。

（三）从业人员

从业人员是参与电算化会计工作的所有人员，包括从事电算化会计软件开发和研制的人员、系统维护人员、操作人员、管理人员和数据分析人员等。与电算化会计信息系统有关的人员如图 10-3 所示。

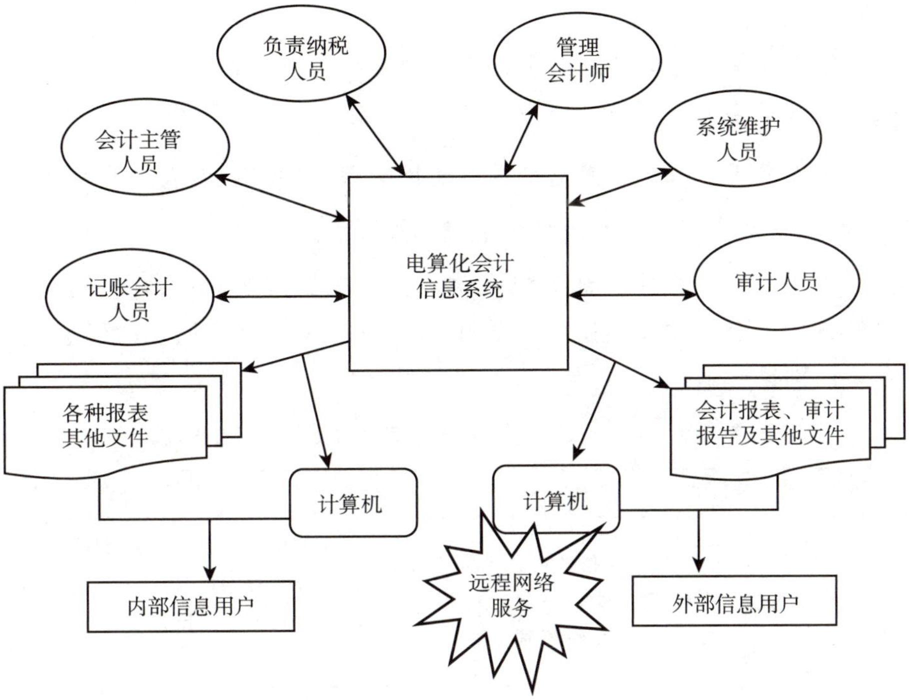

图 10-3　电算化会计信息系统中的相关人员

（四）规程

规程是对电算化会计信息系统进行管理和控制的各种规章制度等，如电算化会计工作规范、电算化会计管理办法、电算化会计信息系统操作说明书、电算化会计信息系统内部控制制度、电算化会计信息系统操作管理制度和电算化会计信息系统会计档案管理制度等。

在电算化会计这个人机系统中，硬件设备是会计数据的重要载体，系统软件和应用软件共同构成了电算化会计必不可少的运行环境，从业人员是电算化会计不可或缺的人力要素，规程则起到规范和协调作用，能够保证电算化会计人机系统高速而有效地运行。

三、电算化会计信息系统与手工会计信息系统的比较

（一）电算化会计信息系统与手工会计信息系统的共同点

1. 会计目标相同

电算化会计提高了会计信息的加工质量，加速了会计信息的传输，但会计目标并没有发生根本改变。无论是电算化还是手工，会计目标都是运用会计手段和加工技术处理会计数据、生成会计信息、满足外部信息用户和内部管理控制的需要。

2. 基本原理相同

电子计算机在会计上的应用，尽管引起了会计操作技术的变革，促进了会计手段的进步，但并没有改变会计账务处理和报表编制的基本原理及相关理论。电算化会计仍然遵循复式记账原理填制和审核会计凭证，设置和登记会计账户，编制会计报表。

3. 核算依据相同

电算化和手工系统都必须遵守会计准则和相关法规组织会计核算。

4. 都必须依法保存会计档案

会计档案是会计工作的重要资料，无论是手工还是电算化，都必须依法妥善保管。

（二）电算化会计信息系统与手工会计信息系统的不同点

电算化会计信息系统与手工会计信息系统相比，不仅在数据处理和存储手段上有明显差别，而且在会计科目的设置方法、会计凭证的使用、会计账簿的形式和会计报表的形成等方面也存在一定的区别。两者的主要区别见表 10-1。

表 10-1　手工方式和计算机方式下采购业务处理的比较

比较内容	手工方式	计算机方式
原始单据的处理	各种资料均需手工填制和处理，不太方便，而且每种业务单据经常会由不同的人员负责填制，相互之间的一致性得不到保障	可人工录入，也可通过系统生成，较方便，而且根据业务流程的定义，下一环节的单据必须根据上一环节关联产生，既降低了舞弊的风险，也减少了出错的可能
原始单据的审核	手工审核，会由于主管太忙等原因而拖延业务处理的速度	由于严格定义审核机制，超过本级权限范围的单据才向上一级提交审核，减少了上级无关审核的工作量，而且审核时短消息或邮件等的自动提醒功能也能加快业务处理的速度
原始单据的查询	较困难，得通过档案管理部门进行	很方便，可通过在系统中灵活定义查询条件而得到所要查询的内容
登记账簿	手工登记，工作量较大，容易出错	系统自动登账，不易出错
账簿的查询	烦琐	很方便，可通过在系统中灵活定义查询条件而得到所要查询的内容
各种管理报表的制作	烦琐，工作量大	简单，只需定义方案，系统自动生成，随时满足业务应用的需要

四、电算化会计信息系统设计的基本阶段

不同的企业有不同的经营方式，需要建立适应其特定情况的信息系统。系统开发是建立并有效运行信息系统的手段。不论是新建信息系统还是对现有系统进行改造，电算化会计信息系统的开发过程一般都要经过系统分析、系统设计、系统实施和系统维护与评估几个基本阶段。

（一）系统分析

系统分析的目的是确定用户对新系统或待改进系统的要求，其主要任务是明确系统“做什么”，即通过对现有系统进行全面、详细的调查分析，运用一定的方法和技术，综合反映现有系统的业务内容、范围、处理过程和方法，并根据用户的需要提出新系统或改进系统的逻辑模型，为系统设计提供依据，具体来说有以下几个方面。

1. 系统目标设定

在全面考虑各方面需求后，制定会计电算化工作的目标，以使后面各环节的设计都可围绕这个目标进行。

2. 初步调查

系统开发人员在任务和要求初步明确后，要对现行系统进行初步调查。调查的主要内容有：企业组织结构和管理体制；企业外部环境；目前的生产经营状况；现有会计信息系统的一般状况，包括组织结构、人员分工、业务范围、人员素质及存在的问题等；企业管理者及财会人员对会计电算化工作的认识；企业其他部门计算机应用的情况；能投入到会计电算化工作中的人力和财力等。

3. 可行性分析

可行性分析是在系统初步调查的基础上，对待开发系统进行经济和技术分析，一般从三个方面进行。

（1）技术可行性，即分析为实现系统目标，是否具备了必要的计算机硬件设备、软件技术及技术人员。

（2）经济可行性，即新系统带来的效益是否超过其开发、使用及维护费用。

（3）操作可行性，即新系统的实施及使用能否被企业管理层、财会人员以及国家有关部门接受和认可。

通过对以上三个方面进行分析，写出可行性分析报告并给出结论和建议，经讨论批准后就可进行系统分析的下一步工作。

4. 详细调查

通过详细调查，借助系统流程图和其他有关方法，进一步系统、全面地了解会计业务处理过程、数据流程、业务处理方法和要求、账表结构要求以及输入、输出要求等，为提出逻辑模型作准备。

5. 逻辑模型的提出

通过分析得到现有系统的逻辑模型（数据流程图＋数据字典等）。但这一模型在新的需求和条件下并不一定合理，因此，还需根据用户的要求全面分析其在数据流向、账表设置、处理过程和方法等方面的不合理之处，提出改进意见，进而提出新系统的逻辑模型。

6. 分析报告的编写

系统分析报告是系统分析阶段的最终成果，是系统设计的依据，要把上面分析的所有结果都汇集在该报告中。其主要内容包括以下三项。

（1）现有系统描述，包括企业基本情况，现有系统的目标、任务、范围及现有系统数据流程图、数据字典等。

（2）新系统描述，包括新系统目标、任务、范围、数据流程图、数据字典以及新系统与现有系统的差别等。

（3）系统可行性分析资料。

（二）系统设计

系统设计的目的是开发适当的系统架构及其组成部件。其主要任务是根据系统分析阶段得到的逻辑模型提出一个“如何去做”的具体方案，即系统的物理模型，包括以下几个方面。

1. 确定所需软、硬件资源

在系统设计之初，必须根据拟开发信息系统的功能逻辑规格和实体需求，决定新系统所要采用的软件和硬件设备。例如，是由企业内部自行开发应用软件，还是从外面购买？拟选购计算机的型号、规格和制造商是怎样的？其他相关合约条款，诸如系统管理、计算机设备维修、软硬件更新改进的权限与责任等应如何设立？

2. 确定系统的模块构成

系统开发的特点之一在于模块构造，即确定整个系统应由哪些模块组成，以及这些模块之间的联系。这里运用的主要工具是系统结构图。系统结构图类似企业的组织结构图，图中的基本单元代表既定的模块。在系统设计时，把相关联的作业活动组合在一个模块点。这种组合结构有利于日后的操作与维护。

3. 用数码或符号来表示，这些数码和符号就是代码

在电算化会计系统中，编码工作不仅涉及会计科目，而且对一些单位名、人名、地名、商品名等都必须进行数字化、字符化和标准化处理，以便计算机的处理与识别。这对于节约存储空间、加快运算速度和减少处理费用都是非常有意义的。

4. 文件设计

文件设计是根据会计工作的要求，为了迅速、准确地找到所需数据而将这些数据合理地组织成各种文件。文件设计是系统设计的重要环节，其设计的好坏直接影响系统质量。

5. 输入输出设计

输入设计主要是确定数据输入的内容、设备、格式和顺序等。输出设计主要是确定数据输出的内容、格式和方式等。在电算化会计系统中，输入是计算机系统获取各项原始资料的途径，而输出是用户处理日常管理业务和进行经营决策所直接需要和阅读的信息。输入、输出设计的好坏直接影响系统使用的方便程度，一个功能强大的系统由于输入、输出不方便而被废弃不用的情况是不乏其例的。设计时要树立方便用户的思想，尽量满足用户的需要。

6. 形成系统设计说明书

系统设计完成后，要将设计的内容整理、归纳形成系统设计说明书，经上级批准后作为系统实施的依据。

（三）系统实施

系统实施是根据系统设计说明书进行系统安装、程序设计、编写和调试，将系统设计阶段拟订的方案转换为一个可实际运行的系统。选择适当的实施方法对新旧系统的顺利转换至关重要。系统实施主要有三种方法可供选择。

1. 平行法

平行法即新旧系统同时运转一段时间，然后比较两个系统的运行结果。如果新系统的运转情况令人满意，即可停止旧系统的运行。这种系统实施方法的风险最小，但成本较高。

2. 直接法

直接法即新系统一经启用，原有系统马上停止运行。这种系统实施方法的成本较小，但风险最大。新系统的运行结果无从比较，也无法确定新系统的功能是否一定优于原有的系统。

3. 模块法

这种方法是前两种方法的结合。新系统的安装与启用采取化整为零的方式，分成若干个子系统或应用模块依次安装与启用。每当一个子系统或一个应用模块安装完毕，经过测试检查其运转良好后投入使用，然后再安装下一个。这种方法较直接法风险小，一经发现问题可马上停止系统转换，等问题解决后再安装和启用下一个模块。

（四）系统维护与评估

新系统的实施并不表示系统开发工作结束，企业仍需对系统的运行加以经常性维护与评估，以确保系统能够按原定要求正常运行，及时发现潜在问题或因经营环境与管理目的变动而产生的信息处理与使用的新需要。因此，系统开发的最后一个阶段是系统维护和评估。

系统维护是对系统进行日常维修、护理和改善。系统维护并不都是因为系统出现故障，任何信息系统都要通过不断改进以满足企业经营环境和管理需要的变化。

一般而言，系统维护主要有三种类型。

（1）纠正性维护，用以改正现有系统的失误和缺陷。

（2）完善性维护，用以扩展现有系统的应用范围、增强其处理功能。

（3）适应性维护，用以调整与改进系统的应用和功能，以使现有系统更好地适应经营环境和管理需要的变化。随着行业竞争加剧和经营环境的多变，信息系统的适应性维护已越来越重要。

系统实施后评估是在新系统正式使用一段时间后对其运行状况进行检查与评估。评估一般在新系统正式运行数月或 1 年后进行，而且必须是对整个新系统的全面检查，以免得出片面或错误的结论。

五、电算化会计核算系统的设计

会计核算系统设计是电算化会计系统开发中的一项重要内容，主要包括会计科目、凭证、账簿和报表等的电算化问题。会计核算电算化的本质和功能仍与手工会计相同，只是其形式和使用有一些不同。在设计这些内容时既要满足会计工作的要求，又要符合计算机的特点。

（一）会计科目的设计

在手工核算条件下，为了简化记账工作，明细科目的设置不宜分得太细。而在实行电算化的条件下，可充分利用计算机运算速度快、存储量大和存取方便的特点，将科目划分得更细一些，以便及时提供管理所需的详细信息。例如，工业企业的制造费用，在手工核算条件下，往往是根据生产车间分设二级明细科目。这种二级明细科目无法提供制造费用构成的详细信息，不利于加强管理。在会计电算化条件下，可在二级明细科目的基础上，进一步按制造费用的用途设置三级明细科目，并在软件中设置检索汇总功能，从而一定期间就可利用计算机按不同的要求分别检索、汇总，分别提供各产品成本计算和分析费用预算执行情况的资料。

在建立综合信息系统的条件下，为使计算机能综合提供各种信息，对于其他管理部门所需的数据，也可设置一定的项目进行分类归集、汇总，以提高整个信息系统的使用价值。例如，在工资核算中，除在工资文件中列有职工姓名、基本工资、岗位津贴、各种补贴福利、各种扣款及实发工资等数据外，还可增加年龄、职务等有关人事管理资料，以满足人事管理部门的需要。这些资料虽不属于会计科目的范围，但都可作为数据项列入。同理，如果其他管理子系统中已经具有会计所需的资料，就可直接从该子系统中调用而不必另行存储或核算。因此，在电算化条件下设计所需的会计科目时，应根据上述特点来增加或减少设置某些会计科目的明细科目。

会计科目设计的另一个重要问题是编码。会计科目编码在计算机系统中不仅是帮助记忆、查找数据的线索，而且是计算机运行时识别的标志，是电算化数据处理的必要前提，是科学地描述数据库结构、合理组织数据的重要环节，具有重要作用。

会计科目的编码方法很多，有顺序编号法和位数编号法等，具体可详见本书第二章关于会计科目编码的内容。在电算化条件下，仍应以国家制定的统一会计科目编号为依据，在此基础上再后缀一定的数码组，构成群码，分别代表总账科目及其所属的明细科目。若某会计科目有二级、三级明细分类科目，在最后一级明细科目编码中要考虑体现二级、三级分类，便于计算机处理，防止重复输入信息。由于企业的生产经营活动有时会发生调整，设计明细科目编码时还应考虑三种不同情况：

（1）固定明细科目，即企业会计准则体系中规定的明细科目，如“资本公积”“利润分配”等科目下设的明细科目都是统一规定的，可采用顺序编码。

（2）半变动明细科目，如资产类科目中，“固定资产”“库存材料”和“产成品”等科目下设的明细科目会有增减变动，但变动不频繁，尚有规律可循，可按分组编码法或业务核算的内容编码，如材料明细科目可按类别、品种、规格编码。

（3）变动明细科目，如应收、应付款类科目，变化较为频繁，无规律可循，若采用编码会增加工作量，而且容易导致输入时出错，故不宜采用数字代码，使用汉字较好。

（二）会计凭证的设计

会计凭证是记录经济业务、明确经济责任的书面证明。其在电算化会计系统中显得尤为重要，因为它是数据输入的根据。会计凭证数据是源头数据，只有保证会计凭证数据正确，才有后续工作的正确性。

1. 自制原始凭证的设计

在电算化会计系统中，可充分利用原始凭证代替记账凭证，直接根据原始凭证输入计算机，既节约工作时间又确保输入数据的可靠性；也可保留记账凭证，根据记账凭证将会计数据输入计算机。在后一种情况下，原始凭证的设计与手工核算系统下没多少区别。这里主要介绍在设计自制原始凭证时，要考虑数据输入计算机的方法，增加相应的内容。数据输入计算机通常有以下两种方法：

（1）操作人员根据原始凭证的内容将数据通过键盘输入计算机。在这种方法下，原始凭证的清楚、完整很重要。由于是利用原始凭证代替记账凭证，在原始凭证中，除应具备原始凭证的基本内容外，还需具有记账凭证的内容，如应借、应贷的会计科目名称及编码。某些经济业务应用的会计科目是固定的，可在原始凭证中事先印好。为了减少输入错误，可将凭证中的各类编码（包括凭证编号、客户代码和科目编码等）用粗线或双线框上，从而显得更加明显、清楚。

(2) 将数据通过一定的机器可读媒体输入计算机。这种方法是在使用机器设备编制原始凭证的同时，将数据收集在机器可读媒体上，再通过机器可读媒体输入计算机，从而省去许多数据输入前的准备工作。采用这种方法，要使用某些专用设备，如电子收款机、销售点记录机以及数据终端等。在这种方法下，机器设备所编制的原始凭证主要是对经济业务的发生起书面证明作用，因而，便于审核、监督是设计时应考虑的重要因素。例如，业务完成的时间可具体到分、秒，即××年××月××日××时××分××秒。

2. 记账凭证的设计

在电算化条件下，由于计算机是集中核算，一次输入即可分别记入有关的各个账簿文件中，不存在记账工作的分工问题。而对于会计分录的审核和日后的查账，也可通过对原始凭证的审核或由计算机打印输出已登记的凭证等方式来解决。因此，记账凭证已没有存在的必要性。但为保存序时、完整、系统的会计分录资料和便于原始凭证的归类、保管，也可保留记账凭证。在这种情况下，需要对记账凭证的格式、内容进行规范和统一，以满足计算机的要求。

记账凭证有单式和复式之分。单式记账凭证的采用主要是在手工作业条件下便于分工记账，而在电算化条件下已不存在这种必要性。而且，若采用单式记账凭证，编制、输入和保管的工作量都比较大，因此，应采用复式记账凭证为好。记账凭证上的原始数据要完整，应包括某项经济业务所要求处理的全部内容，从而根据这张凭证就可登记日记账、总分类账和明细分类账，而不应像手工处理那样，根据记账凭证结合原始凭证的内容登记日记账和明细分类账。例如，为登记日记账的需要，涉及银行存款的记账凭证上应注明银行结算凭证号码，而不应在数据输入时再找凭证存根的号码。如前所述，会计科目、凭证号和客户号等都应采取代码的方式。因此，在设计记账凭证时，应比照前述设计原始凭证的方法，相应地增加有关代码的内容，并把这些代码框出来。

记账凭证既可用手工编制，也可由计算机编制。后者往往是计算机在处理经济业务的同时，根据指令对原始凭证输入数据进行逻辑判断后，确定应借应贷会计科目名称和金额，除打印输出备查外，也将金额记入有关账簿文件中。也可同时采用以上两种方法，即对某些不包括在专业核算系统内的业务，或一些零星发生的业务，采用手工编制的方法；凡包括在专业核算系统内的业务，如材料的收发、产品的销售等业务，采取由计算机编制记账凭证的方法。

在电算化会计系统中，需要特别注意任何会计凭证在记账以前都必须经过严格的审核，避免“输入错误，产出必定错误”的情况发生。

（三）会计账簿的设计

在电算化会计系统中，会计账簿的设计与手工系统有较大不同，这主要是因核算工具不同所致。在电算化会计系统中，账簿按文件形式建立，是长期保存的文件。其建立、更新和修改都是通过一定的程序指挥计算机来完成，不再使用纸质账簿，只有在打印输出时才用到纸张。因电算化会计系统“一次输入，多次记账”的特点，手工系统下的“账账核对”已失去其控制意义。因此，电算化会计系统中的账簿不一定非要按手工系统中的账簿来设置，其主要取决于企业的信息需求量和管理水平，同时也受到企业拥有的计算机硬件和软件的先进程度及人员业务能力的影响，既可按手工系统中的账簿设置，也可采取综合核算的方法，将各种账簿结合起来设置。考虑到人们的工作习惯，多数企业基本上仍是按手工系统中的账簿来设置，并适当地作一些合并。因此，这里仍然按总账、明细账和日记账进行说明。

1. 总账文件的设计

总账文件仍像传统总分类账一样，按总账科目开设账户，对总账科目的经济内容进行总括核算，提供总括性指标。但在电算化条件下，其设置与建立可有不同的方法，进而对其格式也可进行不同的设计。在电算化系统中，账簿文件资料一般以记录的形式存储在数据库文件中。总账文件可单独设置，也可与明细文件或日记文件合并设置。无论是哪种设置情况，根据企业经济业务的特点和管理要求，总账文件的建立可选择以下两种方式中的一种：

（1）建立期末余额数据库文件。由于总账是反映总括指标，一般只反映各科目当期期末余额即可。其处理方法是：当经济业务发生后，根据该项业务所涉及的借方或贷方科目代码，从总账文件中将其上期期末数调出，加或减该科目的本期发生额后，计算出本期期末余额，以此余额去更新总账文件中原来的余额。

（2）建立全部记录数据库文件。这是在总账文件中同时反映各科目的期初余额、本期借方发生额、本期贷方发生额和期末余额等项。其中，本期发生额既可逐笔登记，也可累计登记借方或贷方发生额的累加数。

在不同的设置和建立方法下，总账的输出格式相应也要进行不同的设计。在建立全部记录文件并采取逐笔登记的方法下，可采用“三栏式”的账簿格式，或者采用“日记总账”的格式；在建立全部记录文件并采取累计登记的方法下，可采用“棋盘式”的账簿格式；在仅建立期末余额文件的方法下，其输出格式就可更为简化，仅需设置会计科目代码和期末余额（分借方、贷方）。

2. 明细账文件的设计

企业应根据管理需要和各科目内容的特点设置不同内容的明细账文件。有些明细账只需了解其借贷方发生额和本期余额即可，可累计登记，如固定资产、产成品和材料等明细账。在设置文件时，可按一级总账科目设文件名，以其所属的每一个明细科目代码设置记录。有些明细账要求提供本期发生额每一次登记的业务详细资料及当前余额，需要逐笔登记，如制造费用和管理费用等费用类明细账。在设置文件时，可与建立全部记录的总账文件设置在一起，逐笔登记，并按明细科目代码建立数据库检索文件。有些明细科目经常变动，如应收款和应付款类明细科目，不便编号。在设置文件时，可按一级总账科目设文件名，以明细科目汉字代码为标志分类记录，并建立检索文件。

一个明细账文件包括若干个记录，每个记录包括若干个数据项，根据不同的科目反映经济内容的特点设置不同的数据项，可参考手工系统下明细账的不同栏目。但是，有一些数据项是电算化系统中独有的，如科目代码和业务代码，且明细账文件的输出格式也要根据文件记录长度的限制和打印机宽度的限制设计。

3. 日记账文件的设计

日记账经济业务要按其发生时间的先后顺序逐笔登记，因此，可采用顺序文件形式来建立。对于库存现金和银行存款日记账文件，为了便于及时了解库存现金和银行存款的收、支及结存情况，一般都按月设置、按日打印输出。打印输出的日记账文件顺序装订成册，就构成了完整的日记账簿。日记账输出格式可参见第二章。格式中的栏次、标题可写在相关程序中，用以在显示器上显示或打印输出。文件中只需包括各项目的内容。摘要栏根据需要可将汉字输入机内，也可用业务代码。会计科目在输入计算机时采用代码，打印或显示时再由计算机转换为汉字。

（四）会计报表的设计

会计报表主要是用于提供会计信息，其设计应符合所需要信息的要求。所以，电算化会计系统中会计报表的设计与手工系统的差异不大，但应注意以下几点。

1. 报表设计要与账簿文件设计联系起来

编制报表的资料来源于账簿文件，不同的会计报表，其数据有不同的具体来源。为方便编制报表，有些账簿文件记录中可加入报表资料累计栏，也可建立报表资料辅助账簿文件。可设置各种报表文件，将各种数据从相关账簿文件中调入，加工处理后存在报表文件中，然后根据文件中的数据打印出各种报表。所有这些必须通盘考虑，并应根据会计制度的规定做出详细的说明，提供给程序设计人员据以设计程序。

2. 报表的输出格式应考虑计算机设备的条件

由于打印机的宽度和打印字符数有一定的限制，因而会计报表的尺寸要符合计算机配置的打印机的要求。设计报表的栏次不可过多，以防超过打印机规定的列数，也可考虑将报表的横向栏次适当减少，增加行数。例如，账户式的资产负债表，当横行的宽度超过了所使用打印机的宽度时，可设计为报告式的资产负债表。又如，某些明细表，当数据项太多，超过打印机宽度时，可将某些明细内容合并为综合数据项，以减少栏次，然后另外设置附表反映各明细内容。

3. 企业内部报表可适当地增加种类和报送次数

在电算化条件下，由于计算机运算速度快，系统内所有数据的层次较分明，只要及时输入各项原始数据就能随时按需要编制出各种会计报表。即使一个企业所属的单位较多，只要各所属单位都有终端设备与企业主机连接，也可随时通过网络调用所属单位的数据，及时编制出全企业范围内的各种会计报表。实时报告、在线报告已成为可能。因此，在设计会计报表时，应根据管理的需要，适当增加一些内部报表的种类和报送频率，如可设计经过复杂处理的分析报表和预测报表等。

4. 企业内部报表的内容可适当详细一些

这主要是为了便于了解和分析各项经济活动和财务收支情况，满足各方面管理的需要。尤其是基层单位所需的内部报表，可打破传统会计报表内容的界限，必要时可将账簿中所包括的非财务信息，如销售文件中的客户名称及地址等资料一并包括在报表的内容中。

5. 对报表文件格式和编法应做出统一规定

同一个企业范围内应统一会计报表的项目、格式和编制方法，统一报表文件的名称、存取方式和记录形式等，以便于会计信息的传递和再加工。

6. 建立报表的审核制度

所有打印输出的会计报表，会计部门都必须根据有关账簿文件和计划中的数据进行审核，在确认无误后盖章或签字送出。

第三节 电算化会计组织系统制度设计

前面章节所介绍的有关会计组织系统设计的原理大部分仍适用于电算化会计系统，这里仅就不同之处加以介绍。

一、电算化会计系统组织结构设计

电算化会计系统组织结构主要是指组织机构设置以及责任与权力的分配，它对于确定单位内部各个作业单位与员工之间的职责关系、确保会计电算化工作顺利开展及电算化系统内部管理制度的有效执行都有着重要影响，必须加以重视。电算化会计系统的组织结构通常有以下几种形式。

（一）财务部门与信息中心并列的形式

在总经理或副总经理领导下设置管理信息系统中心、财务部等各职能部门。财务部门与信息中心处于并列位置，电算化会计系统的开发与维护都由信息中心负责，在财务部门内设有微机或终端，但财务部门只负责电算化会计系统的使用。

在这种情况下，财务部门内部组织结构或不做多少变动或要做较大调整，这主要由计算机的应用程度决定。如果计算机处理的业务不多，财务部门内部组织结构与手工核算体系下相比基本无大的变化，只是下属专业组的职能有所变化，要与信息中心提供的信息发生关联。如果会计核算工作基本上都由计算机来处理，就必须对财务部门的内部组织结构做较大调整。在该结构中，数据准备组负责电算化会计系统所需数据的组织和整理工作；数据处理组负责电算化会计系统的运行工作；财务管理组主要负责会计信息的分析、整理和参与决策等工作；档案管理组主要负责管理各种打印输出资料和备份数据的工作。这种组织结构一般适用于大中型企业。

（二）财务部门内下设计算机应用组的形式

总部不设置信息系统中心，而由各个业务部门独立设置计算机应用组（又称计算机室或计算机房），各计算机应用组负责本业务部门的电算化工作，在会计部门常以系统开发组的形式出现，与其他小组平级，主要负责电算化会计系统的规划和开发。

这种组织结构有利于根据财务部门的需要确定开发步骤和项目，系统的实用性强，也有利于开发人员与会计人员的相互学习、共同搞好会计电算化工作；但不利于满足企业的总体信息需求，不利于企业对计算机应用进行统一领导、规划和组织，容易造成重复开发，共享性差，也不利于财务部门与其他业务部门的协调。从长远来看，这种方式只能作为一种过渡形式。

（三）单位没有独立的信息部门，财务部门内仅配以专职维护员和操作员以运行已建立的电算化会计系统

这种形式主要适用于小型的企事业单位，它们配置专门的软件开发人员或设置专门的信息部门显得不划算，而主要靠购买商品化会计软件或聘请软件开发公司帮助其建立电算化会计系统。

在实际工作中，有些企业的电算化会计系统组织结构可能是以上常见形式的组合。例如，有的企业既在总部设置信息中心，同时也在各个业务部门设置计算机应用组，计算机应用组在业务上受信息中心指导，行政上受业务部门领导，因而电算化会计系统组织结构中有系统开发组，但它同时也受信息中心的指导。电算化会计系统建立后，各企业应根据自身的特点和实际需要，合理设计电算化会计系统的组织结构。

二、电算化会计系统岗位责任制度的设计

在合理的组织结构基础上，还需将各部门的业务活动再划分为若干具体的工作岗位，并赋予各个岗位相应的职责权限。岗位责任是组织结构的具体化。在电算化会计系统中，职能分割的控制原则仍然适用，但是在控制程序与方法上必须有一定的调整或变更，相应地，电算化会计系统的岗位责任制也有所不同。会计电算化后的工作岗位可分为基本会计岗位和电算化会计岗位。基本会计岗位可包括会计主管、出纳、会计核算、稽核和会计档案管理等工作岗位。这些岗位的基本职责没有发生多少变化。电算化会计岗位包括直接管理、操作和维护计算机及会计软件系统的工作岗位。

电算化会计系统岗位和基本职责要求如下。

（一）系统管理员岗位

负责电算化系统的日常管理工作，监督并保证系统的有效、安全和正常运行；负责组织和监督系统运行环境的建立以及系统建立时的各项初始化工作；负责协调系统中各类人员之间的工作关系，规定各使用人员的权限等级；负责各有关资源的调用、修改和更新的审批；负责做好系统运行情况的总结，提出系统更新或修改的需求报告；等等。

系统管理员要求具备财会和计算机知识以及相关的电算化会计系统组织管理经验，可由会计主管兼任，也可指定专人担任，但要注意，不能由软件开发人员（包括系统分析师、设计人员和编程人员）担任。采用中小型计算机和计算机网络会计软件的企业，应设立此岗位。

（二）系统操作员岗位

有权进入电算化会计调用系统的全部或部分功能，但不能调用非自己权限内的功能；负责系统的数据登录、数据备份和输出凭证及账表的打印工作；严格按系统操作要求进行部分会计数据的处理；负责系统维护，包括各环境库的修改和更新操作等。

系统操作员要求具备会计软件操作知识，达到会计电算化初级知识培训的水平，一般由经过计算机和会计两类训练的会计人员或计算机专业人员担任，但不能由系统开发人员担任。各企业应鼓励基本会计岗位的会计人员兼任此岗。

（三）数据审核员岗位

负责对输入各种凭证、单据的审核工作，包括对各类代码的合法性、摘要的规范性和数据的正确性进行审核，对不合要求的退回有关人员更正，再行审核；负责对计算机输出各种凭证和账表的审核工作，不合要求的返回不签章。

数据审核员要求熟悉本企业的会计业务并具备一定的计算机知识，可由主管会计兼任。

（四）系统维护员岗位

负责系统的安装和调试工作；负责定期检查系统运行情况，对运行中的软件、硬件故障及时进

行排除，对由于故障而产生的数据混乱、丢失等情况负责恢复；负责各种共享代码的设置及维护工作；等等。

此岗要求具备计算机和会计知识，经过电算化中级知识培训，能熟练地编制程序，了解所用软件的结构。可由软件开发人员或相应的合格人员担任。

（五）档案管理员岗位

负责系统内各种文档、数据软盘、系统软盘及各类账表、凭证、资料的备份和存档工作；负责各类数据、账表、凭证和资料的安全与保密工作。

档案管理员要求具备计算机常识，如软盘的使用与保护等，一般应由能做好安全与保密工作的人员担任。

（六）数据分析员岗位

主要负责会计信息的分析和整理工作，并负责向管理层提出参考性意见。

此岗要求熟悉会计业务，有经验，达到会计电算化中级知识培训水平。

三、电算化会计系统操作管理制度的设计

为规范电算化会计系统的操作，保证信息处理质量，减少产生差错或未经授权使用系统的机会，企业应制定会计电算化操作管理制度，包括操作人员职责、操作人员权限、操作规程及其他操作管理制度。

（一）操作人员权限

应明确规定各操作人员的操作权限，各操作人员只能在自己的权限范围内进行操作，不得越权操作。另外，还需明确以下几点：

（1）系统管理员权限较大，一般可调用所有的功能和程序，但不能调用源程序及详细技术资料。

（2）系统维护员只能对系统进行管理和维护，不能从事系统的任何使用工作。

（3）除系统维护人员之外，其他人员不得直接打开库文件进行操作，不允许随意增删和修改数据、源程序和库文件结构。

（4）存档的数据、账表、凭证及其他资料由档案管理员按规定统一复制和保管，未经许可，其他人员不得擅自复制、修改和带出。

（二）操作规程

应建立一套完整的电算化会计系统操作使用规程，明确操作方法和操作次序，防止重复、遗漏和误操作，具体可从以下几个主要方面进行规定。

1. 各类操作人员操作基本规程

各类操作人员在上机操作前后，应进行上机操作登记；操作人员应遵循操作指南中的规定进行操作，包括程序运行顺序、设备和文件的使用要求等；上机必须输入自己的操作密码，运行中离开工作现场必须执行相应命令退出系统；不得使用来历不明的软件；每次操作完毕必须退出系统并及时做好备份。

2. 数据输入操作规程

只有经过审核无误并且具备有关人员签章的信息方可输入；按软件提供输入项目的要求输入，收付款凭证必须当日输入，其他凭证视情况而定，但每月必须将当月的凭证全部输入；每项业务输入后必须自审一次，无误后方可进入下一次输入；不得擅自修改凭证数据，如发现错误可停止输入退回审核员或准备人员，已输入计算机的数据，在登账之前发现差错，可按凭证数据进行修正，在登账之后发现差错，必须另做凭证，以红字（负数）冲销，录入计算机；输入后必须及时备份并进行必要的打印输出。

3. 计算机计算、转录及查询操作规程

对上次加工的备份数据进行复核，对输入数据的审核进行检查；计算和转录必须按程序规定进行，日记账每日一次，其他视情况而定，但月底前必须全部处理；查询必须符合查询范围，不得擅自扩大查询范围；每次操作结束后必须进行备份。

4. 其他操作管理制度

例如，操作日志制度：对每位上机人员的姓名、上机时间和操作内容应做出详细记录，形成上机日志，以备需要时核查。上机日志应由专人保管，禁止修改，保证记录的原始性和真实性。

第四节　电算化会计控制系统制度设计

依据控制实施的范围，可将电算化会计系统内部控制分为一般控制和应用控制。一般控制有时也被称为管理控制，是对电算化会计系统的组织、开发和应用环境等方面进行的控制。应用控制是对电算化会计系统中具体数据处理功能的控制。一般控制是应用控制的基础，应用控制是一般控制的深化。

一、电算化会计系统的一般控制制度设计

电算化会计系统的一般控制是建立对电算化会计系统活动整体控制的框架环境，并为达到内部控制的整体目标提供基础保障。一般控制制度的设计通常包括组织控制、系统安全控制、工作环境控制和文件档案控制等方面的控制制度设计。

（一）组织控制制度设计

组织控制是对组织机构设置、职责权限划分和人员配置等方面的控制。组织机构及岗位责任制的设计已经在前面一节中予以介绍，这里要强调的是，在组织机构设置时需从内部控制考虑，贯彻不相容职务相分离的原则。从内部控制的角度考虑，以下职能必须分离，应由不同的部门或人员来担任。

（1）系统设计、修改与计算机操作。

（2）业务审批与计算机操作。

（3）程序和数据文件的管理与计算机操作。

（4）重要的计算机打印误差表的调整与计算机操作。

（二）系统安全控制制度设计

根据可能面对的风险，系统安全控制制度的设计应从以下几个方面着手。

1. 硬件安全控制制度

（1）有关机房进入或上机运行授权的制度。未经允许，无关人员不得随意进入机房或上机运行系统，对硬件设备的接触应处于控制之下，仅限于被授权的人员，且这些人员必须经培训合格后方可上机运行系统。这一制度的目的在于减少对硬件设备的故意破坏或意外破坏。

（2）有关机房内禁止行为的制度。例如，禁止在计算机附近吃东西、喝饮料，以防止食物残渣落入键盘或饮料泼溅到键盘使键盘接触不良。这一制度的目的在于防止可能发生的人为因素对计算机系统的损害。

（3）有关电算化会计系统硬件维护、保养的制度。应经常检查系统各部分的工作状态是否正常，如发现问题，应及时请电算化管理人员会同计算机专业人员进行处理；定期清除设备内部灰尘，定期检查消防、报警、防静电、防雷击等设施，以便及时发现和排除隐患。对于不经常使用的设备及备用设备更应严格进行设备经常性检查和定期保养，以便在需要时立即投入使用。此外，制度中还应规定记录设备的检查情况及维护和修理情况。

（4）有关会计电算化硬件故障发生时的应急制度。应规定发生故障时如何防止故障进一步扩大，如发生故障应及时退出工作状态并关闭电源、硬件故障应由专业人员处理、未查明原因并修复前不允许随便接通电源等；应视企业的具体情况，规定发生故障暂时无法继续使用时如何启用备用系统或其他替代计划；也应规定发生故障时如何采取正确的处理方法抢救机内数据，以减少数据丢失造成的损失和处理硬件故障时的困难。此外，还应详细规定各部门在制订、实施应急计划中的责任，以便使应急计划真正发挥作用。

2. 软件安全控制制度

软件包括系统软件和应用软件，它们的安全控制制度主要有以下几项。

（1）有关软件运行的密码控制制度。例如，为加强控制，可设置多级密码，操作人员首先输入证明其身份的密码，经系统验证后才能进入系统；然后再输入欲处理的特定文件的密码，经验证后才能运行该文件，对文件进行处理；若只允许该人员处理文件中的某些数据项，则可再设一级密码。密码必须保密，不允许为图一时之便而将密码泄露给其他人，由于密码的长期保密极其困难，因此还应经常更换，至少每年更换一次。

（2）有关开发及修改会计软件的控制制度。对于自主开发会计软件的企业来说，必须保证电算化会计系统严格遵循会计法和会计准则等会计规范要求设置相应的制度，促使开发人员在系统中设计必要的内部控制功能；在会计软件需要进行修改或功能扩展时，对软件的修改必须有审批制度和程序，一般在财务主管的组织监督下进行。对于使用商品化会计软件的企业来说，主要是要了解这些软件是否按规定经过了财政部门的评审，以及软件具有哪些控制措施，如何在使用中严格执行这些措施。因此，可建立相应的软件购置制度，财会人员参与其中，确保所使用软件的质量。

(3) 有关防范计算机病毒侵害的制度。例如，应禁止使用来历不明的U盘和移动硬盘等，禁止进行非法拷贝工作，未经许可也不能在运行会计核算软件的计算机上运行其他无关软件，以防止计算机病毒的传入；对计算机网络系统应设置“防火墙”以防止病毒感染和保障系统安全运行；进行重要工作的计算机应该专机、专盘、专用；经常使用防治病毒的软件检查计算机硬盘以检查并清除可能存在的病毒；等等。

3. 数据安全控制制度

会计数据的安全控制制度设计需从保证数据的完整性和保密性着手，主要包括以下几个方面。

(1) 有关数据存储控制制度。例如，对于那些与整个企业及信息系统的有效运行关系重大的机密数据要求存放在不易接触的环境中，并与计算机机房相隔离。在不用时，应将关键的参考文件和程序文档等以脱机或联机的形式保存在档案室中。在联机系统中，主文件与用户的各类数据应在直接存储器中保存在不同的部分，以提供界面控制。正在测试中的程序应与使用中的程序及数据库隔离（如另外建立一个数据库），以防影响测试的有效性。对于记录在磁介质上的作为会计档案保管的会计数据，也可在每年结账后将其翻刻成只读光盘进行保存。这算得上是一种成本较低又易于保存的理想方式。

(2) 有关数据丢失或非法修改的防范制度。例如，在计算机网络中，为加强数据的安全性，防止机密数据泄露或被非法探测，可应用数据加密技术，对远程终端数据的输入和传输采用密码方式，在数据到达处理中心时再解密。又如，档案室可建立“数据资料使用日志”，详细记录所有资料的进出使用情况，包括记录所有发出文件的领用时间、领用人姓名和送还时间等，同时还应严格控制借阅范围。

(3) 有关数据备份控制制度。虽然防范数据丢失有多种方法，但这些方法只能减少数据丢失的可能性，还不能从根本上避免数据的丢失。因此，还必须考虑一旦数据、文件等被毁坏或非法修改，如何尽快地恢复数据，保证系统的正常运行。数据备份是一种普遍应用的恢复性控制手段。所谓数据备份，是指对数据文件、数据库、程序以及有关资料进行双重或多重复制，在使用中若数据丢失或被非法修改后，还可使用备份资料。

(4) 有关数据删除的控制制度。由于电算化会计系统的运行需要一定的硬盘空间，在硬盘空间不够维持系统的正常运行时，可删除机内以前年度的数据。在删除之前必须进行数据备份，以便在发生误操作时恢复系统数据。在进行删除时，为避免发生错误，必须认真注意系统提示，按要求进行操作。

(5) 有关数据恢复的控制制度。电算化会计系统一般都设有恢复机内数据的功能。这一功能可保证机内数据受到破坏时可及时得到恢复。但如果疏于防范，该功能也会成为窃取企业秘密和篡改机内数据的有利途径，因此必须严格控制。一般来说，应限定专人负责进行这项操作，在操作时应该认真注意系统提示，避免误操作。

（三）工作环境控制制度设计

工作环境控制制度设计主要包括以下内容。

1. 硬件工作状况控制

电算化会计系统需要较多的硬件设备，如主机、键盘、显示屏和上网硬件等。为保证系统正常、安全运行，应建立对各类硬件设备的定期检测与维护制度。

2. 自然环境控制

此项控制要求机房的温度、湿度、防尘、防火和磁场环境等达到一定的条件。因此，要建立防火制度、防磁制度、出入登记制度和机房财产保管制度等。

（四）文件档案控制制度设计

文件档案控制制度设计主要包括以下内容。

1. 非书面输出的文档控制制度

此项控制主要涉及文档副本应如何拷贝、保管和使用。

2. 书面输出的文档控制制度

此项控制应规定输出文档的内容、件数、管理人和使用人的登记制度，并在系统中实现输出文档的自动连续编号。

3. 文档查阅控制制度

此项控制要求建立登记查阅制度，只要是源于系统内部输出的文档，都要进行查阅登记。

4. 文档销毁控制制度

此项控制要求建立包括销毁人、销毁时间、件数、内容和审批等在内的销毁控制制度。

二、电算化会计系统的应用控制制度设计

电算化会计系统的应用控制是对电算化会计系统的应用操作建立控制活动，从而确保全部的经济业务都经过授权和记录，并进行完整、准确和及时的处理。按电算化会计系统应用时计算机对数据资料进行处理的过程进行划分，电算化会计系统的应用控制包括输入控制、处理控制和输出控制三项基本内容。

（一）输入控制

输入控制是电算化会计系统数据处理的基础，其形式较多，主要有以下几种。

（1）多重输入校验，即将数据多次输入计算机（一般采用两次输入），由系统对输入的数据进行比较，如果不相符，计算机就会提示操作者进行相应修改。这种校验方式的优点是在保证数据输入的准确性方面相当可靠，缺点在于增加了输入的工作量。

（2）逻辑校验，即按数据本身所具备的逻辑关系进行输入控制，检查一个记录的数值是否超过事先允许的界限和量级。因此，要求事先在系统中设置逻辑值，这会增加系统设计方面的工作量和难度，但使用较方便。

（3）顺序校验，即对一批业务数据是否按预定顺序排列进行控制。例如，凭证号码的顺序是否连续、有无重复和遗漏等。

（4）字段类型检验，即检验一个字段中的字符是否属于该字段的类型。例如，输入的金额应是

数值型，不接受字符型字段内容。

（5）符号检验，即校验一个字段中算术符号的正确或错误。

（6）平衡校验，即通过数据之间应有的平衡关系检查数据输入是否有错。

（7）校验码控制，即将数值型的代码末尾附加一位校验数字，用来校验输入的代码是否正确。

（二）处理控制

处理控制主要是用于确保经济业务由计算机正确处理。一般情况下，数据处理控制应在系统设计时固化在系统软件中。在系统设计时，应考虑适用于系统的整套控制以及适用的环境。

（三）输出控制

输出控制主要用于确保计算机处理的输出结果准确无误，并且输出结果仅限于提供给经过批准的人员。输出控制措施主要有以下几种。

（1）输出授权控制，即只有经过批准的人才能进行输出操作。

（2）输出控制总数与输入控制总数相核对。

（3）系统抽样检测，其入口可通过查询子系统进行，也可重新输入抽样数据进行核对。

（4）设置输出报告发送登记簿，记录报告发送份数、时间、接收人等事项。

（5）制定输出错误纠正和对重要数据进行处理的规定。

思考题

1. 电算化会计核算系统设计的主要内容有哪些？
2. 电算化会计系统操作管理制度设计的主要内容有哪些？
3. 软件、硬件安全控制制度设计的主要内容有哪些？
4. 会计数据安全控制制度设计的主要内容有哪些？
5. 电算化会计系统的组织结构通常有哪几种？各自有什么缺点？

案例分析

某工业企业原来是一家家族式企业，在生产经营规模扩大后改制成为股份有限公司。该企业聘请了软件公司为其设计 ERP 系统，电算化会计账务处理子系统是所要设计的 ERP 系统的组成部分，以代替原来的手工会计核算系统。所要设计的 ERP 系统还包括采购子系统、仓存子系统、生产管理子系统、质量管理子系统和销售子系统。

企业目前采购业务处理的基本程序如下。

（1）请购。由计划部门根据生产经营情况，会同仓库存储情况，向主管人员提出采购申请，包括所需采购物资的名称、规格和数量等，主管人员对采购申请进行审核并批复意见。

（2）订货。采购部门根据批复的采购申请进行汇总后，统一向上游供应商采购所需物资。采购部门与供应商签订采购合同（或采购订单）后，采购部门及时填制收货通知单通知仓库管理人员进行收货准备。

（3）检验。采购物资抵达后，检验人员要检验其质量及规格等是否符合采购合同的要求。

（4）收货。检验合格后，仓库管理人员要根据采购部门提供的通知单进行收货核对，并根据最终的验收结果填制验收单。

（5）记账。会计人员要对采购合同、验收单和供货方提供的采购发票等文件一一进行核对，并根据具体业务制作记账凭证，登记相关账簿。

（6）付款。出纳根据会计人员制作的凭证支付供应商货款。

讨论：

（1）应该如何设计实施 ERP 后采购业务处理的流程及相关人员的岗位职责？

（2）在手工方式和计算机方式下采购业务的处理有何不同？

参考文献

［1］陈艳利．会计制度设计［M］．3版．北京：中国人民大学出版社，2021．

［2］董惠良．企业会计制度设计［M］．5版．上海：立信会计出版社，2017．

［3］李端生，王玉兰．会计制度设计［M］．7版．大连：东北财经大学出版社，2020．

［4］李凤鸣．会计制度设计［M］．6版．上海：复旦大学出版社，2020．

［5］孙光国，陈艳利，刘英明．会计制度设计［M］．6版．大连：东北财经大学出版社，2020．

［6］孙茂竹，于富生．成本与管理会计［M］．2版．北京：中国人民大学出版社，2018．

［7］唐立新．企业内部控制评价百分制法［M］．北京：冶金工业出版社，2011．

［8］唐立新．会计制度设计［M］．北京：北京大学出版社，2012．

［9］中华人民共和国财政部．行政事业单位内部控制规范（2017年版）［M］．上海：立信会计出版社．2017．